湖南师范大学出版基金资助
经济管理类课程教材·国际贸易系列
2010 年度国家双语教学示范课程案例用书
2014 年度国家精品视频公开课案例用书

# 国际结算案例与分析

许　南　编著

中国人民大学出版社
·北京·

我一直在努力思考，如何能让我的国际结算课堂教学鲜活起来，希望案例的加入与评析能成为献给课堂教学的一份鲜美佐餐。

# 作者简介

许南，男，经济学博士，湖南师范大学商学院副教授，硕士研究生导师，MBA导师，国家双语教学示范课程“国际贸易支付与结算”主讲人、国家精品视频公开课负责人；“国际结算”国家双语教学示范课程负责人；湖南省青年骨干教师；湖南省青年教师教学能手，曾在德国福伦斯堡大学访学研修一年，为德国高校本科生和硕士生英语讲授“金融学导论”、“国际贸易融资”专业课程。出版专著2部，在《管理世界》、《财贸经济》、《教育与经济》、《金融论坛》等权威和重点刊物发表学术论文20余篇，多篇论文被中国人民大学报刊复印资料全文转载。主持国家本科教学质量工程2项，主持国家社科基金项目1项，编著有国家双语教学示范课程教材《国际结算（英文版）》及配套教材《国际结算（中文版）》。主要教学科研领域为国际贸易学和国际金融学，主要研究方向为国际支付、国际贸易融资、商业银行跨国经营与管理、FDI与跨国公司投资。电子邮箱：xn96@163.com。

# 内容简介

《国际结算案例与分析》一书是许南编写的国家双语教学示范课程教材《国际结算（英文版）》和《国际结算（中文版）》的配套用书。国际结算学作为国际贸易学和国际金融学的交叉学科课程，研究内容不仅具有很强的理论性，同时具有很强的实践性。通过案例的解读，能将国际贸易结算的理论知识、法律规定与国际惯例更加直观生动地展示给读者。依据国际结算教材的编著体例，《国际结算案例与分析》一书也由国际结算绪论、国际结算中的票据、国际结算方式、国际结算中的单据、国际结算业务管理等五大模块组成。绪论部分的案例解读了国际结算课程的基本框架、学习内容和基本理论；票据模块案例解读了汇票、本票、支票三大票据的法理、构成要素、票据行为；结算方式模块既有传统的结算方式汇款、托收和信用证案例，同时根据当前国际结算业务信用证结算比例逐步下降，商业信用结算占比逐年增高的新特点和新趋势，新增了保函、备用信用证、保理、福费廷等新型、带有融资特性的结算方式案例。单据模块选取了汇票、基本商业单据，包括商业发票、运输单据、保险单据的案例，其他类型单据诸如原产地证、品质证书、受益人证明等案例也有收集。审单审证是国际结算课程的难点，本书结合《关于审核跟单信用证下单据的国际标准银行实务》（以下简称《国际标准银行实务》）（ISBP）对信用证和单据审核进行了探讨研读。本书还包括国际结算融资、国际结算业务风险等内容的案例，涵盖了用 INCOTERMS2010，UCP600，URC522，ISP98，ISBP745，URDG758 等国际结算领域最权威、最新的国际惯例和规则解读的案例 100 多个，为学习者深刻掌握国际结算实务的运作和规避业务风险提供了生动的素材。

# 前　言

国际结算课程是一门理论和实务性都很强的课程，很多学生都反映国际结算的课程难学。要成为一名优秀的国际结算课程教师并非易事，他既需要对国际贸易实务的交易环节有全面了解，又需要熟悉和知晓国际商法和国际惯例，最好还有外贸公司或商业银行单证部门的工作经验。我自大学本科毕业以来，一直在从事与国际贸易结算与融资相关的理论与实践工作，至今已 18 年有余。多年的课堂教学经验告诉我，国际结算课程的成功讲授一定要有案例做支撑。每每看到气氛开始沉闷的课堂因为案例的加入而变得鲜活起来，我体内的兴奋细胞也得到调动，绘声绘色地与学生分享案例，积极热烈地与学生讨论案例，意犹未尽地与学生总结案例。每周课堂教学完成后，收获的是愉悦，是课堂教学完成后的满足感。我十分感谢课堂教学给我带来的欢乐。当前能从工作中收获快乐的人并不多，我身边相当一部分人工作还只是谋生的一种手段，或是打发时间的一种方式，我很庆幸加入案例的课堂教学所给我带来的欢乐。

人说年届四十而不惑，我从事大学本科教学已经十余年，直到现在才找到一点授课的感觉，能够摆脱那些条条框框的约束，开始按照自己的思路与设计完成一次又一次的课堂陈述。即便如此，我依然觉得国际结算课程不好教，仍有战战兢兢、如履薄冰的恐惧，仍有案例评析与“标准答案”不一致的尴尬与彷徨。这种不一致的出现，一方面是因为目前市面上已经编撰出版的一些国际结算案例编写不够严谨，情节设计不合理，甚至带有明显的知识性错误；另一方面是因为用以解释这些案例原理的书籍，例如《跟单信用证统一惯例》、《关于审核跟单信用证下单据的国际标准银行实务》等国际惯例也存在漏洞和不足。国际结算课程在不断发展，与其相关的国际惯例与法规也在不断更新，我时常会有时不我待的紧迫感去了解和掌握这些国际结算惯例的最新动态和发展，另一方面也无限感慨，吾生也有涯，而学也无涯！

当今市场上国际结算的教材如其他教材一样，琳琅满目，让人目不暇接，作为学生往往难以取舍。在编撰本书的过程中，我参阅了大量的国际结算教材，但发现部分案例经不起推敲，或者是与教学内容不吻合。例如我国从新加坡进口胶合板，汇票承兑后被国外不法商人贴现致损，报经国务院批准对外支付案。该案例被大量国际结算教材引用。案例讲述了这样一个故事：我国商人是进口商，从新加坡进口胶合板，使用汇票结算。新加坡出口商以给予我方融资便利为幌子，诱骗我国进口商开立了远期汇票，汇票经银行承兑后交付给出口商，随后被在票据市场上贴现。等票据到期时，新加坡商人拒绝交付货物，我国票据承兑行被迫对外支付，致使我国进口商钱货两空。在该案例中，我国进口商是出票人，进口商所在地的银行是受票人，开立了一张以新加坡出口商为收款人的远期汇票。但该案例与国际结算课程汇票当事人的知识点不完全对应。汇票的基本当事人是出票人、受票人和收款人。在国际贸易结算中，出口商开立汇票，以进口商为受票人，收款人是出口商或出口商所指定的人。本案例中我国进口商是付款人，应该是汇票的受票人，不应该由其开立远期汇票。于是我对案例进行了改写，改为新加坡出口商以给予我方融资便利为幌子，诱骗我国进口商接受了一张以其为收款人的远期汇票，汇票经承兑后交付给出口商。这样一来，汇票的出票人是新加坡出口商，受票人是我国进口商，汇票由进口商所在地银行承兑，学生对汇票当事人的关系就不再有疑惑，尤其对于票据知识的初学者，这种改写大有裨益。

在我参阅的国际结算教材中，部分案例的前后逻辑关系出现错误。例如有教材中编撰了这样一个案例：

## 案例：部分 T/T 部分信用证结汇案

国外某进口商欲进口中国一批货物，双方对合同质量、价格、品质、规格等均已谈妥。当谈到货款支付方式时，进口商提出 T/T 支付 50%的货款，另外 50%的货款使用信用证结算，以节省开证保证金。同时进口商要求收到正本提单传真 5 天内，先使用 T/T 支付 50%的货款。试分析出口商应采取何种方式避免货款两空的风险。

案例分析：出口商应请进口商通过同一银行电汇出款项（50%）并开出信用证，信用证中加列如下条款：Please release this set of documents to the applicant only upon the whole invoice value has already been paid (including 50% of invoice value, i.e., USD ×××× has been prepaid to the beneficiary according to the contract No. ×××× by T/T)。出口商还应在信用证中要求进口商电汇货款后，立即将付款凭证、银行扣款证明或者银行的记账凭证传真给出口商；出口商确认进口商已经汇出 50%的货款后，再到银行交单议付。

该案例表面上合情合理，但仔细推敲下来，下面几点似乎值得商榷：

（1）进口商使用 50%T/T 汇款、50%信用证支付的方式，50%的 T/T 汇款在收到正本提单传真 5 天内就预付了，这项行为在交单议付前就已经完成，怎么可能节省开证保证金呢？保证金又节省在哪里了呢？

（2）信用证是开证行的一项付款承诺，通常的承诺条款是写“We promise...”，应该不会出现“Please...”这样的祈使句。信用证条款的中文翻译是“请在收到全部发票金额后放单给开证申请人”。信用证是开证行开立的，出现这样的请求条款，真不知这是开证行对谁提出的请求。放单与否是开证行根据单证是否相符所拥有的一项权利，这样的权利难道还需要被祈使吗？

（3）信用证条款要求，开证行在收到全部发票金额后才会放单给开证申请人，这使得开证行介入到了进口商与出口商的商业交易中。开证行怎么会知道申请人是否全额付清了发票款项呢？在信用证业务中，银行处理的是单据啊！该条款可以改写为：We will only release this set of documents to the applicant when the L/C amount has been paid accompanying the applicant's statement stating 50% of invoice value has been prepaid to the beneficiary。即使进行了这样的改写，我依然觉得别扭，觉得没有银行会愿意拟定这种捆缚自己手脚的条款，况且即便开证申请人声明已经履行了预付义务，也无法证明。

（4）案例分析中建议出口商应在信用证条款中要求进口商在电汇货款后，将相关凭证传真给出口商，这是典型的非单据化条款，早已不被建议使用，而本案例却将其作为解决问题的方案，这是不应该的。

上述案例编写的痕迹很明显，由于事件本身是杜撰的，所以会出现前后不对应和逻辑错误。每每发现和改正了原有案例的这些不足，让这些案例更经得起推敲，与我们国际结算课程的教材知识点更契合，我总有一种发自内心的喜悦和欢乐。有些案例的瑕疵也不是我本人发现的，是在与学生的讨论和交流中由学生提出困惑，放到团队讨论，然后再修改完成的。案例的讨论放到实务部门更有价值。2014 年 12 月我承担了五凌电力公司境外投资的“国际结算”培训，为了上好这次课，我和我的研究生组建了备课团队，设计了教学内容，挑选了部分案例。在内部讨论案例时，学生已经给出了很好的建议，在培训课堂上，这些案例又被有跨国经营实战经验的人点评运用，实现了课堂的良性互动，极大地增强了培训的效果，受到了学员的热烈欢迎。

本案例集的素材收集是从 2013 年 5 月开始的，期间由于完成教育部精品视频公开课的录制和申报又耽误了一段时间，2015 年 1 月寒假正式开始了本书的写作。有人说做学问辛苦，但我却深不以为然。案例写作时我是乐在其中，每每深陷而不能自拔。这一段时间我满脑子都是这本案例集，王菲的《传奇》歌词“想你时你在天边，想你时你在眼前，想你时你在脑海，想你时你在心田”，抑或是我彼时心情的真实写照。我一直主张语言要鲜活，要引人入胜，在写作过程中我尽量让自己不受外界干扰，不受不良情绪左右，就是希望能用饱满的热情让这本案例集的文字优美一些，能更打动读者一些。如果不是用饱满的热情去创作，如果自己读起来都觉得索然寡味、面目可憎，又如何能让读者愉悦阅读呢？

课程建设和教材建设是一个长期积累和逐步完成的过程。案例编撰的瑕疵在已出版的教材中，包括我自己编著的国际结算教材中也多有出现。2013 年我在中国人民大学出版社出版的《国际结算（英文版）》和《国际结算（中文版）》目前面世已两年有余，在使用的过程中我发现了很多不足和需要继续打磨的地方。我衷心希望通过我们的共同努力，能将这门理论与实践性都很强的专业课程建设得更好。

**许　南**

2015 年 8 月于湖南师大景德村

# 目　录

# 第一章 绪论

## 案例：国际结算方式选择

### 案例相关知识点：国际结算的起源与发展

国际结算是伴着国际贸易的产生而产生的，也是随着国际贸易的发展而发展的。同时，国际结算与各国生产力水平的发展状况、科学技术水平的提高和金融、运输及保险业务的发展密切相关。总地说来，国际结算大体上经历了易货贸易、现金结算、非现金结算和电讯结算的演进过程。

最初阶段的国际贸易是通过易货来完成的，即以物易物，商品交换的完成即结算结束，这时不存在结算问题。当黄金、白银及其他金属铸币成为一般等价物并充当世界货币后，才产生了结算。当时，商人卖出货物时收到的是现金，买进货物时付出的也是现金。跨国交易时，商人携带金属铸币到外国进行直接货款两讫的现金结算。现金结算方式不方便、不安全，且交易成本高，不适应日益发展的大规模国际贸易的需要。

大约在 11 世纪，商品贸易较发达的地中海沿岸国家的商人们开始使用字据代替现金，由此进入非现金结算的初级阶段。到 16 至 17 世纪，欧洲多数国家开始使用信用工具——票据。19 世纪末，欧洲各国相继出台票据法，标志着非现金结算进入成熟阶段。非现金结算是指不直接使用现金，而使用代替现金起流通作用和支付作用的票据来充当国际间的债权债务的结算方式。

国际运输业和货物保险业的发展促进了国际贸易方式的进步，也为银行介入国际贸易结算创造了条件。银行的介入不仅为国际贸易提供了结算服务，还为进出口商提供了贸易融资和信用担保。有了银行的信用和资金，国际贸易量不断增加，银行的业务也不断扩大。银贸双方相辅相成的关系逐渐发展成为今天这种贸易结算与融资相结合、以银行为中枢的国际结算体系。

## 具体案例

甲国的 A 公司欲销售一批价值 10 万美元的货物给乙国的 B 公司，其货款的结算可以采取如下方式：

（1）B 公司准备好 10 万美元现金，在约定的交货地点直接将美元交付给 A 公司。

（2）A 公司开出要求 B 公司支付 10 万美元的商业票据，得到 B 公司的承兑后，A 公司即可将其作为 10 万美元的等价物用于其他商品购买的支付。

（3）B 公司向其本国银行 C 银行提出开立信用证的申请，C 银行同意并开立了以 A 公司为受益人的信用证。在信用证有效期内，A 公司委托其往来银行向 C 银行提交信用证项下的全套单据，开证银行 C 银行审核 A 公司提交的单据单证相符后，向 A 公司支付信用证项下的全部款项。

试分析 A 公司将如何选择货款结算方式。

## 案例分析

国际贸易是国际结算的基础。在国际贸易的早期阶段，不同国家的当事人之间因贸易产生的以货币形式表现的债权债务的清偿通常采用第一种方式，即一手交钱，一手交货。在这种方式下，钱、货同时交付，不易发生贸易纠纷。但是，一旦交易金额巨大，则携带现金既不方便也不安全。随着国际贸易的发展，票据结算逐步发展起来。通过第二种方式即票据进行结算可以解决跨国交易中携带现金不方便和不安全等问题，但是，由于货款的收取是以买方的商业信用为前提的，因而存在一定的风险。现代的国际结算是以银行为中介的，大型商业银行拥有设在全球各地的分支机构和代理行，对各国的贸易、外汇的交易情况及管制规定都比较了解，通过委托银行办理结算，可以让银行信用介入商业贸易，并提供专业化的服务，可以有效解决进出口商处于不同国家、使用不同货币所面临的各类问题。特别是在第三种方式——信用证结算方式下，货款的收取以银行信用为基础，从而使国际贸易结算更安全、更便捷。

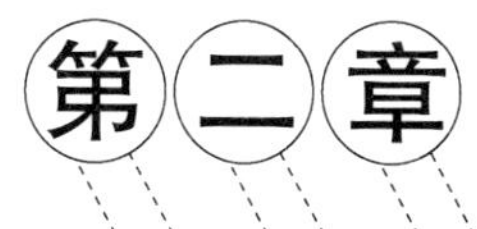

# 第二章 票据

## 案例1：承兑汇票流通后给付款人造成巨额损失案

### 案例相关知识点：票据的特性

流通性、无因性和要式性称为流通票据三大基本特征。这三大性质是紧密相连的，流通性是核心，无因性与要式性是必要的补充。

流通性是票据的基本特性。各国票据法都规定票据仅凭交付或经适当背书后交付给受让人即可合法完成转让手续，无须通知票据上的债务人。

无因性是票据的另一基本特性。票据是一种不需要过问原因的证券，这里所说的原因是指产生票据上的权利与义务关系的原因。票据的原因是票据的基本关系，它包括两个方面的内容：一是指出票人与付款人之间的资金关系。例如，出票人A签发出以B为付款人的票据，其原因可能是A在B处有存款，或者B同意给A信贷等，这种关系就是所谓的资金关系。二是指出票人与付款人，以及票据的背书人与被背书人之间的对价关系。例如当A开出以B为收款人的票据，而B又以背书方式把该票据转让给C时，其原因可能是因为A购买了B的货物，需要开立以B为收款人的票据来支付货款，而B之所以要把该票据转让给C，可能是因为他欠了C的债，这种关系就是所谓的对价关系。票据当事人的权利与义务就是以这些基本关系为原因的，这种关系称为票据原因。但票据的转让不受票据原因的影响，也就是说，票据受让人无须调查这些原因，对取得票据的原因也不负证明责任，只要票据记载合格，就可以取得票据文义载明的权利，票据的这种特性就称为无因性，这种无因性使票据得以流通。

票据的第三个特性是要式性。所谓要式，是指票据的文字记载必须符合法定的形式要求。只要票据法规定的必要项目齐全而且符合规定，票据就会产生效力。票据的要式性，有时也可以说成票据是书面形式要件，它的权利与义务全凭票据上的文义来确定，有时称票据为文义证券。

## 具体案例

20 世纪 90 年代初期，深圳 A 公司与马来西亚 B 商人签订了一份进口胶合板的合同，合同总金额为 700 万美元，支付方式为 D/P，允许分批装运。

按照 D/P 方式，第一批价值为 50 万美元的胶合板准时到货，经检验后认为质量良好，A 公司甚为满意。第二批货的质量与金额完全与第一批一样。当第二批货款也到手后，B 商人向 A 公司提出："鉴于贵公司资金周转困难，为了帮助贵公司，余下的 600 万美元的货款我方允许贵方采用远期付款。贵公司作为买方，可以接受一张我方开出的见票后一年付款的 600 万美元的汇票，请中国建设银行深圳分行承兑。承兑后，贵公司可以放心，一年内我方保证将 600 万美元的胶合板都交付贵方。明年的今日，贵公司再付给我方 600 万美元的货款。"

A 公司的老总欣然接受了 B 商人的提议。他认为，"我现在不付款，只开张远期汇票，B 商人就可以交货。收到货后，我就可以在国内市场上销售，利用这一年的时间，卖胶合板的货款还可以用于炒楼房，明年到期时，再用炒楼赚的钱去支付货款。这真是一笔无本的生意，何乐而不为！"

但是，让 A 公司老总始料不及的是，B 商人将这张承兑了的远期汇票在新加坡的美国银行进行贴现。由于汇票是由中国四大国有商业银行之一的建设银行承兑的，美国银行很放心地向 B 商人支付了近 600 万美元的现金（扣减了贴现息），从而成了这张远期汇票的受让人。

B 商人拿到这笔近 600 万美元的现金后，就一张胶合板都不交给 A 公司了，不管 A 公司如何催他发货，B 商人就是不交货。事实上，B 商人将巨款骗到手后就消失得无影无踪了。

一年后，新加坡的美国银行持这张承兑了的远期汇票请建设银行深圳分行付款。深圳分行的业务员认为："卖方未交货，我凭什么付款？"美国银行的业务员告诉他："这张汇票上没有写什么胶合板，只有一句话——'见票一年后付 600 万美元'，卖方未交货，你应该去找 B 商人，与我们美国银行毫无关系。B 商人交货没有，他骗了你们没有，我们不知道。我们是向 B 商人付了 600 万美元才接受了这张远期汇票。我们是善意地付了对价的受让人。"

由于本案金额巨大，后报请国务院批准，由建设银行深圳分行付给美国银行 600 万美元而结案。

## 案例分析

B 商人主要利用了票据的三个基本特性：（1）流通性。B 商人要求信誉良好的建设银行深圳分行承兑，因为只有承兑后的汇票才能贴现，贴现后，汇票就流通起来了。（2）无因性。票据流通前，本身与其基础关系未分离；票据一旦投入流通，转让给了善意的付了对价的受让人，票据本身就与其基础关系相分离。（3）要式性。票据的权利和义务，全凭票据上的文义来确定，票据上文义未规定的，不能成为任何抗辩的理由。

# 案例2：A银行签发的汇票是有效汇票吗？

## 案例相关知识点：票据的特性

## 具体案例

2005年12月11日，甲公司与乙公司签订了一份价值25万元的微波炉销售合同。由于乙商贸公司一时资金周转困难，为付货款，便向吴某借款，并从A银行申请到一张以吴某为户名的20万元现金汇票交付给甲公司。甲公司持该汇票到B银行要求付款，但B银行拒绝付款并出示了乙商贸公司的电报。原来，乙商贸公司在销售时发现微波炉有质量问题，还发现所汇款项是挪用公款，于是，电告A银行，A银行立即通知B银行拒绝付款给甲公司，并宣布汇票作废，退回A银行。B银行依此拒付款项。甲公司多次协商未果，事隔两个月后，甲公司向法院起诉，要求A银行无条件支付货款，并支付延期付款的相关费用。最终甲公司胜诉。

## 案例分析

本案例看似比较复杂，因为其中既有买卖关系，又有代理关系和票据关系等等，但本案例涉及的主要问题是汇票的出票的效力，包括出票人A银行所出汇票对出票人自己、对付款人B银行以及对收款人甲电器公司的效力问题。甲电器公司与乙商贸公司签订的微波炉销售合同合法有效，现金汇票的签发也符合《中华人民共和国票据法》（以下简称《票据法》）规定的要件，是一张有效的票据。甲公司合法取得该汇票，是该汇票的正当持票人，依法享有要求银行解付的权利。银行对于有效的汇票，应无条件付款，不能以原经济合同产生纠纷为由拒付票款。依据我国《票据法》第26条的规定，出票人签发汇票后，即承担保证该汇票承兑和付款的责任。出票人在汇票得不到承兑或者付款时，应当向持票人清偿包括被拒绝付款的汇票金额、汇票金额自到期日或者提示付款日起到清偿日止按照中国人民银行的利率计算的利息，以及取得有关证明和发出通知书的费用。据此，A银行作为该汇票的出票人，当B银行拒绝付款后，甲公司有权要求A银行支付货款及延期付款的相关费用。

而由于微波炉质量问题给乙商贸公司带来的损失，可以双方签订的销售合同为准，协商其他赔偿问题。

# 案例3：汇票金额大小写不一致拒付案

## 案例相关知识点：汇票的必要项目——确定的金额

汇票票面所记载的金额必须确定。所谓“确定”是指任何人都可以计算出的金额，如有利息条款，则必须规定利率和计息天数。

汇票金额要用文字大写（Amount in Words）和数字小写（Amount in Figure）分别表明。各国票据法一般都规定，如果文字与数字不符，以文字为准。而有些票据法规定，金额中大小写不一致时，以数额小的为准。我国《票据法》第 8 条规定，票据金额以中文大写和数字同时记载，二者必须一致，二者不一致的，票据无效。

### 具体案例

A 银行向 B 银行开出不可撤销信用证，受益人交单后通过快递将单据寄交 A 银行，A 银行在审核汇票后发现下述不符点，于是对外拒付：

汇票上小写金额是“HKD950 000.00”，大写金额为“HONG KONG DOLLARS NINE HUNDRED AND FIVE THOUSAND ONLY”，金额不一致。收到 A 银行拒付电后，B 银行认为所述不符点是打字错误，非实质性不符点，坚持要求 A 银行付款。

### 案例分析

根据《日内瓦统一汇票本票法公约》第二章第一节第六条规定，“汇票金额同时以文字和数字记载者，于两者有差异时，文字记载之金额为付款金额”。“汇票金额以文字或数字记载一次以上，而先后有不符时，其较小金额为付款金额”。《联合国国际汇票和国际本票公约》第二章第二节第七条（1）款规定，“票据上以文字表明的金额与以数字表明的金额不符时，以文字金额为准”。《英国票据法》第二章第一节第九条（2）款规定，“票面所列金额，用文字及数字并书时，若两者有不符时，应以文字金额为准”。

本案例中，汇票票面金额同时以文字和数字记载，文字金额即大写金额“HONG KONG DOLLARS NINE HUNDRED AND FIVE THOUSAND ONLY”，数字金额即小写金额“HKD950 000.00”，两者不一致，根据上述规定，开证行只能按文字金额即大写金额 90.5 万港币支付，而不是按小写金额 95 万港币支付。

## 案例 4：汇票制作不规范案

### 案例相关知识点：汇票的付款期限

汇票的付款期限有即期和远期之分。即期付款的汇票又称为即期汇票（Sight/Demand Bill），是指持票人提示汇票的当天即为到期日。即期汇票无须承兑。若汇票没有明确表示付款期限，就视为见票即付的即期汇票。要求远期付款的汇票就是远期汇票（Time/Usance Bill）。远期汇票必须提示承兑。远期汇票的付款期限，又分以下三种类型：（1）出票后定期付款（Payable at a fixed period after the date），如“30 days after the date herein”（出票日后 30 天）；（2）见票后定期付款（Payable at a fixed period after sight），如“At 90 days after sight”（见票后 90 天）；（3）定日付款（Payable at a fixed date），如“On 6th Nov. 2003 fixed pay to...”（2003 年 11 月 6 日这一天，付给……）。

### 具体案例

南美洲某国G公司欲向中国H公司订购一批货物，并表示愿意支付50%的货款。不日G公司寄来一张汇票，其金额为货款的50%。该汇票的出票人注明为美国一家著名银行，而汇票的付款人是G公司。该汇票同时注明："Paying against this demand draft upon maturity"，但该汇票又表明付款期限是出票日后3个月，却并无"At _____ days after sight of this second of exchang (first of exchange being unpaid) pay to the order of..."之类的语句。试分析出口商是否可以接受该汇票并与之签订贸易合同。

### 案例分析

本汇票的缮制存在瑕疵。汇票注明为Demand Draft，表明这是一张即期汇票，但又写明付款期限是出票日后3个月，这又是一张远期汇票，无法判定该汇票到底是即期汇票还是远期汇票；汇票的出票人是美国著名银行，付款人是G公司，汇票的缮制不规范，商业汇票通常以商号或商人为出票人，以其往来银行为付款人。由于这张汇票存在这些瑕疵，不建议出口商接受汇票并与南美G公司签订贸易合同。

## 案例5：汇票到期日计算

### 案例相关知识点：汇票到期日的计算

远期汇票到期日的计算，实务中一般遵循以下原则：

（1）"期之末日付款"。汇票的到期日均为票载付款期限的最后一日。

（2）"假日顺延"。如到期日是非营业日，则顺延下一个营业日为到期日。

（3）"UCP 600的规定有After和From区别，一个算见票日一个不算见票日"。用于以天为单位的期限，如30天、60天等。凡出票日后、见票日后或某一特定事件发生后一个固定期间付款的汇票，付款日期的推算应该是：期间开始之日不算，到期之日要算进。如：2015年6月1日见票，30天后付款，到期日应该为7月1日，也就是6月2日起算的第30天。

（4）"月为日历月"。以月为单位计期的，指日历上的月份，不论大月或小月，都作一个月计。如：2月29日后的1个月是3月29日而不是3月31日；1月31日后的1个月是2月28日（闰年是29日），计算期限时不考虑大月小月的差别，以日历为准，均作为一个月计算。半个月以15天计，月初是指1号，月中是指15号，月末是指最后一天。

（5）"月之同日为到期日"。这种方法用于以月为单位计期的，如1个月、3个月等。1个月或几个月的期票，到期日应为见票承兑日（Date of Acceptance）或特定日（Fixed Date）的同日。如1993年6月1日为见票日、承兑日或特定日，1个月的到期付款日为7月1日，2个月的到期付款日为8月1日。

（6）"无同日即为月之末日"（If there is no corresponding date then it is due on the last of that month.)。如见票承兑日或特定日为1月31日，见票1、2或3个月后付款，应分别在2、3或4月份的同日到期付款。但日历上只3月份有31日，于是即以月之末日为到期日。按此计算，到期日分别为2月28日（闰年为2月29日）、3月31日或4月30日。

以上6句话，“期之末日付款，假日顺延，算尾不算头，月为日历月，月之同日为到期日，无同日即为月之末日”，概括了推算期票到期日的几乎一切技术性问题。由于在长期实践上的有效性，这6句话已为各国以及社会各方所接受而成为惯例。

## 具体案例一

一份于2013年3月10日签发的汇票标明“At 60 days after sight”。若该汇票同年3月31日承兑，试分析汇票将于哪一天到期。

## 案例分析

汇票的付款期限是见票后60天付款，汇票3月31日承兑，所以付款期限按照“算尾不算头”的原则，从4月1日开始算起，60天后到了5月30日，这一天要包括在内，所以付款到期日是5月30日。

## 具体案例二

We know this is a usance bill, the issuing date of the bill is October 21, 2013, as per the assumption, please answer the questions.

① If the tenor of the bill is “one month after date”, the paying date should be (          ).

② Suppose the accepting date of the bill is “October 28, 2013”, the bill will be payable at “half month after sight”, and its due date will be (          ).

③ If the bill is dishonored by non-acceptance, the holder makes a protest according to the relative law within the specified time, and the holder gets the protest on “October 30, 2013”, the bill will be payable at “30 days after sight”, then the paying date will be (          ).

④ According to the third question, if the paying day is non-business day, it is Saturday, so the bill should be paid on (          ).

## 案例分析

这是一个汇票到期日的计算案例。(1) 汇票的出票日期是10月21日，汇票的付款期限是出票后一个月付款，根据“月之同日为到期日”的原则，汇票的到期日是11月21日。(2) 汇票的承兑日期是10月28日，付款期限是见票后半个月付款，无论是大月31天还是小月30天，亦或是2月28天或29天，半个月一律算15天，汇票的付款期限从10月29日算起，15天后是11月12日到期。(3) 汇票10月28日做承兑提示被退票了，持票人根据有关法律规定在10月30日做了拒绝证书，汇票的付款期限是见票后30天付款，因汇票被退票，无法确定见票日期，所以以拒绝证书的日期作为见票日期，拒绝证书的日期是10月30日，从10月31日开始计算付款期限，30天后便是11月29日到期。(4) 如果付款到期日 11 月 29 日是周六，那么根据“假日顺延”原则，付款到期日应该是下周一的 12 月 1 日。

## 案例 6：汇票出票人责任案

### 案例相关知识点：汇票的出票人

出票人是开立、签发和交付汇票的人。出票人第一个在汇票上签名，是汇票的债务人，他以签发票据的形式创设了一种债权并将其赋予持票人。出票人在承兑前是主债务人，承兑后是次债务人。一张汇票的签发，意味着出票人要求受票人付款给收款人。受票人既可以接受这种要求，也可以拒绝这种要求。如果这种要求被接受，汇票的受票人将成为主债务人；在远期汇票项下，接受这种付款要求的受票人是承兑人，一张汇票一旦被承兑，承兑人将成为主债务人，出票人退居为次债务人。如果出票人签发票据后受票人拒绝这种付款要求，这从票据行为上被称为退票，这时汇票的主债务人仍然是出票人。

### 具体案例

A 公司（卖方）与 B 公司（买方）签订了一笔贸易合同。B 公司因资金困难，于是向 C 公司借款用于支付 A 公司货款。C 公司同意借款，要求其账户行 T 银行开立以 B 公司为收款人的汇票一张，B 公司收到汇票后，将其背书转让给 A 公司，清偿货款。不日，A 公司向其账户行 H 银行提示汇票，要求付款，但 H 银行拒付，理由是该银行收到了 T 银行转来的通知，声称由于货物质量有问题，B 公司要求停止支付汇票。A 公司立刻向法院起诉 T 银行，要求其无条件支付汇票金额款项，并赔偿延期付款的利息和其他相关费用。试分析法院该如何判决。

### 案例分析

与本案例及案情类似的案例在分析票据这一章时会多次用到。这一案例既可以用来分析票据特性中的流通性和无因性，也可以用来分析汇票持票人中的善意持票人和付对价持票人的权利，还可以用来分析汇票当事人中出票人的权利和义务。如果从出票人的角度分析，本案例中 A 公司是正当持票人，T 银行作为出票人应该承担出票责任，向 A 公司支付汇票金额、迟付利息及相关费用。

## 案例 7：汇票承兑人责任案

### 案例相关知识点：汇票的承兑人

承兑人是在远期汇票上签字承诺付款的当事人。对于即期汇票，不存在承兑的行为。

若汇票不需要承兑或尚未获得承兑时，则出票人是主债务人。一旦承兑后，承兑人就成为主债务人，出票人成为次债务人，而且该项主债务在票据失效之前不能撤销。

### 具体案例

出口商A公司与进口商B公司签订了一份货物销售合同，出口商A公司同意进口商B远期付款，随即开立了一张远期汇票，汇票的受票人是B公司，但收款人是C公司。C公司持票后向进口商B公司提示，B公司承兑了该汇票。汇票到期后，C公司向B公司做付款提示，但此时B公司拒付汇票款项，理由是A公司没有向B公司交付货物。试分析A公司和B公司应承担何种责任。

### 案例分析

与上一案例一样，本案例在分析票据这一章时也多次使用。这一案例可以用来分析票据特性中的流通性和无因性，可以用来分析出票人A公司的权利和义务，可以用来分析正当持票人C公司的权利，也可以用来分析承兑人B公司的权利和责任。本案例中，B公司承兑汇票后就成为汇票的主债务人，必须向C公司（正当持票人）履行付款责任，不能以买卖合同没有履行为由拒绝承担债务责任（票据的无因性）。B公司之所以拒付款项是因为A公司没有向其交付货物，B公司向C公司支付后，可依据它们之间所签订的销售合同向A公司追索。

## 案例8：汇票的正当持票人还是付对价持票人？

### 案例相关知识点：汇票的持票人

持票人是指占有票据的当事人，可以是收款人、背书人等。汇票的持票人包括付对价持票人和善意持票人。

对价是指支持一项简单合约之物。付对价持票人（Holder for value）是指在取得汇票时付出一定代价的人，即受让人必须付给转让人某些货物、货币、劳务作为转让的代价。

善意是指诚实地行事，并不知道转让人的权利有缺陷或可疑之处，并且只要他能证明他不知道这种缺陷，并且未产生怀疑，也不是有意地对缺陷的地方视而不见，那他就是善意。善意持票人（Bonafide holder），也称为正当持票人（Holder in due course）是满足以下几个条件的人：（1）汇票在表面上是完整的、合格的、不过期的；（2）善意地支付了对价；（3）未发现票据的前手所有权上有缺陷。

由上可知，善意持票人是某种类型的付对价持票人，这种持票人即使他的前手转让人的权利有缺陷，他仍具有无可争议的汇票文义上的权利。而付对价持票人，不是善意持票人，不能拥有优于前手转让人的权利，若他的前手有权利上的缺陷，那他也有缺陷。

### 具体案例

ABC银行议付时通常要求受益人将汇票的收款人做成“Pay to order of ABC bank”。

2008 年 10 月，该行议付欧洲某银行信用证项下汇票及单据，并将汇票背书。后申请人发现受益人伪造单据涉嫌诈骗，向法院申请了止付令。议付行向开证行及对方法院称自己已经议付，系汇票的善意持票人，法院不应止付。

试分析议付行的说法是否正确。

### 案例分析

案例中，ABC 银行议付的是欧洲某国议付信用证下的汇票及单据，根据英国《票据法》第 29 条关于正当持票人的规定，一个当事人，他是转让汇票的受让人，他不知道转让人的权利有何缺陷，支付对价，善意地取得汇票，就成了正当持票人。在议付情形下，汇票的收款人应该是受益人，由受益人背书给议付行，再由议付行背书向开证行提示付款。据 ICC515 的解释，一家银行有效地议付汇票/单据，从受益人那里购买以后，就成了正当持票人。但是 ABC 银行提交的汇票的收款人直接做成了 “To order of ABC bank”，说明其票据权利的获得是基于 ABC 银行与受益人直接的债权债务关系，而不是票据法上所要求的流通转让。英国《票据法》第 38 条规定，正当持票人所持有的汇票不受前手当事人任何权利缺陷的影响，包括信用证汇票项下伪造单据事后被发现的影响。而此案中的 ABC 银行并不是正当持票人，其权利不优于前手，从而当受益人欺诈而被止付时，ABC 银行不能从票据关系上声称自己为善意持票人而免受前手权利缺陷的影响。因此，银行在叙做议付等买入汇票的融资时，汇票的收款人最好应该是受益人自己，由受益人背书给融资行，融资行再行背书，以此表明银行为融资后的持票人。

## 案例 9：禁止背书汇票流通转让案

### 案例相关知识点：背书与禁止背书

背书是指持票人在汇票的背面签名和记载有关事项，并把汇票交付被背书人的行为。背书包括两个动作：一是在汇票背面签字；一是交付给被背书人。只有经过交付，才算完成背书行为，使其背书有效和不可撤销。通过背书，票据的收款人可以将汇票的收款权利转让给另一方，实现票据的流通转让。

票据法保障了票据的易于流通，在规定一切票据均可背书转让（即背书性）的同时，出于对当事人意思的尊重，也赋予有关当事人对这一背书性加以限制的权利，即允许当事人在票据上记载“不准转让”等与之同义的文句，以限制票据的流通。这种对票据背书性的限制称为禁止背书。

### 具体案例

卖方 A 公司与买方 B 公司签订了一份购销合同，由 A 公司向 B 公司供应某品牌电脑 50 万台，每台价格为 12 000 元，货款总价为 60 万元。合同约定，在交货时间内，由 A 公司将全部合同标的物发送至 B 公司，在合同签订 10 日内，B 公司应当以银行承兑汇票的形式首先支付货款28万元。不日，B公司通过其往来银行开出面额为28万元的银行承兑汇票一张，该汇票以A公司为收款人，B公司在汇票上加盖了“不得背书转让”的印章。A公司收到汇票后，没有在合同约定的时间将货物发送至B公司。随后，A公司为了偿还另一公司C的30万元欠款，将这张面值为28万元的银行承兑汇票未经背书单纯交付转让给C公司，C公司持票在银行取得付款。B公司在始终没有得到A公司履行合同，又没有退还汇票的情况下，向法院提出诉讼，要求法院判决A公司将汇票转让给C公司的行为无效，要求A公司和C公司返还汇票，由此造成的损失由A公司承担。试分析A公司转让汇票的行为是否合法。

### 案例分析

A公司的票据转让行为违法。根据相关票据法的规定，如果背书章记载了“不得背书转让”字样，该汇票就不能转让。A公司虽然没有背书，采用的是单纯交付的方式，但是，在我国，汇票的持票人在转让汇票权利或授予他人一定权利时，只能采用背书交付的方式。单纯交付的方式只适用于不记名式汇票。本汇票已列明了A公司是收款人，因此这种票据转让行为是无效的。

C公司也有责任，既然票据上清楚地载明不得背书转让，就不应接受这张汇票作为清偿债权债务关系的凭证。给C公司付款的银行有责任，对于一张收款人为A公司、禁止背书转让的汇票，该银行付款给C公司，可见业务素质不过关。

本案中，C公司和银行应该将这张禁止背书的汇票退还给A公司，A公司在未履行合同的情况下，或是返还28万元的票款，或是返还汇票，同时需赔偿B公司的其他损失。

## 案例10：本票转让纠纷案

### 案例相关知识点：提示

持票人将汇票提交付款人要求承兑或要求付款的行为叫做提示。即期汇票只需提示一次，称做付款提示。远期汇票有两次提示，第一次做承兑提示，第二次是汇票到期时做付款提示。

提示就是行使票据权利，无论是承兑提示还是付款提示，必须在规定的地点和合理时间内进行，持票人才能取得票据权利。各国票据法都规定了汇票提示的时间，如英国《票据法》对于即期汇票的付款提示和远期汇票的承兑提示规定为合理时间内，远期汇票的付款提示期限是付款到期日；《日内瓦统一票据法》规定即期汇票的付款提示和远期汇票的承兑提示时间是自出票日起1年，远期汇票的付款提示要在付款到期日或其后的两个营业日完成；我国《票据法》规定即期汇票的付款提示和远期汇票的承兑提示是自出票日起1个月，远期汇票的付款提示是自到期日起10天内完成。如未在规定时间内提示，持票人即丧失对前手的追索权。

### 具体案例

2014年6月12日，A公司（进口商）与B公司（出口商）签订购销合同，双方约定货款以本票支付。合同生效后，出口商B公司按时向A公司发货，A公司向往来银行G申请开立了银行本票，寄送给B公司作为货款。收到本票后，B公司将该本票背书转让给C公司，用以清偿它们之间的债权债务关系。C公司收到该本票后，没有在规定的时间向给A公司开立本票的银行提示，直到9月份才向银行请求支付本票金额。银行以本票已经过期为由拒绝支付。C公司转而向B公司索偿，B公司也以超过规定期限为由拒绝付款。多次交涉无果后，C公司向法院起诉B公司和银行，要求它们共同承担赔偿责任。试分析法院该如何判决。

### 案例分析

法院判决银行支付本票金额给C公司，但C公司应承担延期取款责任；B公司免责。C公司作为正当持票人，未在规定期限内做付款提示，其前手背书人B公司不再承担保证本票付款的责任，C公司丧失对其追索的权利，但作为本票出票人的G银行，则不能免除其付款责任。

## 案例11：拒绝证书的遗失

### 案例相关知识点：退票和遭受退票的处理

退票（Dishonor）是指持票人依票据法规定做有效提示时，遭付款人或承兑人拒绝付款（Dishonor by Non-payment）或拒绝承兑（Dishonor by Non-acceptance）的行为。遭受退票后，要及时取得拒绝证书，并做好退票通知。

1. 拒绝证书

拒绝证书（Protest）是指由退票地公证机关或其他有权公证的机构或当事人出具的证明退票事实的法律文件。

2. 退票通知

退票通知（Notice of Dishonor）是指持票人将退票事实通知前手的书面文件，其目的是要汇票债务人及早知道拒付，以便做好被追索的准备。

我国《票据法》规定，持票人应当自收到被拒绝承兑或被拒绝付款的有关证明之日起3日内，将被拒绝事由书面通知其前手；其前手应该自收到通知之日起3日内书面通知其再前手。持票人也可以同时向各汇票债务人发出书面通知。

### 具体案例

2014年4月15日，沙坝市化肥厂与伊阳县编织袋厂签订了编织袋购销合同。该合同约定，由编织袋厂在20天内向化肥厂供应50公斤装的标准拉丝编织袋10万条，每条0.5

元，共计5万元。4月30日，编织袋厂将全部编织袋按约定的方式发运至化肥厂，化肥厂于同日签发了一张以化肥厂的开户行为付款人、编织袋厂为收款人、票面金额为5万元、出票日后三个月付款的汇票，经签章后交付给编织袋厂。5月12日，编织袋厂向立新市机械厂购进一台编袋机，价值5万元整。于是编织袋厂将由化肥厂签发的汇票依法背书转让给机械厂。5月20日，机械厂持该汇票向化肥厂的开户行提示承兑，而开户行则以化肥厂账户存款不足为理由拒绝承兑该汇票，机械厂随即要求开户行出具拒绝承兑证明，银行予以出具，但是，机械厂的经办人员在回厂途中将该拒绝证明书丢失。于是，5月21日，当机械厂前往编织袋厂提出追索请求时，遭到拒绝。机械厂无奈，向当地法院提起诉讼，要求编织袋厂支付5万元的票据款。

### 案例分析

机械厂通过正常交易关系，以及合法背书程序获得汇票，是正当持票人，是汇票的唯一债权人，他可向对汇票负责的任何当事人取得偿付。其理应在合理的期限得到承兑及付款，却遭到拒绝。但作为付款人的化肥厂开户行有拒绝承兑的权利，其以化肥厂账户存款不足为由拒绝承兑该汇票也是合理的。根据我国《票据法》第62条及65条的规定，持票人行使追索权时，应当提供被拒绝承兑或者被拒绝付款的有关证明；持票人不能出示拒绝证明、退票理由书或其他合法证明的，丧失对其前手的追索权。但是承兑人或者付款人仍应当对持票人承担责任。本案中，机械厂的经办人员在途中将该拒绝证明书丢失，也就丧失了对编织袋厂的追索，编织袋厂可以拒付。另外，我国《票据法》规定了持票人应当自收到被拒绝承兑或者被拒绝付款证明之日起的3日内通知前手，由于机械厂是在5月20日被拒绝承兑的，21日遗失拒绝证明书且追索遭拒后仍有时间可以找付款人补办拒绝证明书，以免自己丧失对前手的追索权。

## 案例12：汇票付款人破产追索案

### 案例相关知识点：追索

追索（Recourse）是指汇票遭到拒付时，持票人对其前手或出票人请求偿还汇票金额及费用的行为。被追索的对象是背书人、出票人、承兑人以及其他债务人。行使追索权必须具备以下3个条件：①必须在法定期限内提示汇票；②必须在法定期限内发出退票通知；③外国汇票遭到退票，必须在法定期限内做成拒绝证书。

追索只能按债务顺序由后手向前手追索，而不能由前手向后手追索。在出现回头背书的情形中，如果背书转让的被背书人是出票人，或者是某一前背书人，则其追索权受到限制。我国《票据法》规定，持票人为出票人的，对其前手无追索权；持票人为背书人的，对其后手无追索权。比如，出票人A签发一张汇票给收款人B，B背书转让给C，C再行转让……汇票又回头背书转让给A或C，假定一个顺序如下：

A ⟶ B ⟶ C ⟶ D ⟶ E ⟶ F ⟶ A

如果A被拒付，他实际上是最前顺序的债务人，所以不能向其形式上的前手追索，假定另一个顺序如下：

A ⟶ B ⟶ C ⟶ D ⟶ E ⟶ C

如果C被拒付，C实际上是第三顺序债务人，D和E是其后手，所以C只能向B和A追索，而不能向其形式上的前手D和E追索。

出票人清偿后，还可以向承兑人追偿，直至向法院起诉。

### 具体案例

商人A借给商人B一笔周转金，三个月后商人B用一张见票即付的汇票偿还对商人A的欠款。商人A将此汇票背书转让给了商人S作为买入其一笔紧俏货物的付款。商人S在法定时间向付款人提示付款，却发现汇票付款人已经破产，汇票被拒付。试分析商人S可以向谁追索。

### 案例分析

商人S可以同时或分别向商人A、商人B追索。汇票上的签名人是连带票据责任人，对于票据权利人承担担保付款的义务，除非已背书免责。追索可以逐次行使，直至出票人。如果商人S单独向商人A追索，商人A偿付后可以向商人B再行追索，且其追索的金额包括已清偿的全部金额、再追索费用和利息。追索权使持票人权利有了充分保障，再追索制度使得被追索的票据债务人得以免受损失，追索及再追索的计算方法使得票据债务人为减少损失都不愿发生追索，从而实现对票据权利人的充分保护。

## 案例13：空头支票的签发

### 案例相关知识点：空头支票的防范

为了防止出票人签发空头支票，收款人可以要求出票人签发保付支票。保付支票是指由付款银行在支票上加“保付”（Certified to Pay）字样并签章，支票一经保付，即由保付银行承担付款责任，即使出票人在银行账户存款余额不足，受票银行仍要履行付款责任。

### 具体案例

2006年6月20日，某城市信用社收到某轮胎厂送存的某经销部开出的转账支票一张，金额为20万元，信用社于当日将支票送到该市工商银行某办事处，要求付款，经办人员收票后，盖了当日转账章。晚上结账时发现该账户空头，没有给信用社划款，也没有及时通知信用社。信用社凭办事处盖章的进账单于2006年6月27日将款项记入轮胎厂账户，形成信用社垫款。经信用社与办事处多次交涉，办事处于2006年7月5日复函信用社，答应由办事处负责追款。因经销部根本无款可付，办事处还派人随经销部业务员到外地追款。虽然多次催付，经销部一直无钱可付。信用社于是在2006年8月6日向本市东郊区人民法院起诉办事处，要求赔偿20万元。

### 案例分析

本案中某经销部开出支票的行为属于签发空头支票，为法律所禁止的行为，根据我国《票据法》第102条规定，签发空头支票或者故意签发与其预留的本签名式样或者印鉴不符的支票，骗取钱财的，依法追究其刑事责任。而工商银行某办事处在办理付款过程中，发现了某经销部签发空头支票，却未及时通知信用社，致使信用社垫款无回，办事处在这里存在明显过错，也应当承担责任。但是，根据我国《票据法》的规定，签发空头支票的法律责任与民法的侵权责任都是由签发空头支票者承担，所以办事处只承担连带责任。《票据法》第106条规定，依照本法规定承担赔偿责任以外的其他违反本法规定的行为，给他人造成损失的，应当依法承担民事责任。在它赔偿信用社的损失后，可以不当得利为由向经销部追偿票款。

## 案例14：汇票到期日的计算

### 案例相关知识点：信用证对汇票到期日的规定（同前）

### 具体案例

信用证规定：Draft drawn at 10 days sight on the confirming bank。因单据有不符点，保兑行于5月1日拒付，后于5月5日将单据寄往开证行。开证行同日收到单据。洽申请人后，开证行接受单据并于5月10日发出承兑电报。那么承兑到期日应该是哪一天？

1. 保兑行收到单据的5月1日后的10天；
2. 开证行收到单据的5月5日后的10天；
3. 开证行同意接受单据的5月10日后的10天。

### 案例分析

保兑行接受开证行的邀请，在信用证上加注保兑注记后，必须对信用证独立负责，承担必须对相符交单承付的责任。受益人可以要求保兑行付款，但在付款前，保兑行有权审核单据，若单证不符，有权拒付，并及时通知开证行。本案中，由于单据存在不符点，保兑行有权拒付并将单据交开证行。

开证行如果按照UCP600的规定，在收到单据后的5个工作日内审核完单据，若存在不符点也在此期间内发出了拒付通知，并及时告知交单人正在与申请人交涉，那么若申请人愿意放弃不符点，开证行也可以接受单据，但汇票承兑日不得晚于开证行同意接受申请人放弃不符点的日期。开证行在洽申请人后，接受了单据并于5月10日发出承兑电报，则承兑到期日应是开证行同意接受单据的5月10日后的10天，即5月20日。

但如果开证行没有按照UCP600的规定发出拒付通知，而是自行洽申请人，那么即便开证行接受了单据并于 5 月 10 日发出承兑电报，到期日也应该是自其收到单据后第二天起之后的 10 天，即 5 月 15 日。

另外，开证行不能因为汇票是开给保兑行的而拒绝承兑汇票，因为作为汇票的付款人，保兑行并没有承兑付款义务，其有权拒绝承兑，开证行依旧是第一付款责任人。即便保兑行同意拒付之后再接受，也应先等待开证行的接受，并将此消息传达之后再承兑汇票。不然付款人还是开证行。

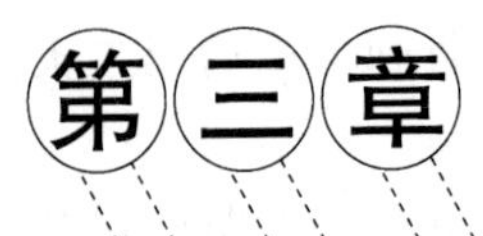

# 汇　款

## 案例1：电汇改票汇致损案

### 案例相关知识点：电汇与票汇

电汇（Telegraphic Transfer，T/T）是汇款人委托银行以电报（Cable）、电传（Telex）或环球银行同业金融电讯协会（SWIFT）方式指示收款人所在地某一银行作为汇入行，解付一定金额给收款人的汇款方式。

票汇是指汇出行应汇款人要求签发即期银行汇票，交由汇款人转交收款人以向汇入行提示领款的汇款方式。汇款业务中使用的指令是一张即期银行汇票，由汇出行作出票人，由汇入行作付款人，由汇款收款人作汇票的收款人。与电汇与信汇中汇出行直接将付款指令传送汇入行的做法不同的是，票汇中使用的这份汇款指令（即银行汇票）是在银行体系外传递，经汇款人、收款人之手才间接传送到汇入行，如果收款人将汇票转让给其他人，则传递环节更多，耗时也更长。因此，比起电汇与信汇来，票汇的安全性相对差一些，因为银行汇票在各当事人手中传递时遭受损毁、被窃、遗失的风险较大，而且因传递环节较多，转移资金的速度较慢。

在汇款方式的种类中，电汇因为中间环节少，安全性高，而且最快捷，所以当汇付金额大时，是出口商的首选。票汇对于出口商来说，风险较大，伪造汇票、进口商账户资金余额不足，都可能造成出口商无法收到所汇款项。

### 具体案例

我国某出口企业A与另一国的进口企业B第一次做贸易，双方签订了一份进出口贸易合同，合同中规定：支付条款为装运月前15天电汇付款。但是，在后来的履约过程中，B方延至装运月中才从邮局寄来银行汇票一张，并声称货款已汇出。为保证按期交货，我出口企业于收到汇票次日即将货物托运，同时委托C银行代收票据。1个月后，接到C银行通知，因该汇票是伪造的，已被退票。此时，货物已抵达目的港，并已被进口方凭出口企业自行寄去的单据提走。事后我出口企业 A 进行了追偿，但进口方 B 早已人去楼空，我方承受了较大的损失。

### 案例分析

进口企业 B 对支付方式做出了不恰当的变更。买卖合同中已规定“支付条款为装运月前 15 天电汇付款”，但是后来“B 方延至装运月中才从邮局寄来银行汇票一张”，说明进口企业已经擅自将支付方式由电汇（T/T）改成了票汇（D/D）。

我国的出口企业 A 在本案例中有失误。对 B 企业将支付方式由电汇改为票汇的行为，我方未引起重视和怀疑；我方是第一次与 B 企业做贸易，对 B 方的资信情况缺乏足够的调查和了解，却接受了风险较高的汇付方式；我方没有采取措施去鉴别汇票的真伪就立刻发运了货物，以致最后钱货两空。

我们应该从本案例中吸取教训。在进出口贸易实务中，若一方更改了支付条件，另一方应高度警惕，多做沟通，对于原则性条款不能让步；在出口业务中，要注意了解对方的资信情况，对于资信不好的客户或新客户，应尽量避免使用风险较高的汇款方式，尤其是票汇方式；在进出口业务中，采用票汇时，一定要审核对方寄来的汇票的真伪性。可将票据交我方当地银行，并委托其通过国外的代理行向付款行收取货款，在接到收妥通知后，方可对外发运货物，以防止由于国外不法商人伪造票据、出票行破产倒闭或其他原因收不到票款而蒙受损失。

## 案例 2：信汇欺诈案

### 案例相关知识点：信汇汇款

信汇是指汇出行签发信汇委托书（M/T Advice）或付款委托书（Payment Order），并以航空信邮寄给汇入行，指示后者向收款人解付资金的汇款方式。在信汇业务项下，由于付款指令是以航空信的方式邮寄，在汇入行解付资金之前，汇出行将无偿占用汇款人的资金，因此目前信汇业务的使用已比较少见，仅在小额款项的汇付中使用。信汇委托书无须加列密押，但须经授权人员签字，汇入行以授权签字来核查其真伪性。因为授权签字有可能会被模仿，信汇业务有一定的风险。

### 具体案例

吴某与李某是非常要好的朋友，一次由于吴某的疏忽将印鉴留在李某家中，李某利用该印鉴并模仿吴某的签字，假借吴某的名义伪造了他的付款授权信，将吴某的款项划到自己的账户中。事后虽然李某的诈骗行为被发现并受到了法律的制裁，但是由于李某已经将所汇款项挥霍殆尽，吴某仍然遭受了很大的损失。

### 案例分析

本案例是一起典型的信汇欺诈案。依照银行业务惯例，汇款申请人可以给其开户行即汇款业务的汇出行使用航空信寄送付款指令，要求其将一定的款项汇交给收款人。汇出行将以此信函作为书面授权，核对客户印鉴相符后，凭以借记客户账户并将款项汇出。欺诈者利用这种做法，模仿客户签字，伪造付款委托书，骗取银行汇出款项。汇款人要注意妥善保管印鉴，注意保密；银行办理信汇业务时要注意仔细核对印鉴，尤其对大额汇款和转账特别要多加小心和注意。

本案例的信汇汇款是一笔国内信汇汇款，是汇款申请人以信汇委托书的形式要求汇出行将资金解付给收款人的业务；在国际结算业务中，信汇汇款的汇款委托书是由进口商所在地的汇出行以航空信寄送给出口商所在地的汇入行的，信汇委托书的传递发送在银行与银行之间，而不是客户和银行之间。在国际结算的信汇业务中，诈骗分子伪造的往往是汇出行的有权签字人的签名。

## 案例 3：退汇致损案

### 案例相关知识点：汇款的退汇

汇款在解付之前，有可能被撤销而将款项退给汇款人，这就是退汇。退汇的原因可以归为两类：一类是来自收款方。例如：收款人因故拒领，或者因死亡、迁徙，或因公司倒闭等原因使汇入行无法通知收款人。另一类来自汇款一方，汇款人因故欲撤回资金等。在票汇业务项下，不论退汇原因来自何方，只要申请退汇人能交出汇票，退汇业务就可以办理。如果退汇原因来自收款一方，收款人只需要将汇票寄还汇款人，由汇款人自己去汇出行办理退汇手续即可；如果是汇款人在将汇票寄交收款人之前欲撤回资金，则将汇票交还汇出行注销汇付即可。

### 具体案例

某年某月，我国某地外贸公司与香港某商社首次达成一宗交易，规定以即期不可撤销信用证方式付款。成交后港商将货物转售给了加拿大一客商，故贸易合同规定由中方直接将货物装运至加拿大。但由于进口商借故拖延，经我方几番催促，最终于约定装运期前 4 天才收到港方开来的信用证，且信用证条款多处与合同不符。若不修改信用证，则我方不能安全收汇，但是由于去往加拿大收货地的航线每月只有一班船，若赶不上此次船期，出运货物的时间和收汇时间都将耽误。在中方坚持不修改信用证不能装船的情况下，港商提出使用票汇方式预先把货款汇过来。中方同意在收到对方汇款传真后再发货。我方第二天就收到了对方发来的汇款凭证传真件，经银行审核签章无误。同时由于我方港口及运输部门多次催促装箱装船，外贸公司有关人员认为货款既已汇出，就不必等款到再发货了，于是及时发运了货物并向港商发了装船电文。发货后一个月仍未见款项汇到，经财务人员查询才知，港商不过是在银行买了一张有银行签字的汇票传真给我方以作为汇款的凭证，但收到发货电文之后，便把本应寄给我外贸公司的汇票退回给了银行，撤销了这笔汇款。港商的欺诈行为致使我方损失惨重。

### 案例分析

本案中，进口商在信用证结算方式无法使用的情况下，提出使用一种有利于出口商的结算方式——预付货款，在骗取出口商信任后，成功实现了诈骗。当进口商办理了票汇业务，将票汇业务的相关凭证传真给出口商，得到出口商的发货通知后，马上去银行办理了退汇手续，骗走了出口商的货物。

本案例中种种行为迹象表明进口商存在着欺诈的意图，出口商对此应当高度警惕。预付货款本来是对卖方有利的结算方式。但卖方必须注意应在买卖合同中约定选取何种汇付方式并明确汇款到达的时限，注意须与交货期衔接。如使用票汇，应待收妥票据款项后方可发货，至少是要收到有效的银行即期汇票之后才发货。防止由于进口商退汇而蒙受无法收到汇款的损失。

本案给我们的启示是，在国际贸易中，如果贸易双方是初次交易，对对方的资信状况不尽了解，一般不应使用基于商业信用且货物与款项交接风险负担不平衡的汇款方式来结算货款。如果决定使用汇款结算方式，要防范进口商办理汇款后又退汇的欺诈动机。

## 案例4：支付定金罚金后，还要支付违约金吗？

### 案例相关知识点：定金

定金是指合同一方当事人根据合同的约定，预先付给另一方当事人一定数额的金额，以保证合同的履行，是作为债权担保而存在的。在买卖合同中，只要定了定金条款，无论合同当事人哪方违约，都要承担与定金数额相等的损失，这种以定金方式确保合同履行的方法称为定金罚则。

### 具体案例

我国A公司与国外B公司签订了购销合同。B公司向A公司供应一批化工产品，货款价值10万美元。A公司向B公司交纳了1万美元的定金，并与其约定，任何一方违约，将支付违约金1.5万美元。后来，B公司违约，不能向A公司发货。A公司想通过法律手段维护自己的权益。试分析A公司是否可以向B公司既要求双倍返还定金，又要求承担违约金。

### 案例分析

根据相关合同法规定，定金具有双向担保的作用，根本目的并不在于惩罚违约行为，而在于担保或督促当事人依照诚实信用原则履行合同义务，当事人的任何违约行为，均构成对设定定金担保目的的违反。如果在合同中同时规定了定金和违约金，依据《中华人民共和国合同法》的有关规定，违约金责任不能与定金责任并用。不能并用是指不能要求违约方既承担违约金责任，又承担定金罚则。不过，受损害方有权“二者择其一”要求对方承担。至于选择哪一种责任要求违约方承担，一般依据的是有利于非违约方的原则。在本案中，A公司可以向B公司要求双倍返还定金，但不能同时要求B公司再承担违约金。

## 案例5：预付货款案

### 案例相关知识点：预付货款

预付货款是指进口商先将部分或全部货款支付给出口商，然后由后者按销售合同规定备货发运的结算方式。在支付预付款时，进口商多采用汇款方式。目前预付全部货款的情况已较为少见，一般是预付合同金额的小部分款项，如10%，作为买方保证进口货物并支付全部货款的担保。通常需要预付货款的商品多数是热门货。预付货款给予卖方极大的安全保障，而买方承担极大的信用风险。

### 具体案例一

宁波市某进出口公司对外推销某种货物，该商品在新加坡市场的销售情况日趋看好，逐渐成为抢手货。新加坡贸易公司来电订购大批商品，但坚持用汇付方式支付。此时，在宁波公司内部就货款支付方式问题产生不同的意见，一些业务员认为汇付的风险较大，不宜采用，主张使用信用证方式；但有些人认为汇付方式可行；还有一部分业务员认为托收可行。试分析该进出口公司应如何选择恰当的支付方式。

### 案例分析

在国际贸易中，汇付方式通常用于货到付款、赊销、预付货款及随订单付现等业务。货到付款是指出口商在收到货款以前，先交出单据或货物，然后由进口商主动汇付货款的方法，因此，除非进口商的信誉可靠，出口商一般不宜轻易采用此种方式。而预付货款是指进口商先将货款汇付给出口商，出口商收到货款后再发货的方法。这对出口商较为有利，有预先得到一笔资金的明显好处。在本案中，宁波公司对外推销货物在新加坡市场的销售情况日趋看好，逐渐成为抢手货，可坚持使用汇付中的预付货款方法作为结算方式。

### 具体案例二

2010年10月8日，A公司为缓解资金短缺的困难，在无货可供的情况下，与外地的B公司签订了一份购销合同，由A公司向B公司供应价款为200万的优质钢材，交货期限为4个月，B公司交付银行承兑汇票，付款期为6个月。合同签订后，B公司请C公司作保证人，向其开户行甲银行申请办理了银行承兑汇票，并签订了承兑协议。汇票上记载付款日期为2011年4月12日。A公司收到汇票后，马上向其开户行乙银行申请贴现。乙银行在审查凭证时发现无供货发票，便发电报向甲银行查询该承兑汇票是否真实，收到的复电是“承兑有效”。据此，乙银行向A公司办理了汇票贴现，并将160万元贴现款转入A公司账户。临近付款期，B公司派人去催货，才发现A公司根本无货可供，方知上当受骗，而此时B公司申请办理的银行承兑汇票在被A公司向乙银行贴现后已提款，B公司面临银行对其的追索，遭受损失。

### 案例分析

本案例中双方签订合同后约定4个月后才交货，而B公司先开出银行承兑汇票，即属于预付货款，这种情况下B公司就要承担A公司拒绝交货的风险，可能出现钱货两空。A公司恰恰只是为了周转资金，实则无货，所以最终A公司通过贴现银行承兑汇票拿到了货款，而B公司却没有拿到货。当公司在签订合同时使用汇款结算方式时，一定要注意预付货款给买方带来的风险。本案例的着重分析点是预付货款给买方带来的风险，没有讨论在无真实贸易背景下开立银行承兑汇票的有效性，也没有讨论乙银行在甲银行回复“承兑有效”的背景下贴现了票据是否可以从甲银行追索回贴现款的问题。

## 案例6：寄售结算方式风险案

### 案例相关知识点：寄售

寄售（Sold on Consignment）是指出口商在出运货物时，还没有明确的买家，只是委托国外经销商代理销售，因此只有寄售协议，没有明确的订单，销售价格与支付时间有待于销售情况明确后才能确定下来。所以寄售方法只用于一些特殊情况，如新产品试销、滞销产品的促销等。

### 具体案例

我国某省实业有限公司拟向南亚某国出口一批轻工产品。由于该批货物在其仓库搁置很久，属于积压物资，因此双方当事人通过多次协商，决定以寄售方式在国外销售。货物经由我公司运到目的地后，由于同类商品在当地市场竞争激烈，虽经代销商多方努力，货物销售情况非常不理想，最后只得再装运退回国内。

### 案例分析

寄售是一种委托代售的贸易方式，是指寄售人先将货物运往国外寄售地，委托当地代销人，按照寄售协议规定的条件，替寄售人进行销售，在货物出售后，由代销人向寄售人结算货款的一种贸易做法。寄售方式有利于增加交易机会、开拓市场和扩大销路。通过寄售可以与实际用户建立关系，扩大贸易渠道，便于了解和适应当地市场需要，不断改进产品品质和包装。寄售人还可以根据市场供求情况，掌握有利的推销时机，抢行应市，卖上好价。但同时，寄售的缺点主要表现为贸易风险大，资金周转期长，收汇不够安全等。

## 案例7：赊销酿成风险案

### 案例相关知识点：赊销

赊销是指买卖双方已签订正式的销售合同，货价与支付时间也已确定，进口商在收到货物后一定时期内将货款汇给出口商。这种赊销的做法只能用于有长期贸易关系且资信良好的交易伙伴之间，对于第一次做业务的客户，或者对对方资信状况不了解的客户，赊销结算方式一定要谨慎使用，避免进口商提货后到期不付款。

赊销对出口商而言，收款风险极大。鉴于这种情形对出口商最大的风险在于钱货两空，因此可以在出口合同中表明如下含义的话语：只有在进口商付清全部货款时，货物所有权才转移到进口商，在进口商付清货款之前，货物所有权属于出口商，进口商只不过是为了出口商的利益提取货物并保存或销售货物。当然，具体语言的表述应当与出口商现行使用的合同文本的语言表述习惯和风格保持一致。保留对货物的所有权，限制进口商对货物的处分权利是赊销业务项下出口商保护自身权益的核心精神。这样，即使进口商在约定的付款期未付款，出口商尚拥有处分货物的权利，能够将损失控制在最小范围。

### 具体案例

2007年11月底，我方A公司与台湾B公司签订一份出口各式打火机合同，总价值10 118.00美元，数量为111 000只（为1×20′集装箱），规定从上海运往基隆港，到港时间不得晚于12月17日，支付方式为B公司收到目的港的代理的接货通知书后48小时内将全部货款办理电汇（T/T）给A公司。由于装运期较为迫切，我方立即准备货物，并预定了12月10日船期（预计整个航程共需7天）。货物如期装船后，正本提单寄B公司。但因货物途经高雄时多停靠了2天，于12月19日才抵达目的港，客户于次日提货后，提出暂时拒付全部货款，待货物销完后再付，原因是货物未能如期到港，致使这批货物无法赶上当地圣诞节的销售高潮，其部分客户已纷纷取消订单，造成此批货物大量积压，给其带来巨大经济损失。A公司多次电告B公司，告知货物未能如期到港（延误2天），我方是无法预料与控制的，再者，因备货时间短，我方已尽力将货物装上最早船期。A公司多次要求B公司办理付款，B公司均不予以理睬。2个月后，A公司只好请台湾某一友好客户C与B公司协商，B公司才开始有所松口，条件是要求我方降价30%后才同意给予付款（客户称约有价值30%的货物积压仓库）。经我方一再努力与之协商，最终才以我方降价15%告终，此案中我方直接损失1 500多美元。

试分析该案例给我们留下的教训。

### 案例分析

我方要谨慎选择支付方式。在本案中，我方接受了货物到港后对方付款（电汇），实属赊销，是我方收汇风险最大的一种方式，因我方已先行发货，且正本提单已寄客户，完全丧失物权，客户若借故拒付，是相当容易的。因此，可以这样说，我方选择了这一方式，为客户的日后拒付创造了条件。所以，在不了解对方资信或大宗交易的情况下，尽量避免用赊销方式，最好采用预付款（即先收款后发货）、信用证，或两者并用，这样在一定程度上都可避免收汇风险。

另外，我方在签订合同时是否接受客户提出的特殊条款，应以我方能否保证这一条款的实现为前提，切不可掉以轻心，盲目接受。所谓特殊条款，一般是指非我方销售确认书（S/C）上原有或应有的，而是对方在签约时提出的对我方带有限制性的条款。本案中客户要求我方保证货物不得晚于2007年12月17日到达目的港，应属于客户的特殊条款。根据国际贸易海洋运输惯例，船方（或船代）可向托运人提供大约到港日（即为ETA），但并不负有法律责任，仅供托运人参考，因为货物在整个运输过程中受到各种自然和社会因素影响，船方（或船代）对整个航程是无法准确预计的，更何况作为托运人的A公司。另外，本案交货时间很紧，签约后仅十来天，我方又无法提前装运，更是无法保证这一条款的实现。在实际业务中，客户经常会对质量、运输、检验和支付方式等问题提出特殊条款，我方应谨慎对待，切勿盲目接受。

## 案例8：汇款和其他结算方式相结合出口案

### 案例相关知识点：汇款和其他结算方式的结合

“汇款和其他结算方式相结合”使用的比较多的是“信用证与装船前汇付结合”的支付方式。一般是在出口合同的支付方式中规定，$X\%$货款由信用证支付，剩余$Y\%$（一般为20%～30%）货款由进口商在不晚于货物装船前若干天通过汇付方式支付给出口商。一般情况下，进口商会先开来信用证，然后在货物装船前若干天办理汇付，出口商收到货款或汇出行出具的汇付收据后将货物按时装船，然后向银行递交全套单据办理议付。

### 具体案例一

国外某进口商欲进口中国一批货物，双方对合同数量、价格、品质、规格等均已谈妥。当谈到货款支付方式时，进口商提出电汇支付50%的货款，另50%的货款使用信用证结算，同时进口商承诺收到正本提单传真5天内，先使用T/T支付50%的货款。试分析出口商应采取何种方式避免可能出现的风险和损失。

### 案例分析

出口商应请进口商通过同一家银行电汇出50%的款项并开出信用证，信用证单据条款中要求出口商提供受益人证明，证明其已收到发票金额50%的电汇货款，开证行承诺收到该受益人证明才会放单给进口商，进口商凭以提货。出口商还可以要求进口商在电汇货款后，立即将付款凭证、银行扣款证明或银行记账凭证传真给出口商，出口商在确认进口商已经汇出50%的货款后，再组织出口货物的装运。

## 具体案例二

中国某出口商A公司与印度进口商B公司签订一份出口合同，货物为1×20′集装箱的一次性打火机，机身大小形状须与客户提供的样品一致，总价值为4.80万美元。付款方式为70%由即期信用证支付，剩余30%的货款须不得晚于货物装船前十天以电汇方式支付。B公司不日内即开来相关信用证，经我方审核且确定可以被接受后，A公司即投入生产备货，在货物即将生产完毕之前，预定了船期并随后通知了B公司，B公司始终未办理汇付，A公司的手中虽有一份70%货款的信用证，但无法如期装运，又因此批打火机是根据客户的特殊要求生产的，一时无法转售给其他客户，只得积压在库，给A公司带来巨大的经济损失。

## 案例分析

这起损失案的主要原因在于进口商在出口商装船前不履行汇款义务，导致出口商虽然拥有进口商开来的信用证，但因为没有收到汇款而无法装运，从而不能履行信用证。这种情况下因为进口商借故不办理汇付，出口商无法按时发货，导致信用证过期失效，已生产完毕的货物积压。在进口商借故不办理汇付的情况下，出口商应加强与进口商的交涉，督促其尽快汇款，履行合同，同时做好预案，联系其他买家转售。

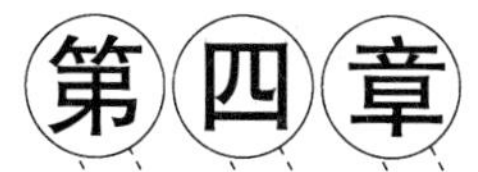

# 第四章 托　收

## 案例1：托收业务中商业汇票的付款人做成代收行案

### 案例相关知识点：托收结算的基础是商业信用

托收方式属于商业信用。进出口双方能否取得合同规定的货款或如期收到买卖合同中规定的货物，完全取决于买卖双方的商业信用。托收的银行只是一般的代理人，在托收过程中有关银行只要按委托方的指示完成了各项指定的工作，对托收过程中遇到的风险、费用和意外事故等不承担责任。如付款方不按期付款或承兑，不按买卖合同规定的价格付款，或者在承兑后破产而无力付款甚至蓄意拖延支付或逃避付款责任等，银行概不负责。因为托收结算的商业信用性质，托收业务项下，出口商（委托人）所签发汇票的受票人是进口商，不能是进口商所在地的代收行。

### 具体案例

某年6月至8月间，国外甲银行（以下称托收行）向我国乙银行（以下称代收行）寄来4套单据，注明使用URC522，总金额是10 000万美元，条件是D/A at 90 days sight。汇票的出票人是出口商，发票等其他单据的抬头为进口商，但托收面函及汇票的付款人却做成了代收行。

收到单据后，代收行并未重视汇票付款人的问题，而是向进口商原样提示了单据。进口商在该商业汇票正面用中文写明“同意承兑，到期付款”，并加盖该公司公章和法人代表印章。代收行即用SWIFT报文通知托收行：“Documents are accepted to mature on…on which date payment will be effected”（单据已承兑，将于某年某月某日付款）。

在单据陆续到期付款之前，进口商称根据买卖双方新的付款协议，付款期限将延长60天，请代收行洽托收行提出延期付款。代收行立即致电托收行：“The drawee requests to extend the bill to mature on…Please approach the drawer for approval. Upon receipt of your return message of agreement, we will give you a formal message of acceptance"（付款人请求将上述票据延期到某年某月某日付款，请洽客户同意后，我方将给予正式的承兑电文）。托收行回电答复为："Payment can be extended to...against you good bank undertake to effect payment on the new maturing date"（凭你行在新的到期日的付款承诺，付款可以延期到某年某月某日）。

代收行遂致电托收行，确认了新的付款到期日："Docs are extended to mature on...Payment will be effected on the new maturing date"（新的单据到期日为某年某月某日，到期将履行付款责任）。

至新的到期日，进口商又一次提出延期付款，托收行断然拒绝，要求立即付款。次年1月，进口商称上述四笔单据项下的货物一直没有到达，经买卖双方协商，同意将单据全部退回，其余问题待双方协商解决。代收行致电托收行，说明应进口商要求已经退回单据，并宣布关闭业务卷宗。

次年2月24日，托收行又将4套单据寄回代收行，称该行已经凭代收行的承兑向出口商做了贴现，要求代收行按承诺立即付款。该纠纷已诉至各自总行，但长期得不到解决。

### 案例分析

本案例中不应以代收行作为汇票的付款人。出口商要求托收行同意接受以代收行为付款人的商业汇票，企图收到承兑通知后，通过银行办理贴现。托收行理应拒绝办理，但托收行可能考虑与客户的业务关系及自身的商业利益，在未征得代收行事先同意的情况下，擅自将代收行作为汇票的付款人。这种做法不符合国际惯例，也极易引发银行间的争议和纠纷。

另一方面，代收行也有过失。代收行业务经办人员责任心不强，业务素质不高。尽管根据URC522的规定，代收行没有义务审核单据，但对于托收函和汇票上的内容还是应该仔细审阅，以确保收到单据与托收指示所列相符。本案中代收行经办人员责任心不强，对于以"代收行作为汇票付款人"这种非常规做法没有提出质疑。更令人遗憾的是，代收行业务素质不过关，在承兑电文中竟然写出"我方将给予正式的承兑电文"，将托收的商业信用演变成了代收行的银行信用，给代收行带来了很大的被动。托收行在回复代收行同意延期的电文时称"凭你行在新的到期日的付款承诺，付款可以延期到某年某月某日"，其用意就是企图混淆视听，坐实汇票是经代收行承兑而不是进口商承兑。代收行在收到此电文时，应予以否认和反驳，无奈代收行的业务水平不高，没有这样做，进一步陷入被动。

## 案例2：代收行有错吗?

### 案例相关知识点：托收结算的基础是商业信用（具体见上一案例）

### 具体案例

在一笔托收业务中，托收行在托收指示中规定："Docs to be released only against acceptance"以及"Payment on due date to be guaranteed by ×× bank（代收行）. Tested telex to this effect required”。代收行办理承兑交单后，向托收行寄出承兑通知书，明确指出“The bill accepted by drawee”，到期日为2013年9月13日。在承兑通知书中，代收行未表明担保付款，亦未发出承诺担保的电传，托收行亦未就此提出任何异议。

承兑汇票到期后，进口商拒付货款，代收行即向托收行发出拒付通知。由于托收指示中要求凭代收行到期付款的担保放单，而代收行已将单据放给付款人，因此托收行要求立即付款。代收行反驳道，放单是基于付款人的承兑，代收行并没有担保到期付款的责任。虽经多次交涉，此纠纷仍未得到解决。

### 案例分析

本案例之所以出现纠纷，而且经多次交涉仍未得到解决，主要是由于托收行和代收行都有过错。托收是基于商业信用的交易，托收行在托收指示中规定“Payment on due date to be guaranteed by ×× bank（代收行）. Tested telex to this effect required”就是意图将商业信用转变为银行信用，由银行担保到期付款，这样就为日后纷争留下了祸根。而代收行业务经办人员责任心不强，面对如此托收指示，并没有提出异议，对于托收指示中要求凭代收行到期付款的担保放单也没有理会，仅根据承兑交单的惯用做法，在进口商承兑后就将单据释放给进口商，造成了日后的纷争。代收行在此业务处理中有过错，如果代收行对于托收行提出的要求明确拒绝，申明托收结算业务的基础是商业信用，银行不做付款担保，那这样的纠纷也是可以避免的。

## 案例3：跟单信用证结算改“随证托收”致损案

### 案例相关知识点：托收与信用证结算方式的比较

出口托收是一种有效的结算方式，能够协调进出口商之间的利益冲突。当向国外客户发运货物或提供服务后，出口商提交代表债权的金融单据和代表货物所有权的商业单据，只有在进口商付款、承兑或履行其他责任后，进口商才能得到单据予以提货。进出口双方的权利、义务、利益和责任都得到了平衡。托收作为一种新的支付手段，比预付货款和赊销有了进一步的发展。尽管比预付货款和赊销有一定的优势，托收仍然是出口商需要谨慎使用的一种支付方式。出口商要确保进口商的资信状况是可接受的，进口国没有政治和法律风险。与此同时，一旦发生货物到达进口国，而进口商不付款并拒收货物的情况，出口商还需要安排代理商办理货物的转售和仓储。

与跟单信用证相比，在跟单托收项下，卖方也需要准备并提交相关单据给银行，但两者之间有很大不同，这主要体现在：（1）跟单信用证项下涉及的汇票是出具给银行，要求银行支付货款；而跟单托收中涉及的汇票是出具给进口商，要求进口商履行付款责任；（2）在信用证项下，当单证相符时，被指定银行将履行付款责任，或承兑、议付单据，出口商收款有银行信用做保障；跟单托收中卖方银行在卖方提交单据时并不承担付款责任，只是作为卖方的托收行或寄单行出现，出口商能否得到货款最终取决于进口商的商业信用。

### 具体案例

国内某出口公司向韩国出口1万吨水泥，价值40万美元，FOB术语成交，由韩国买方租用越南籍货轮将整船货物从青岛港运至韩国某港口，支付方式为即期信用证。后因我国货源紧张，请求韩国买方延迟派船，买方同意，但信用证不展期，付款方式按“随证托收”办理，我方对此并未表示反对。

在信用证过期后，买方船到，我方装货后取得船长签发的提单并随附其他所要求的单据送中国银行某分行向韩国进口商办理“随证托收”，待单据至韩国开证行后，因提单日期晚于信用证规定日期，单证不符，信用证已失去银行保证作用，韩国银行只能向进口商按D/P方式代收货款。但此时，韩国进口商借故拒不付款赎单，并声称货已失踪。经我方调查，韩国进口商在无提单情况下早已从船方手中提走了货物，而该船从此再也未到中国港口来，我方也不能据以申请法院采取扣船拍卖等补救措施，造成我方货款两空的重大损失。

### 案例分析

所谓“随证托收”，是指因为信用证已过期或单证不符，受益人将结算方式改为托收，并随附对受益人来说已无用的信用证，以向开证行即现在的代收行表明该笔托收款项原为信用证项下之款项。由此可见，“随证托收”一般是出口商违约在先，在不能利用信用证的情况下将信用证结算方式改为按托收办理。此时，尽管出口商托收时随附了原证，但该信用证对出口商已无任何保障。我国有些出口商认为，“随证托收”比托收方式更为安全，其实这是误解，因为“托收”方式是进出口双方商定的结算方式，而“随证托收”则是由于出口商违约在先，使得原有信用证不能利用，出口商迫不得已采用的变通方法。由此可见，对出口商来说，“随证托收”并不比“托收”方式安全。

所以作为出口商遇到这种情况，首先应当坚持延长装运期。因为可以看出FOB价格术语对出口商来说有一定风险，在FOB合同中，由进口商租船，进口商很有可能会和船公司勾结，不用提单也能提货。防止它们相互勾结最好的办法就是要定期审核客户资信，进行信用等级评审。而且在FOB出口合同下，卖方除应注意买方资信外，尚需要求买方所派船只是信誉良好的，最好该船公司在我国境内有办事处或常年代理机构。另外，还应在合同中订明买方在派船前应电告卖方船名、船籍、所属船公司等详情，并以我方确认为准。在FOB出口合同中，为防止进口方与船方勾结骗货，出口商尤应坚持信用证付款方式，而不宜采用托收方式，以确保获得银行保证付款的责任。最后，出口商还可投保信用险，以规避收汇风险。

## 案例4：光票托收致损案

### 案例相关知识点：光票托收

根据《托收统一规则》规定，光票托收是指金融单据不附带商业单据的托收，即提交金融单据，委托银行代为收款。光票托收并非不附带任何单据，若一张汇票仅附带一些非货运单据，如垫款清单等，这种托收仍视为光票托收。

光票托收的使用范围较广，它主要适用于非贸易的结算，如赠款、知识产权使用费以及其他债权债务关系的结算；它也可以适用于贸易结算，如小额贸易货款、贸易项下的保险费、运费、赔偿金、佣金等从属费用。

对于委托人来说，光票托收无法收回托收款项的风险较大。当委托人将票据提交银行托收时，托收行需将单据寄送代收行托收，时间较长，且票据款项能否收回也不确定。委托人如果是出口商，原则上应在托收款项回来后再办理发货手续。

### 具体案例一

某出口商 A 与进口商 B 拟采用光票托收的方式进行贸易，运输方式为空运，很快出口商接到进口商开来的国外某银行出具的并以此银行为付款人的支票，金额为 10 万美元。出口商信以为真，很快将货物装运出口，并要求出口地的某银行为其办理光票托收，但是当支票寄交至国外的付款行时，被告知此支票为空头支票，最终造成出口商 A 货款两空的重大损失。

### 案例分析

采用光票托收进行国际贸易支付的时候，经常托收的金融票据是支票。这时候出口商必须鉴别此支票的真实性，不能盲目出货。如果自己无法辨别，也应该第一时间交出口地银行去辨别印鉴。对于自己不是很了解的进口商，最好在出货前能够要求进口商出具银行保付的支票，或者先光票托收回货款之后再发货，以避免不必要的损失，不到万不得已的时候最好不要采用这种方式进行大额交易的结算。

### 具体案例二

我国某出口公司在广交会上与一外商签订一笔出口合同，并凭外商在广交会上递交的以某银行为付款人、金额为 5 万美元的支票在 2 天后将合同货物装运出口。随后，我国出口公司将支票通过国内银行向国外付款行托收时，被告知该支票为空头支票，由此造成货款两空的损失。

### 案例分析

出口公司应该从中吸取和接受教训。为防止外商签发空头支票，应坚持让外商签发保付支票，且应先通过国内银行将支票向国外付款行做光票托收，收回款项再发货。

## 案例 5：D/P 远期项下代收行放单案

### 案例相关知识点：D/P 远期

D/P 远期的全称是远期付款交单（D/P at...days after sight），是指出口商发货后，开具远期汇票，连同商业单据，通过银行向进口商提示，进口商审核无误后即在汇票上进行承兑，于汇票到期日付清货款后再领取商业单据提货的交单方式。在远期付款交单条件下，如果付款日期晚于到货日期，进口商可凭信托收据（Trust Receipt，T/P）向代收银行借取货运单据，先行提货，于汇票到期日再付清货款，换回信托收据。这种结算方式称为“远期交单·凭信托收据借单”（D/P·T/R），是进口方银行对进口商提供的一种资金融通方式。信托收据是代收行向进口商提供的信用便利，如果借单人（即进口商）到期不能付款，代收行就要代为付款，因此，代收行借出单据承担了一定的风险。

设计远期付款交单方式（D/P 远期）的初衷是，与远期承兑交单（D/A 远期）相比，该方式下出口商收款的风险要小一些。因为在远期付款交单方式下，进口商通常在付款前不能取得货运单据，不能掌握货物，如果到期日汇票遭到拒绝，代表货物所有权的货运单据仍在代收行手中，出口商仍然有对货物的支配权，对出口商收款来说更安全些。如果买卖双方同意使用 D/P 远期作为货款的结算方式，最好远期汇票的付款期限与货物运输的时间基本相当，即货物运输的时间与汇票的付款时间大致吻合，避免出现货物已经到达目的地而汇票的付款时间尚未到期的情况。

尽管远期付款交单早已被明确为托收的一种交单方式，但托收惯例并不鼓励该交单方式的使用。《托收统一规则》（URC522）就明确规定，托收不应含有付款交单指示的远期汇票（即 D/P 远期）；同时进一步规定，如果托收含有远期付款的汇票，托收指示书应注明商业单据是承兑交单（D/A）还是付款交单（D/P），如果无此项注明，商业单据仅能凭付款交单。可见《托收统一规则》虽然不主张使用 D/P 远期付款方式，但还没有把D/P 远期从中绝对排除。

远期付款交单方式在实务操作中也暴露出它所存在的弊端：一方面，对于付款人而言，不如 D/P 或 D/A 那样权利和义务可以立即平衡，即付款人要么支付货款，要么承兑汇票，就可以获得单据提货。而远期付款交单付款人审单后已经做出了付款的承诺（即承兑票据），但并没有取得单据的权利，付款人承兑后没有回报。如果货已到港而汇票尚未到期，进口商需要提前付款才能拿到单据，而这与 D/P 又有什么区别呢？当然，进口商还可以请代收行用信托收据借单，但单据能否借出是进口商所无法决定的，要由代收行根据进口商的资信情况而确定，这通常会使进口商处于被动局面。因此，付款人通常不愿意接受这类托收。另一方面，对于代收行而言，D/P 远期也是个麻烦事。当代收行向进口商提示单据时，它要取得进口商的付款承诺，但又不能把单据交给进口商，在远期汇票付款前要保管好单据，徒增手续和责任。若进口商提出要用信托收据借单，代收行又必须评估进口商能否在远期汇票到期时付款，如果进口商到期不付款，借走单据的责任要由代收行自行承担，代收行认为这是委托人将一切责任都推给它，也不愿意接受，在实务中通常要求改为 D/A。

## 具体案例

某年 2 月，中国 A 公司（出口商）与英国 B 公司（进口商）签订出口合同，支付方式为 D/P 120 days after sight。中国 C 银行（托收行）将单据寄出后，直到 8 月份尚未收到款项，遂应 A 公司要求指示英国 D 代收行退单，但等到 D 代收行回电才得知，已凭进口商 B 公司承兑放单。几经交涉，进口商 B 公司以种种理由不付款，进出口商之间交涉无果。中国 C 银行认为英国 D 代收行错误放单造成出口商货款损失，要求 D 代收行承担责任，但 D 代收行对中国 C 银行的催收拒不答复。10 月 25 日，D 代收行告知中国 C 银行进口商已宣告破产，并随附法院破产通知书，致使出口商钱货两空。

### 案例分析

由于代收行不愿意接受 D/P 远期的交单方式，部分国家和地区及部分银行均将 D/P 远期交单当成 D/A 交单来处理，在不确定性因素增加的情况下，D/P 远期对于出口商（托收业务的委托人）而言已经成为一种具有操作风险的结算方式。但是，根据《托收统一规则》的规定，本案例中 D 代收行依然应承担责任，在未经托收行同意的情况下，擅自将远期付款交单改为承兑交单是错误的。

案例知识点部分已经分析了代收行不愿意接受 D/P 远期的原因，分析了 D/P 远期的弊端，如果代收行不接受托收行对其 D/P 远期交单的委托，可以去函说明代收行将会对 D/P 远期按 D/A 处理，或将单据退回代收行，但不应擅自将 D/P 远期改为 D/A。

本案例给出口商留下启示和教训。如果选择做 D/P 远期，出口商应该把握以下几点：(1) 选择 D/P 远期要有风险意识，尤其是在选择进行大额交易的客户时，一定要考虑客户的资信状况；(2) 在签订合同时应尽可能确定代收行，选择那些历史悠久、熟悉国际惯例、信誉卓越的银行作为代收行，避免银行因操作失误、信誉欠佳造成的风险；(3) 办理 D/P 远期托收业务时，尽量不要使远期天数与航程时间相隔较长，造成进口商不能及时提货，一旦货物行情发生变化，容易造成进口商拒不提货，产生出口商运回货物的费用或再处理货物的费用；(4) 在托收业务中最好选择 CIF 价格术语，一旦货物在运输过程中发生毁损，可以向保险公司索赔；(5) D/P 远期在一些南美国家被视为 D/A，应事先有所防备。

## 案例 6：承兑交单（D/A）产生拖欠案

### 案例相关知识点：承兑交单（D/A）

D/A 是承兑交单的英文缩写，其英文全称是 Documents against Acceptance。承兑交单是指出口商的交单以进口商在汇票上承兑为条件，即出口商在装运货物后开具远期汇票，连同商业单据，通过银行向进口商提示，进口商承兑汇票后，代收行即将商业单据交给进口商，在汇票到期时，进口商再履行付款义务，承兑交单方式只适用于远期汇票的托收。

承兑交单对出口商而言，风险很大。因为承兑交单后，尽管进口商承诺一定时期后支付汇票金额，但并没有真正付款。进口商承兑汇票后，即可取得货运单据，并凭以提货，这对出口商来说，已交出了物权凭证，其收款的保障只能取决于进口商的信用。如果进口商到期拒付，出口商就可能遭受货物与货款两空的损失。

## 具体案例一

2009年春交会，广东某进出口公司（以下称广东公司）与埃及HUSSEIN公司建立了业务关系，HUSSEIN公司向广东公司订购了近3万美元的货物，双方同意以信用证方式结算。初次合作较为愉快，广东公司及时地收回了货款。之后，HUSSEIN公司继续向广东公司订购货物，货物总值达26万美元。这次，HUSSEIN公司提出了D/A 60天的付款方式，要求广东公司接受。广东公司急于开发市场，接受了HUSSEIN公司的付款要求。货物发出后，广东公司及时交付单据，HUSSEIN公司承兑了汇票并接收了货物，可是，在汇票到期日，该公司拒绝付款。广东公司在自行催收一年之后，HUSSEIN公司称货物质量有问题，不符合当地市场需求，货物仍未售出等为由，坚决拒付货款。

广东公司在货权完全丧失的情况下，委托东方国际保理中心（以下简称东方中心）向埃及HUSSEIN公司追讨。开始，HUSSEIN公司态度极为强硬，坚持说货物尚未卖出，不能付款。为了把损失降到最低点，东方中心向外方提出退单、退货的要求。在强大的追讨压力下，该公司承认，它们早已售完广东公司的货物，并把货款用到了其他生意上。由于该笔生意的失败，加上公司的经营及管理不善，导致该公司亏损严重，已近关门倒闭的边缘，根本无法偿还广东公司的欠款。经过进一步的调查，东方中心发现这家公司还有一些库存商品可以变卖。最后，广东公司追回了4万美元的欠款。

## 案例分析

这个案例给我们如下启示：

1. 中东市场需求大，对买方来说，固然是一件好事。不过，卖方应对买方的销售能力、商业信誉、偿还意愿和偿还能力有全面的了解，切不可为了满足客户的不合理需求而盲目发货。

2. 中东市场环境复杂，贸易纠纷多。如果货值较高，全额采用D/A支付方式，卖方的风险太高。最好按一定百分比采用预付款、L/C和跟单托收等相结合的支付方式，降低卖方的风险，减少可能发生的损失。

3. 拖欠发生后，一定要采取有效措施及时进行催收。否则，对方的经营状况一旦发生恶化，欠款便很难收回。

4. 承兑交单（D/A）下产生的风险和损失不亚于赊销方式，我国进出口企业要慎重采用这种做法。

## 具体案例二

我国沿海一家进出口集团公司与澳大利亚B公司有3年多的合作历史，双方一直保持着良好的贸易关系。合作初期，B公司的订单数量不大，但是该公司的订货很稳定，且付款情况也较好。后来，随着双方之间相互了解和熟悉，我进出口公司为B公司提供了优惠付款条件，由最初的信用证即期、D/P即期、D/A 60天到D/A 90天，而双方的贸易额也由每年的六七万增加到七八十万美元。

1999年9月，B公司又通过我进出口公司下了一批订单，货物总值25万美元，价格条件为CIF墨尔本，而我进出口公司在未对该客户进行严格信用审核的情况下，同意给予对方D/A 180天的信用条件。1999年11月，全部货物如期出运，我进出口公司也及时向银行交付了单据。

2000年5月，汇票承兑日到期时，B公司以市场行情不好、大部分货物未卖出为由，要求延迟付款。之后，我进出口公司不断给B公司发传真、Email等，要求该公司付款或退货。B公司对延迟付款表示抱歉，并答应尽快偿付。2000年11月，B公司以资金困难为由，来电告知暂时只能偿付我进出口公司3万美元。我进出口公司表示同意，并要求马上汇款。即使这样，B公司一会儿说其财务人员有病，一会儿又称其主要负责人休假，继续拖欠付款。

2001年1月，B公司总经理K先生辞职，在此之前，我进出口公司与B公司的所有交易都是经由K先生达成的。此后，B公司对我进出口公司的所有函件没有任何答复。到2001年3月，我进出口公司与B公司失去联系。

2001年5月，东方国际保理中心受理此案，通过调查得知，B公司已于2001年3月申请破产。东方国际保理中心为我进出口公司及时申请了债权，尽力争取把其损失降到最低。但是，根据当地清算委员会的初步报告，保理中心了解到，B公司债务总额为其资产总额的三倍，且该公司90%以上的资产已经抵押给银行。不言而喻，我进出口公司将蒙受巨大的坏账损失。

### 案例分析

通过以上案例可以看出，当使用D/A结算方式时，将会产生应收账款。当一笔海外应收账款没有及时收回的时候，企业最大的风险莫过于因对方破产而带来的坏账损失，即使对方的信用状况较好，有时候，遭受这种风险的可能也在所难免。通过对大量的拖欠案例的分析，客户在破产前会有一些迹象，请进出口企业注意观察如下征兆，必要时，应及时采取措施加以防范：（1）客户突然要求大量增加订单数量；（2）客户改变惯用的付款方式；（3）客户财务状况不好，资金不足，周转困难；（4）客户不断地变换拖延、拒付货款理由；（5）客户长时间不答复债权人的函电；（6）客户不提供书面的还款计划或承诺付款声明；（7）客户公司的管理层内部发生重大变化。

## 案例7：D/P改D/A致损案

### 案例相关知识点：付款交单（D/P）与承兑交单（D/A）的比较

付款交单（D/P）与承兑交单（D/A）的比较可以用表4—1来说明。

表 4—1 付款交单与承兑交单的异同点

| | | 付款交单 | 承兑交单 |
|---|---|---|---|
| 不同点 | 实质不同 | 货款的收取与单据的转移同时完成 | 先承兑交单后收取货款 |
| | 交单的依据不同 | 以付款人的付款为交单依据 | 以付款人的承兑为交单依据 |
| | 付款的时间不同 | 在即期 D/P 方式下是即期付款；在远期 D/P 方式下是远期付款 | 远期付款 |
| | 委托人的风险不同 | 即期 D/P 方式下是即期收款，远期 D/P 方式下可能面临掌握货权但收不到货款的可能 | 可能存在钱货两失的风险 |
| 相同点 | 1. 均以商业信用为基础；<br>2. 均属于跟单托收方式；<br>3. 均属于逆汇。 | | |

## 具体案例

某年 4 月 9 日，某托收行受理了一笔付款条件为 D/P at sight 的出口托收业务，金额为 USD100 000.00，托收行按出口商的要求将全套单据整理后撰写了托收面函一同寄给美国一家代收行。单据寄出后一星期，委托人声称进口商要求委托人将“D/P at sight”修改为“D/A at 60 days sight”。委托行在强调 D/A 的风险后，委托人仍坚持要修改，最后委托行按委托人的要求发出了修改指令，此后一直未见代收行发出承兑。当年 8 月 2 日，应委托人要求，委托行通知代收行退回全套单据。8 月 19 日，委托行收到代收行寄回的单据，发现三份正本提单只有两份。委托人通过美国有关机构了解到，货物已经被进口商提走，此时委托行据理力争，要求代收行要么退回全套单据，要么承兑付款，但是代收行始终不予理睬，货款最终没有着落，而委托人又不愿意通过法律程序解决，时隔数年，货款仍未收回。

## 案例分析

托收业务是以商业信用为基础的，没有银行信用的参与。从整体上来讲，出口商承担的风险比进口商更多和更大。托收有 D/P 和 D/A 两种交单方式。在 D/P 项下，进口商只有在付款后，才能拿到货运提单，然后凭货运提单提货；而在 D/A 项下，只要进口商对出口商提交的远期汇票承兑，承诺在未来履行付款责任，就可以拿到货运提单提货。在 D/A 项下，出口商要承担更大的风险。本案例中，代收行没有获得进口商承兑，应委托人的要求理应将全套单据退还，但退回的单据中三份正本提单只剩下两份，货物又已经被进口商提走，托收行应与代收行据理力争，要求其赔偿损失。

通过该案例，出口商（托收业务的委托人）也应该吸取教训，要明确托收业务是基于商业信用，银行只是作为代理提供服务，不提供银行信用，出口方收款的保障取决于进口方的诚信。

# 案例 8：托收行责任案

## 案例相关知识点：托收行的责任

托收行又称委托行，是接受委托人的委托代收款项，委托国外自己的分支机构或代理行向债务人收款的银行，也叫出口方银行，它可以是托收汇票的收款人、被背书人。托收行的责任和义务包括：首先，执行委托人的指示。托收行是委托人的代理人，所以要按委托人的指示行事。它在将单据寄给代收行时，要缮制托收指示，此指示的内容要与委托人申请书的内容严格一致。如果委托人的要求不合理或无法做到，应向委托人解释，要求其修改申请书。托收行不能擅自修改托收申请书的内容，尤其是主要交单方式的规定。其次，托收行要按常规处理业务。凡是委托人在申请书中没有加以指示的，托收行就按常规处理。例如，委托人未指定代收行，托收行可按常规选定一家与付款人在同一城市的银行作为代收行。最后，托收行要对其过失负责任。例如，代收行电告付款人拒付，而托收行却未立即通知委托人，使得代收行未能及时得到如何处理货物的指示而使货物遭受损失，这时托收行就有过失责任。

## 具体案例一

CHAI TAI 公司在 2004 年向美国 Acosta 公司出口竹木工艺品 8 000 箱，并委托×银行通过芝加哥 JP 摩根银行向美国公司收取货款，交单方式 D/P at 15 days after sight。但×银行错误地指示 JP 摩根银行交单方式为 D/A，致使美国公司在未付款的情况下，从 JP 摩根取得了全套货运单据。美国公司事后没有向 CHAI TAI 公司付款。CHAI TAI 公司向法院起诉，要求×银行和 JP 摩根共同承担赔偿责任。法院审理后判决×银行向 CHAI TAI 公司偿付相应损失。

## 案例分析

本案例中托收行×银行应该承担赔偿责任。托收申请书的交单方式是 D/P at 15 days after sight，但×银行却擅自更改了交单方式，错误地指示 JP 摩根银行交单方式为 D/A，致使 CHAI TAI 公司受损。出口商还需要注意到一个事实，部分南美国家和地区的银行将 D/P 远期当 D/A 处理，如果与这些银行发生托收业务，一定要在托收指示中进一步明确，单据只能在远期付款时才能交付进口商，不能将远期付款交单当成承兑交单办理。与本案例相关的知识点还包括上一个案例提及的 D/P 与 D/A 的区别，下一个案例所提及的部分国家的银行将远期 D/P 当成 D/A 处理的惯例。将这些知识点串连起来将更有利于理解该案例。

## 具体案例二

2005 年 11 月，荷兰 A 银行通过国内 B 银行向 C 公司托收货款，B 银行收到单据后，将远期汇票提示给付款人承兑。据付款人称，出票人已告知，货物已抵达香港，必须承兑汇票后，出票人才肯交货。付款人为尽快取得货物，遂承兑了汇票。2006 年 1 月，B 银行收到已承兑的汇票后，遂对外发出承兑电，称汇票已经付款人承兑，到期我行将按贵行指示付款。2006 年 7 月，汇票到期，B 银行要求付款人（C 公司）付款，C 公司称，由于未完全收到货物，不同意付款，B 银行就此电告 A 银行，付款人不同意付款。几天后，A 银行回电称：在我行的托收指示中，我们要求贵行：（1）承兑交单（汇票期限为见票后 180 天）；（2）承兑的汇票由贵行担保；（3）如果已承兑的汇票没有由贵行担保，请不要放单。贵行 2006 年 1 月来电通知，客户已承兑汇票，到期时，将按我行指示付款。因此，请贵行立即安排付款。试分析托收行的业务处理有过错吗？

### 案例分析

B 银行收到 A 银行寄交的托收单据，必须按托收指示中的指示和国际商会 522 号出版物《托收统一规则》行事，对不能履行或不愿履行的指示，必须毫无延误地通知寄单行。国际商会 522 号出版物《托收统一规则》第 1 条 c 款规定："无论出于何种原因，如果银行决定不办理它收到的托收或任何有关指示，它必须无延误地以电信或在不可能采用电信方式的情况下，以其他快捷的方式通知向其发出托收指示的一方。" B 银行收到 A 银行寄交的托收单据，既没有执行托收指示中的指示，又没有将不执行的决定及时通知寄单行，B 银行对该业务纠纷应该承担责任。

## 案例 9：代收行责任案

### 案例相关知识点：代收行的责任

代收行又称受托行，是接受托收行的委托，向债务人收款的银行，一般都是托收行的国外分支机构或代理行，它是进口方银行。

代收行的责任和义务包括：根据托收指示处理托收业务；代收行在经托收行同意前不得变更托收指示上的任何条件，否则责任自负；查收已收到的单据与托收指示中所列是否相符，并且通过迅捷的方式通知发出托收指示的托收行单据遗失或单据与所列的不同；一般情况下，代收行在收到全部货款之后向进口商放单，并且代收行对因交单延误而产生的任何后果不负责任。

### 具体案例一

2005 年 4 月，香港某公司委托当地 A 银行通过内地 B 银行向某进出口公司托收货款。B 银行收到单据后向某进出口公司（付款人）提示，要求其按托收金额 USD205 020.00 付款。同年 12 月，付款人通知 B 银行，该公司已将 USD165 020.00 直接汇给出票人，授权 B 银行将剩余的货款 USD40 000.00 通过 A 银行付给出票人。付款人在支付了余款后，B 银行遂将单据交给了付款人。2006 年 5 月，香港某公司（出票人）致函 B 银行称，这种做法严重伤害了该公司的正当权益，违背了国际惯例及《托收统一规则》。

## 案例分析

国际商会《托收统一规则》第 19 条第 f 款规定："跟单托收时，部分付款只有在托收指示特别授权时才被接受。然而，除非另有指示，代收行（提示行）只有在全部款项收讫时才能把单据交予受票人。"本案例中，托收指示没有授权代收行（提示行）可部分付款交单，提示行也没有征得委托人的同意，而是根据付款人的授权执行部分付款交单，损害了香港某公司的权益，应承担赔偿责任。

## 具体案例二

2012 年 3 月，国内出口商 A 公司与美国进口商 B 公司签订一笔丝绸的贸易合同，付款条件为 D/P at 50 days after sight。公司于 2012 年 3 月 25 日发货，29 日将有关单据交至国内甲银行（托收行）。经审核，单单一致，甲银行当日将票据（包括全套正本提单）寄往其指定的代收行乙银行。4 月 6 日乙银行来电称单据收妥。

根据乙银行 4 月 6 日电报，甲银行推算出该单据的付款到期日为 5 月 25 日，但到期后款项未达。经甲银行多次与 A 公司联系，得知 A 公司与 B 公司之间正在就付款一事商洽。5 月 30 日，甲银行发电催收，乙银行回电称尚未收到 B 公司的付款指示。

6 月 3 日，乙银行来电告知 B 公司做出承兑，到期日为 7 月 22 日。而乙银行于到期日再次通知甲银行 B 公司未付款，等待甲方指示。甲银行通知 A 公司，并请其处理。7 月 28 日，乙银行来电称 B 公司准备赎单，要求提供正确单据（产地证）。经联系 A 公司得知，B 公司需持纺织品产地证通关，而 A 公司提交的却是一般原产地证。A 公司遂于 8 月 5 日将纺织品产地证寄给 B 公司。8 月 15 日甲银行预计该单据已寄往 B 公司，便致电乙银行请其协助催促 B 公司付款。9 月 2 日，A 公司通知甲银行 B 公司已付款，甲银行遂发电要求乙银行划拨款项，但乙银行一直未作答复。

鉴于其后多次催款毫无进展，加上货物早已抵港，而乙银行与 B 公司都未曾就仓储费、滞纳金等问题提出任何要求，所以甲银行怀疑货物早已被 B 公司提走。于是，10 月 9 日，甲银行建议 A 公司与船公司接洽，了解货物下落。7 天后 A 公司书面通知甲银行，B 公司已于 6 月 14 日凭正本提单将货物提走。甲银行立即致电乙银行，请其在 7 日内将货款及利息（提货日至发电日利息）汇至甲银行，否则退回全部单据。7 日后，款项仍未到，甲银行根据 A 公司的书面通知要求乙银行立即退单。10 月 25 日，收到乙银行付款通知。至此，这起长达 9 个月之久的远期付款托收纠纷才得以解决。

## 案例分析

这起长达 9 个月之久的远期付款托收纠纷最后之所以能够解决在于甲银行使出了杀手锏，要求乙银行退单。本案的交单条件是 D/P at 50 days after sight，代收行违背其责任义务，在没有收到进口商付款的情况下擅自把正本提单放给进口商，当托收行提出退单要求时，代收行已无单可退，所以最终被迫付款平息了这场纠纷。

# 案例10：南美国家和地区将D/P远期当D/A处理案

## 案例相关知识点：部分国家和地区将D/P远期当D/A处理

部分国家和地区的代收行将D/P远期作为D/A处理，这是其国际贸易结算的习惯做法。代收行认为，托收方式既然是种对进口商有利的结算方式，就应体现其优越性。货到进口国后，若按D/P远期的做法，进口商既不能提货，又要承担因货压港而产生的滞港费，若进口商想避免此种情况的发生，则必须提早付款从而提早提货，那么D/P远期就没有意义，故习惯做法是所有的D/P远期均视作D/A对待。

## 具体案例

我国A公司同南美客商B公司签订合同，由A公司向B公司出口一批货物，双方商定采用跟单托收方式结算贸易项下的款项。我方的托收行是A′银行，南美代收行是B′银行，具体付款方式是D/P 90天。但是到了规定的付款日，对方毫无付款的打算。更有甚者，B公司承兑汇票后，当地代收行B′银行就将全部单据交付给了B公司。于是A公司在A′银行的配合下，聘请了当地较有声望的律师将代收行B′银行告上了法庭，原因是B′银行将D/P远期作为D/A方式处理。当地法院以惯例为依据，主动请求我方撤诉，建议我方以调解方式结案。

## 案例分析

1. 根据《托收统一规则》（URC522）第7条a款，托收不应含有付款交单指示的远期汇票（即D/P远期）；b款进一步规定，如果托收含有远期付款的汇票，托收指示书应注明商业单据是承兑交单（D/A）还是付款交单（D/P），如果无此项注明，商业单据仅能凭付款交单。从中不难看出，《托收统一规则》首先不主张使用D/P远期付款方式，但是并没有把D/P远期从中绝对排除。根据URC522规则，B公司在承兑汇票后，必须于汇票到期日（90天后）付清货款之后，B′银行才能将全套单据交付给B公司。故B′银行在B公司承兑汇票后就放单的做法是违背URC522规则的。这是我国A公司起诉B′银行的主要原因。

2. 本案例中代收行B′在B公司承兑汇票后就放单给B公司了，B′银行将D/P远期作为D/A处理，这是南美国家国际贸易结算的习惯做法。

3. 通过该案例，我们应该得到一些启示和教训。在处理跟单托收业务时，原则上我们应严格遵守URC522。托收行在其托收指示中应明确表明按URC522办理，这样若遇有当地习惯做法与URC522相抵触时，可按URC522办理。在具体操作时，应了解当地的习惯做法。本案例中URC522的规定与南美习惯做法是有抵触的，将来凡货运南美地区的托收业务，应避免使用D/P远期，以免引起不必要的纠纷。

# 案例11：直接托收受损责任界定案

## 案例相关知识点：直接托收

根据国际商会第550号出版物的界定，直接托收是指，卖方/委托人从其银行即托收行那里获得托收指示的空白格式，由其自己填写，连同托收单据直接寄给买方银行，即代收行，请其代收货款，并将已经填妥的托收格式副本送给托收行，请托收行将其视为该行自身所办理业务的一种托收方式。使用直接托收时，面函格式必须注明该笔托收业务受到URC522的约束，代收行将该笔业务视为从托收行处收到的指示同等对待。

URC522是针对银行办理托收业务而制定的统一规则。在直接托收项下，由于委托人直接把单据寄给代收行，不经过托收行，效率提高了，但国际商会第550号出版物不愿将未经银行办理的托收业务包括在内，故URC522中不包含与该业务相关的任何规则。直接托收业务的当事方不受URC522的约束，可能导致出现纠纷时无适用惯例和原则的情境。

## 具体案例

2014年3月15日，出口商A与美国B进口公司签订买卖合同，其中约定支付方式是即期付款交单。同年5月19日，出口商A将货物通过海运从上海运往纽约，并取得海运提单。出口商当日就持全套单据以及美国代收行D银行的资料前往当地的中国某银行C办理托收。当地C银行在审查全套单据后，签发了托收指示函并告知无法在当日寄单。出口商A当即要求自行寄单，C银行同意后将全套单据和托收指示函由出口商A签收取走。美国代收行D于2014年6月11日签收装有全套单据和托收指示的邮件。美国代收行D在B公司未付款的情况下，自行放单给B公司。美国B公司于2014年7月15日将货物全部提走，并且于当日向出口商A表示无力付款，尽管A多次向B交涉，都无果而终，从而给出口商A造成巨大损失。试分析该案例中相关当事人的责任。

## 案例分析

首先，出口商A的直接托收行为符合托收的国际惯例。虽说单据的交寄一般是发生在托收行和代收行之间，但在直接托收项下，出口商征求托收行同意后，可以将托收指示及各种单据等自行寄交代收行，这一行为仍被视为由托收行寄交代收行，因此案例中出口商A直接寄单给代收行D的行为符合国际惯例，没有过错。其次，托收行C无过错，不应当承担任何责任。URC522第11条a款规定："为执行委托人的指示，银行使用另一家银行或其他银行的服务，是代委托人办理的，其费用与风险由该委托人承担"，且b款规定："银行对于它们所传递的指示未被执行不承担义务与责任，即使被委托的其他银行是由它们主动选择的也是如此"。托收行向代收行所发出的指示实际上是执行委托人的指令，因此托收行根据托收指示所作的行为而产生的法律后果不能由托收行承担，只能由委托人即出口商A承担。最后，美国D银行违反了托收的基本义务，应当承担出口商A的所有损失。在案例中，作为即期付款交单中的代收行，美国D银行应当在B付清所有货款之后，才能将相应的单据交与进口商B。但实际上D并没有按照惯例办理，相反却在进口商没有付款的情况下，自行将单据释放给进口商B。因此美国D银行应对出口商A的损失承担赔偿责任。

在该案例中，出口商A受到巨大损失的原因并不是当地C银行导致的，而是因为代收行美国D银行违反托收的国际惯例，在进口商B没有付款的情况下，就将全套单据交给进口商。实际上就是B与D联合欺诈，致使出口商A货款两空。如果要追究责任的话，代收行D银行有不可推卸的责任。

## 案例12：出口托收选用贸易术语案

### 案例相关知识点：出口托收应争取选用CIF或CIP条件成交

在国际贸易中，跟单托收项下，出口商在与进口商签订货物买卖合同时，应争取选择CIF或CIP条件，这对出口商最为有利。在FOB或CFR条件下，出口商不负责办理保险，若货物在运输途中或进口商提货前受损而进口商因此拒付，出口商将面临钱货两空的风险。因为，若进口商对货物投保，保险单在进口商手中，它对保险公司索赔的款项有处理的主动权，出口商会十分被动，只能依赖进口商的商业信用。因此，为了保障出口商自身的利益，出口商应尽可能争取以CIF或CIP条件成交，自己办理保险。出口商在货物装船前办理了货物保险，装船后到银行办理了托收，无论是付款交单还是承兑交单，在付款人付款或承兑之前，出口商仍然拥有货权。若货物在运输途中发生了损失，而货物是以CIF或CIP成交的，进口商可以通过付款或承兑方式取走货运单据，然后凭保险单向保险公司索赔。如果货物受损后，进口商因此拒付，单据仍属于出口商，出口商可以凭保险单向保险公司索赔，出口商可以直接得到赔款。可见，出口商以CIF或CIP条件自办保险，在托收时获得货款的风险要比选用FOB或CFR条件小。若不得已而采用FOB或CFR条件，出口商可以向保险公司投保“卖方利益险”，尽可能减少损失。

### 具体案例

某出口商A以FOB条件向美国某一进口商出口一批商品，其结算方式采用D/P见票后30天。但后来此种商品的国际市场价格出现大幅下跌，当汇票到期时进口商没有付款。与此同时，由于采用FOB贸易术语，货物保险由进口商办理，当货物到达目的港后，由于无人照料出现了部分变质。出口商有鉴于此，只好将货物在当地低价出售，由此蒙受巨大损失。

### 案例分析

出口商应该从该案例中吸取经验和教训。如果采用D/P进行贸易结算，最好能将贸易术语改为 CIF 或 CIP。因为在 CIF、CIP 贸易术语下，为货物投保的是出口商，一旦进口商不付款而货物遭受损失时，出口商可以通过保险单据找保险公司获得赔偿。同时 D/P 远期的结算方式应该谨慎使用，因为一旦国际市场上某种商品的价格出现大幅下跌，一些资信不佳的进口商极有可能因此不付款。

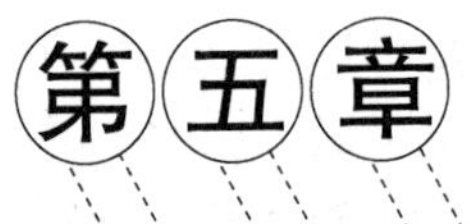

# 第五章 信用证

## 案例1：信用证规定与合同规定不一致纠纷案

### 案例相关知识点：信用证是一份独立、自足的文件，不依赖于贸易合同

信用证虽然是依据贸易合同中的支付条款而开立的，却具有不依赖于贸易合同的独立性，一旦经有关当事人接受，就与贸易合同无关了。即使信用证中含有对此类合同的任何援引，银行也与该合同无关，且不受其约束。有关当事人必须按信用证指示办理有关事项，才能获得信用证项下的应有权益。信用证交易已与贸易合同交易相分离，成为一项独立的关于银行支付的交易。

从法律上看，买卖合同与信用证是两个完全独立的法律文件，买卖合同是买方与卖方之间商定的买卖货物的契约，是约束和规范买卖双方的权利和义务的法律文件，而信用证则是约束受益人和开证行的法律文件，规范开证行与受益人的权利义务，开证行只对信用证负责，与合同无关，也不受其约束。《跟单信用证统一惯例》（UCP600）第4条规定：就其性质而言，信用证与可能作为其依据的销售合同或其他合同是相互独立的交易，即使信用证中含有对此类合同的任何援引，银行也与该合同毫不相关，并不受其约束。

### 具体案例一

上海A出口公司与香港B公司签订一份买卖合同，成交商品价值为418 816美元。A公司向B公司卖断此批产品。合同规定：商品均以三夹板箱盛放，每箱净重10公斤，两箱一捆，外套麻包。香港B公司如期通过中国银行香港分行开出不可撤销跟单信用证，信用证中的包装条款为：商品均以三夹板箱盛放，每箱净重10公斤，两箱一捆。对于合同与信用证关于包装的不同规定，A公司为保证安全收汇，严格按照信用证规定的条款办理，只装箱打捆，没有外套麻包。“锦江”轮将该批货物5 000捆运抵香港。A公司持全套单据交中国银行上海分行办理议付，该行对单据进行审核后未提出任何异议，中国银行上海分行将全套单据寄交开证行，开证行也未提出任何不同意见。但自货物运抵之后的第一天起，B公司数次来函，称包装不符合要求，重新打包的费用和仓储费应由A公司负担，并进而表示了退货主张。A公司认为在信用证条件下应凭信用证来履行义务。在这种情况下，B公司又通知开证行“单证不符”，A公司立即复电主张单证相符。试问本案应如何处理？为什么？

## 案例分析

在本案中，双方争执的焦点是其成交合同与信用证的规定不相符合，处理本案争执的关键是依合同还是依据信用证。根据UCP600第4条a款的规定：“信用证与可能作为其依据的销售合同或其他合同是相互独立的交易。即使信用证中提及该合同，银行亦与该合同完全无关，且不受其约束。因此，一家银行作出兑付、议付或履行信用证项下其他义务的承诺，并不受申请人与开证行之间或与受益人之间在已有关系下产生的索偿或抗辩的制约。”卖方上海A公司依据信用证行事是合法、合理的，应给予支持。因为在议付时，开证行和受益人只依据信用证行事，而不依据合同的规定。买方香港B公司的主张证据不足，不予支持。

## 具体案例二

A公司与美国拜耳中国有限公司（香港）签订一进口合同，进口BPA500吨。合同要求拜耳方在2001年7月装船。A公司7月5日开出信用证，信用证规定最迟的装船期是7月28日。A公司于7月5日将信用证副本传真给拜耳方面，拜耳公司没有提出异议。随后拜耳公司在没有征得A公司同意，又没有要求修改信用证的情况下，在7月31日装船，违反了信用证的条款，造成迟装。试分析A公司是否应提出拒付并退单给拜耳。

## 案例分析

关于A公司向拜耳公司购买货物之案例，由于对方装运期7月31日迟于信用证规定的最迟装运期7月28日，根据《跟单信用证统一惯例》（UCP600）的规定，A公司可以提出此不符点，随之拒付单据和退单。但我们必须注意到的是，虽然通过银行拒付单据是完全可以的，但是，对方会利用并没有违反合同和A公司就实际买卖的交货问题继续交涉。

在买卖合同和信用证的关系上，虽然信用证是以买卖合同为基础开立的，买卖双方要受合同的约束，但信用证一经开立，在法律上就与买卖合同相互分离而各自独立，各方当事人的权利义务是以信用证为准的，只要受益人在信用证规定的有效期内提交了与信用证相符的单据，开证行就会履行其付款的责任。

买方通过银行开立的信用证规定的最迟装船期是7月28日，卖方却在7月31日装船，违反了信用证条款，造成迟装，开证行完全可以以“单证不符”为由提出拒付。但这并不意味着买方A公司也同样可以提出拒付并退单给卖方美国拜耳中国有限公司。因为买卖合同规定的装船期是2001年7月，根据《联合国国际货物买卖合同公约》对交货时间的规定，“如果合同中规定有一段交货的时间，除情况表明应由买方在此期间内选定具体日期外，卖方可以在这段时间内的任何时间交货。”卖方拜耳公司在 7 月的任何一天交货都不为错，其在 7 月 31 日装船并不违反合同的规定。而买方在开出的信用证中将最迟期定为 7 月 28 日，违反了合同的约定。本案中，买方没有指示银行开立符合合同要求的信用证，从而使卖方无法完整履行义务，构成根本性违约，卖方完全有权提出索赔请求。基于此，买方在没有与卖方联系的情况下，直接退单给卖方也是不妥的。根据银行工作惯例，开证行在通知卖方拒付的同时，一般会与申请人联系，征求申请人的意见，此时买方（申请人）应谨慎处理。在没有影响销售量和预期收益的情况下，买方最好赎单付款；即使行情不好，买方也要及时联系客户，通过友好协商解决纠纷，切忌不计后果盲目退单。本案中，作为卖方的美国拜耳中国有限公司也有两个错误：一是在收到买方开来的信用证与合同不一致时，没有及时发现问题；二是混淆信用证和合同的关系，在信用证条款与销售合同不一致时，擅自按销售合同办理，最终导致单证不符而遭拒付。

本案双方都有过错。同时也提醒我们，尽管信用证一旦开立便是与合同相分离的一个独立文件，进口商如果发现出口商提交的单据与信用证不一致可以提出拒付，但如果出口商提交的单据是符合合同规定的，出口商在被拒付后也仍然可以依照销售合同向进口商主张权利。进口商在此时应综合考虑利弊，不宜因单证不符而盲目拒付。

## 案例 2：开证申请人因货物质量要求开证行拒付案

### 案例相关知识点：开证行承担第一性的付款责任

信用证是开证行对受益人的有条件的付款保证，只要受益人提供合格单据，银行必须首先安排付款，然后再与开证申请人清算。即使开证申请人已破产或明显不能支付信用证款项，开证行也不能解除其对受益人的付款责任。正因为这一特点，信用证才成为了一种比较安全的结算方式。开证行付款的唯一前提条件是受益人提交了符合信用证要求的单据。只要提交的单据符合信用证的要求，开证行就必须承担第一性的付款责任。

### 具体案例一

我国某公司从外国某商进口一批钢材，货物分两批装运，支付方式为不可撤销即期信用证，每批分别由中国银行开立一份信用证。第一批货物装运后，卖方在有效期内向银行交单议付，议付行审单后议付货款，中国银行也对议付行作了偿付。我方在收到第一批货物后，发现货物品质不符合合同规定，要求开证行对第二份信用证项下的单据拒绝付款，但遭到开证行拒绝。试分析开证行拒绝是否有道理。

### 案例分析

开证行拒绝有理。在本案中，开证行是依信用证支付原则还是依买方要求，这是分析的焦点。根据“单证相符，单单一致”的信用证支付原则，开证行依信用证规定的支付原则行事是合法、合理的，这也是分析本案开证行拒绝买方要求的关键。

根据《跟单信用证统一惯例》（UCP600）的规定，信用证一经开出，在有效期内不经受益人或有关当事人同意，开证行不得单方加以修改或撤销，当“单证相符，单单一致”时，银行见票即付。信用证开出以后就成了独立于买卖合同的另一个交易关系，银行只对信用证负责，只要卖方提交符合信用证规定的单据，且单证相符、单单一致，银行承担无条件付款的义务。为此，开证行拒绝我国某公司提出对第二份信用证项下的交易拒付的要求是合法、合理的。

## 具体案例二

甲国公司向丁国 A 公司购买灯泡生产线。合同规定分两次交货、分批开证。甲国公司应于货到目的港后 60 天内进行复验，若货物与合同规定不符，甲国公司凭所在国的商品检验证书向 A 公司索赔。合同订立后，甲国公司按合同规定向银行开出首批货物的信用证。丁国 A 公司装船后凭合格单据向议付行要求议付，开证行在单证相符的情况下对议付行偿付了款项。在第一批货物到达目的港前，第二批货物的开证期临近，甲国公司又向银行申请开出信用证。此时，首批货物抵达目的港；经检验发现，货物与合同规定严重不符。甲国公司当即通知开证行，称：拒付第二次信用证项下的货款，并请听候指示。然而，开证行在收到议付行寄来的第二批单据后，经审核无误，再次偿付议付行。但当开证行要求甲国公司付款赎单却遭到拒绝。

## 案例分析

开证行的处理是合理的，开证行有权要求甲国公司付款赎单。根据 UCP600 第 5 条的规定：“银行处理的是单据，而不是单据所涉及的货物、服务及/或其他行为。”开证行在审核单据时，只要受益人提交的单证一致，开证行必须付款，因此，本案中，开证行的做法是正确的。既然开证行已经履行了信用证义务，甲公司应向开证行偿付信用证金额。对于货物质量问题应另外根据合同规定向 A 公司索赔。

## 具体案例三

我国北方某化工进出口公司和美国尼克公司以 CFR 青岛条件订立了进口化肥 5 000 吨的合同，依合同规定我方公司开出以美国尼克公司为受益人的不可撤销跟单信用证，总金额为 280 万美元。双方约定如发生争议则提交中国国际经济贸易仲裁委员会上海分会仲裁。2012 年 5 月货物装船后，美国尼克公司持包括提单在内的全套单据在银行议付了货款。货到青岛后，我方公司发现化肥有严重质量问题，立即请当地商检机构进行了检验，证实该批化肥是没有太大实用价值的饲料。于是，我方公司持商检证明要求银行追回已付款项，否则将拒绝向银行支付货款。银行坚持付款，建议化工进出口公司找中国国际经济贸易仲裁委员会上海分会寻求救济措施。

## 案例分析

信用证方式下，实行的是凭单付款的原则。《跟单信用证统一惯例》规定：“在信用证业务中，各有关方面处理的是单据，而不是与单据有关的货物、服务及/或其他行为。”所以，信用证业务是一种纯粹的单据业务。银行虽有义务“合理小心地审核一切单据”，但这种审核只是用以确定单据表面上是否符合信用证条款，开证银行只根据表面上符合信用证条款的单据付款。在本案例中，银行不应追回已付货款。信用证项下，银行的义务是审查受益人所提供的单据与信用证规定是否一致，如单证相符、单单一致，银行即应无条件付款；北方某化工进出口公司无权拒绝向银行付款，它须受开证申请书的约束，在单证相符、单单一致的情况下，必须履行付款赎单的义务；中国国际经济贸易仲裁委员会上海分会有权受理此案，因为北方某化工进出口公司与美国公司订立的买卖合同中有仲裁协议；北方某化工进出口公司应根据买卖合同要求美国公司承担违约责任。

## 案例3：开证行因货物灭失拒付案

### 案例相关知识点：信用证的独立抽象性原则

信用证虽然是依据贸易合同中的支付条款而开立的，却具有不依赖于贸易合同的独立性，一旦经有关当事人接受，就与贸易合同无关了。即使信用证中含有对此类合同的任何援引，信用证也与该合同无关，且不受其约束。信用证交易已与贸易合同交易相分离，成为一项独立的关于银行支付的交易，这就是信用证的独立性，也称独立抽象性原则。银行承担信用证项下付款责任的唯一先决条件，是受益人提供符合信用证要求的全套合格单据。只要单据表面上符合单证相符、单单一致的要求，银行就必须承担付款责任。

### 具体案例

2012年10月，法国某公司（卖方）与中国某公司（买方）在上海订立了买卖2 000台个人电脑的合同，每台单价CIF上海1 000美元，以不可撤销信用证支付，2012年12月马赛港交货。2012年11月15日，中国××银行上海分行（开证行）根据买方指示，向卖方开出了金额为200万美元的不可撤销信用证，委托马赛的一家法国银行通知并议付此信用证。2012年12月20日，卖方将2 000台计算机装船，并获得信用证要求的提单、保险单、发票等单据后，即到该法国银行议付。经审查，单证相符，银行即将200万美元支付给卖方。与此同时，载货船离开马赛港10天后，由于在航行途中遇上特大暴雨和暗礁，货船及货物全都沉入大海。此时开证行已收到了议付行寄来的全套单据，买方也已得知所购货物全都灭失的消息。中国××银行上海分行拟拒绝偿付议付行已经议付的200万美元货款，理由是其客户不能得到合同项下的货物。

### 案例分析

在CIF价格术语项下，货物交割属于象征性交货，虽然保险由卖方购买，但是风险自2012年12月马赛港交货时起已由卖方转移给买方，卖方不再负责交货后的风险。开证行不能由于这批货物全部灭失而免除其所承担的付款义务。本案中，议付行已经议付了信用证，根据UCP600的规定，开证行中国××银行上海分行只有在法国银行单证不一致的情况下付款时，方可拒绝向议付行偿付，如果只以客户不能得到货物为由而拒绝偿付，是违背国际惯例的，开证行应对议付行承担付款责任。这是因为，信用证独立于货物买卖合同，信用证款项的支付以单证相符、单单一致为前提，与货物无关。买方的损失可以在付款赎单后，得到卖方提交的保险单据，向保险公司索赔得到补偿。

## 案例4：信用证保兑案

### 案例相关知识点：保兑信用证与保兑行

保兑信用证是指带有开证行以外的另一家银行（保兑行）的独立付款承诺的信用证。对于受益人来说，其利益得到开证行与保兑行的双重保障，只要受益人能提供符合要求的单据，可以要求两家银行中的任何一家承担主要付款责任，所以增强了收款的安全性。

一般需要保兑的信用证主要有以下几种情况：①信用证金额超过开证行的支付能力；②开证行与受益人所在国家的银行无代理行关系；③开证行所在国家外汇储备不足或有大量外债；④进口国政局动荡或对进出口交易实施严厉的外汇管制。在这些情况下，受益人要求由本国银行或国际著名大银行对信用证作保兑，可以转嫁由开证行或进口国引起的风险。

保兑行（confirming bank）是根据开证行的授权或要求对信用证加具保兑的银行。保兑行通常由通知行兼任，但也可以由其他银行，如出口地、开证地或国际金融结算中心的著名银行来担任。被开证行授权的银行一旦在信用证上加具保兑，便承担与开证行相同的责任。只要规定的单据提交给保兑行，或提交给任何指定银行，并构成相符交单，保兑行必须承付，或无追索权地议付。

根据UCP600，被邀请对信用证加具保兑的银行可以不保兑此信用证，但它必须不延迟地通知开证行。

### 具体案例一

我国出口企业收到国外开来的不可撤销信用证一份，由设在我国境内的某外资银行通知并加具保兑。我出口企业在货物装运后，正拟将有关单据交银行议付时，忽接该外资银行通知，开证行已宣布倒闭，该行不承担对该信用证的议付或付款责任，但可接受我出口公司委托向买方直接收取货款的业务。我方应如何处理？

### 案例分析

我方应按规定交货并向该保兑外资银行交单，要求付款。根据《跟单信用证统一惯例》（UCP600）第9条b款的规定：“自为信用证加具保兑之时起，保兑行即不可撤销地受到兑付或者议付责任的约束。”根据该规定，保兑行在对不可撤销信用证加具保兑后，其责任独立于开证行，不论开证行是否能够偿付，保兑行都必须对受益人履行付款责任。

因此，某外资银行作为保兑行不能以开证行已宣布倒闭为由拒绝付款。

### 具体案例二

一信用证于2015年3月1日开立，金额为3万美元，有效期至2015年5月31日，通知行应开证行要求保兑了信用证。2015年4月15日信用证额增加了20万美元，有效期延展至2015年8月31日。保兑行是否必须对增加额及展期进行保兑？如果保兑行不愿再加具保兑，该保兑行应如何行事？

### 案例分析

保兑通常是两家银行间的协议，一银行是否同意参加保兑的请求是由该银行自主决定的。虽然一家银行可能愿意保兑3个月的3万美元的信用证，却未必愿意加保6个月的23万美元的信用证。

根据UCP600第10条规定："信用证修改通知给受益人时，保兑行可以选择不延伸其保兑至修改，如果保兑行选择如此操作，它必须不延误地将此情况通知开证人和受益人，且必须承认其保兑对于原始信用证部分仍然有效，不受修改影响，如果受益人拒绝修改，原来保兑的信用证仍保持原样，保兑行的责任同样保持原样。"所以如果保兑行不愿意对信用证的修改加具保兑，那么它必须立即通知开证行和受益人其不愿按修改书的条款保兑，并将修改书转交受益人而不加具保兑。

## 案例5：信开信用证伪造案

### 案例相关知识点：信用证的开立

根据信用证信息的传递方式，信用证可以分为电开信用证和信开信用证。电开信用证也可称为以电讯方式开立的信用证，包括用电传、电报或SWIFT发至通知行，经通知行核押相符，通知受益人的信用证。电开信用证分为简电通知、全电开证和SWIFT开证三种。信开信用证也可称为以邮寄方式开立的信用证。开证行将完整的信用证正本邮寄给通知行，请其通知受益人。对于装运日期较长或金额较小的信用证通常以信开邮寄的方式开出。电开信用证以银行间的SWIFT或电传密押证实其真实性；信开信用证以开证行有权签字人签名来证实其真实性，通知行收到信开信用证后，会与开证行有权签字人签字样本上的签名比对。由于签名容易模仿，信开信用证比电开信用证容易伪造。

### 具体案例

T公司是一家专业生产旅游产品的公司，开展自营进出口业务已经有好几年。2012年T公司与非洲一家公司达成了一笔出口合同，T公司销售一批旅游用品到尼日利亚，价格条款为FOB上海。由于尼日利亚曾出现公司信誉不佳导致损失的案例，因此T公司要求该笔贸易的结算方式采用不可撤销的即期信用证。该客户同意了T公司的要求。在该合同达成大约一个月以后，T 公司收到了一份从英国寄来的挂号函件。该函件的内容为一份伦敦的渣打银行（Standard Chartered Bank Ltd.）开出的不可撤销的即期跟单信用证，金额为 33 200.00 美元，通知行为伦敦国民西敏寺银行（National Westminster Bank Ltd.，London）。该信用证可以自由议付，在英国到期。该信用证将运输方式由合同中规定的海运改成了空运。

T 公司收到信用证后，立即与客户联系。该客户说由于他们急需这批货物，于是将运输方式改成了空运。虽然合同中的价格条款为 FOB 上海，但考虑到反正运输费用由客户支付，所以 T 公司也就没有坚持海运的运输方式，随后就按照买卖合同的约定组织生产。T 公司将货物生产完毕之后，正好处于圣诞节前各家航空公司都爆舱之时，T 公司 28 个立方米的货物根本无法空运出去，只好通过海运方式将货物运走了。

为了能早点收到货款，T 公司抓紧时间做好全套议付单据，并把单据交到中国银行议付。由于 T 公司提交的单据存在不符点，为了降低公司的收汇风险，中国银行建议帮 T 公司向开证行电提不符点。于是中国银行与开证行联系，说"贵银行开立的×××号信用证，已经交到中国银行×××分行。该单据显示是海运而不是空运，询问贵银行能否接受这个不符点。"渣打银行收到中国银行的电报之后回复说，它根本没有开立这份信用证。

中国银行收到渣打银行的该电文之后，立即通知了 T 公司。T 公司赶快通知船公司尽快将这批货物运回中国。船公司收到 T 公司的退运申请后，就在当时离船位置最近的港口将 T 公司的货物卸下，并将货物退运到国内。T 公司总算避免了更大的经济损失。

## 案例分析

对于电开的信用证，因为使用银行间专用的电讯方式和网络，一般进口商无从去伪造，除非进口商和信用证的开证行勾结，但这种情况发生的概率很小，一家银行再置自己的信誉于不顾，也不至于干出伪造信用证的事情。如果要伪造信用证，用信开方式伪造的可能性比较大。因为在信开方式下，信用证通过邮寄送达受益人手中，而不是通过银行间专用的通讯方式，这个过程不一定安全。信开信用证的确认一般是通知行检查核对该信用证上的签字是否和开证行预留给通知行的签字样本上的签字一致。若一致，该信用证就被认为是具有表面真实性；若不一致则被认为不足以证明表面真实性，通知行需要进一步和开证行核实。而两个签字是否一致，对于非刑侦专业专门鉴定笔迹的人士来说，恐怕是不容易的。因此绝大多数的伪造信用证都是信开方式。本案例中就是使用伪造的信开信用证。

本案例给我们留下启示和教训。在叙做国际结算业务时，要尽量选择信誉好的交易对象。尼日利亚是全球著名的诈骗案高发地区，很多经典的诈骗案例都来自那里。若因业务需要必须和该国的公司或者个人交往，一定要对对方的情况有所了解，只相信可以相信、值得相信的公司或者个人。同时企业要提高自身业务水平。若双方约定采取信用证结算方式，那么要对信用证结算的基本知识和操作现状以及相关国际惯例都有所了解。

# 案例6：信用证修改案

## 案例相关知识点：信用证的修改

信用证开出后有时由于出口商、进口商、银行方面的原因，可能需要修改。信用证修改的原因大多数出于受益人的要求，常见的是信用证与合同不符，或者某些条款受益人认为无法办到，也有的是由于政治、经济上的原因，不能按照来证条款的规定办理。出于进口商方面要求的，一般来说主要是由于进口地或国际上某些情况变化，必须修改方能进口。

对于不可撤销的信用证，任何一方要求对其进行修改，都必须经过各当事人的同意方能生效。对于修改的途径和做法，则不论修改出自何方，一律都要求按照信用证原来的寄递途径寄递。如由出口方提出时，出口方应请进口方向开证行申请修改，再由原开证行经通知行通知受益人。如果是由进口方提出修改，也应由进口方向开证行申请，然后也经原开证行通过通知行通知受益人。

## 具体案例一

我某进出口公司出口一批轻纺织品，合同规定以不可撤销的即期信用证为付款方式。买方在合同规定的开证时间内将信用证开抵通知行，随即转交给了我进出口公司。我进出口公司审核后发现，有关条款与合同不一致。为争取时间，尽快将信用证修改完毕，以便办理货物的装运，我方立即通过通知行电告开证行修改信用证，并要求将信用证修改书直接寄交我公司。我方的做法是正确的修改方法吗？可能会产生什么后果？

## 案例分析

我方的做法可能会导致：①因开证行不同意修改信用证或拖延修改信用证，我方无法保证单证一致进而无法安全收汇；②我方无法辨别信用证修改书的真伪就办理装运，可能会货款两空。正确的信用证修改渠道是：受益人与开证申请人联系修改信用证，开证申请人到开证行修改信用证，开证行将信用证修改书送达通知行，通知行审核修改书的真伪性后将其送达受益人。

## 具体案例二

中国南方某公司与丹麦AS公司在2004年9月按CIF条件签订了一份出口圣诞灯具的商品合同，支付方式为不可撤销即期信用证。AS公司于7月通过丹麦日德兰银行开来信用证，经审核与合同相符，其中保险金额为发票金额的110%。就在我方备货期间，丹麦开证行通过通知行传递给我方一份信用证修改书，内容为将保险金额改为发票金额的120%。我方没有理睬，仍按原证规定投保、发货，并于货物装运后在信用证交单期和有效期内，向议付行议付货款。议付行审单无误，于是放款给受益人，后将全套单据寄丹麦开证行。开证行审单后，以保险单与信用证修改书不符为由拒付。试分析开证行拒付是否有道理。

### 案例分析

根据国际惯例《跟单信用证统一惯例》的相关规定，信用证经过修改后，银行即受该修改后的信用证的约束。出口商可自行决定接受修改内容或拒绝修改，在出口商同意接受修改之前，原证对开证行和受益人继续有效。如果出口商未发出接受或拒绝的通知，而其提交的单据与原证的条款相符，则视为出口商拒绝其修改；如果出口商提交的单据与经修改后的信用证条款相符，则视为出口商接受了其修改。从这时起，信用证就被视为已经修改。总之，在出口商没有发出接受或拒绝接受修改的通知时，出口商是否同意信用证的修改可以在提交单据时做出表示。在本案中，南方某公司在收到有关信用证修改的通知后，并未发出接受或拒绝修改的通知，而且在交单时向银行提交了符合原信用证规定的单据，受益人以其行为做出拒绝信用证修改的表示，原信用证的条款对受益人仍然有效，信用证的修改因未获得受益人的同意而无效。因此，开证行审单后，以保险单与信用证修改书不符为由拒付是不合理的。

## 案例 7：信用证有效期与交单期案

### 案例相关知识点：信用证有效期与交单期

信用证的有效期又称为信用证的到期日，到期日在信用证上有明确规定。信用证受益人必须在规定的有效期之前向银行交单。信用证有效期的长度应能使受益人合理地安排货物出运。

交单期意指受益人向指定银行提交单据的最迟期限。UCP600 的第 6 条指出：信用证必须规定一个交单的截止日。规定的承付或议付的截止日被视为交单的截止日。UCP600 第 14 条规定，如果信用证没有规定交单日期，单据必须在签发正本运输单据后 21 天内提交，且无论如何不得迟于信用证的到期日，否则信用证失效。

### 具体案例一

信用证要求 Forwarder's Certificate of Shipment，且规定：DOCUMENTS TO BE PRESENTED WITHIN 10 DAYS AFTER SHIPMENT DATE INDICATED ON THE FORWARDER'S CERTIFICATE OF SHIPMENT。

Forwarder's Certificate of Shipment 上标明的 on board date 为 2015 年 5 月 1 日，信用证有效期也是 2015 年 5 月 1 日，受益人在 2015 年 5 月 5 日交单，保兑行提出迟期交单的不符点拒付。

### 案例分析

受益人认为不符点不存在是因为信用证规定的交单期限是装运日之后 10 天。在该案例中，装运日为 5 月 1 日，那么交单期限应为 5 月 11 日。但是这个期限已经明显超过了该信用证的有效期，即 5 月 1 日。根据 UCP600 第 6 条 e 款的规定："除非如 29（a）中规定，由受益人或代表受益人提示的单据必须在到期日当日或之前提交。"也就是说，当交单期限晚于信用证有效期限时，以信用证有效期为准。而受益人显然是没有注意到 UCP 的该条规定，才晚于信用证有效期交单，造成迟期交单，被保兑行拒付。

## 具体案例二

信用证规定的运输单据为 Forwarder's Cargo Receipt。收到单据后，申请人单证人员经过审核，发现了迟交单的不符点。因为 Forwarder's Cargo Receipt 上标明的装运期为 2014 年 10 月 1 日，而议付行的交单面函显示单据在 2014 年 10 月 30 日提交。按照 UCP 的规定，在信用证没有规定装运日后的交单期限时，单据不得晚于装运日后 21 天提交。申请人遂要求开证行以迟期交单为不符点发出拒付通知。

## 案例分析

根据 UCP600 第 14 条，装运日后 21 天内必须提交单据的条款仅仅适用于信用证要求 UCP 中规定运输单据正本的情况。Forwarder's Cargo Receipt 不是 UCP 中涉及的运输单据，因此并不适用 21 天交单期的规定。本案例中，只要单据在信用证效期之内提交，就不能视为迟期交单。

## 具体案例三

信用证中有如下规定：

开证日期：2015 年 4 月 1 日

信用证到期日：2015 年 5 月 31 日

最迟装运日期：2015 年 5 月 1 日

试问：受益人的最迟交单期是 2015 年 5 月 31 日吗?

## 案例分析

不是。根据 UCP600 第 14 条 c 款的规定：如果信用证未规定交单期限，若交单中包含一份或多份正本运输单据，"银行将拒受迟于装运日后 21 个日历日提交的单据"。换言之，就是交单日期不得超过运输单据所载装运日后的 21 天，否则将被视为"单证不符"。但无论如何，交单日不得迟于信用证到期日。这是为了防止受益人将货物装船后交单太晚以至于超过了信用证的有效期。

本案例中的交单日不得晚于 2015 年 5 月 22 日。

## 具体案例四

我某进出口公司收到国外信用证一份，规定：最迟装船日 2014 年 6 月 15 日；信用证有效期 2014 年 6 月 30 日；交单期：提单日期后 15 天但必须在信用证的有效期之内。后因为货源充足，该公司将货物提前出运，开船日期为 2014 年 5 月 29 日。6 月 18 日，该公司将准备好的全套单证送银行议付时，遭到银行的拒付。

### 案例分析

银行拒绝议付的理由是，信用证晚交单。虽然此信用证的有效期是 6 月 30 日，但是信用证的交单期是提单日期之后 15 天且在效期之内。现在该公司于 5 月 29 日将货物出运，就必须在 6 月 13 日之前将全套单据送交银行议付，否则就是与信用证不符。有了不符点，银行当然拒绝议付。

### 具体案例五

某出口公司接到一张信用证，该信用证规定，信用证有效期到 7 月 29 日。该公司备好全套单据打算 7 月 29 日上午向议付行交单议付。但由于 7 月 28 日该地区发生大地震，议付行 7 月 29 日无法营业。出口方能否要求议付行在下一个银行工作日议付?

### 案例分析

不能。根据 UCP600 第 29 条 a 款：允许两个期限，一个是信用证到期日，另一个是运输单据的交单期限的最后一天，如遇正常节假日，可以顺延至该受单银行的次一银行工作日。银行工作日意指银行在其履行受 UCP600 约束行为的地点正常开业的一天。但需注意，银行在其营业时间外无接受交单的义务，因此即使提交单据的当天在信用证有效期内，但如已超过银行营业时间，银行也有权拒绝。但是这条并不适用于第 36 条“不可抗力”所指的如下情形，即：银行对由于天灾、暴动、骚乱、叛乱、战争、恐怖主义行为或任何罢工、停工或其无法控制的任何其他原因导致的营业中断的后果，概不负责。银行恢复营业后，对于在营业中断期间已逾期的信用证，不再进行承付或议付。

本案例中，发生大地震是银行本身无法控制的原因，银行将不再对此负责，即此交单议付期不能顺延。所以出口商必须要把握好交单时间，以免出现类似情况，给自己造成损失。

## 案例 8：信用证项下分批装运案例

### 案例相关知识点：分批装运

信用证应依据贸易合同的规定，明确指出是否允许分批装运。如果未作规定，可理解为允许分批装运。

### 具体案例一

信用证要求，1 至 6 月份每月 15 日装运 100 吨。

由于货源紧张，受益人 1 月 15 日装运了 80 吨。受益人知道没有达到信用证的要求，议付行肯定不予议付，便以托收方式寄申请人。为了确保在议付行融资，受益人积极组织货源，按时于 2 月 15 日装运了 100 吨。结果，议付行仍拒绝议付。

## 案例分析

如果信用证要求分期装运，那么每批装运必须与分期装运计划一致，按照 UCP600 第 32 条的规定："如信用证规定在指定的时间段内分期支款或分期发运，任何一期未按信用证规定期限支取或发运时，信用证对该期及以后各期均告失效。"

## 具体案例二

信用证规定装货地点为 any port(s) of china，运往伦敦，禁止分批装运。受益人在该信用证下同一次提交了三套运输单据，装货港分别为青岛、上海和广州，装船日期分别为 1 月 5 日、1 月 10 日与 1 月 15 日，使用了同一航次的同一艘船，卸货港同为伦敦。受益人咨询议付行，如此装运是否算分批装运？装运日之后 21 天交单期以哪一份提单的装运日期为准进行计算？

## 案例分析

贸易中卖方的货源组织不一定都在同一个地方。本案例中受益人的货源分散于青岛、上海与广州等地，受益人根据船舶的运输路线，就近分别在三个港口将货物装在同一艘船上，如此，节省了装船前将货物集中的费用，方便了受益人，同时由于货物同时到达，承运人是属一人，尽管运输单据不止一套，也不影响申请人一次性收货。根据 UCP600 第 31 条 b 款的规定："表明使用同一运输工具并经由同次航程运输的数套运输单据在同一次提交时，只要显示相同目的地，将不视为分批装运，即使运输单据上表明的发运日期不同或装卸港、接管地或发送地点不同。如果交单由数套运输单据构成，其中最晚的一个发运日将被视为发运日。"

因此，根据 UCP600 的规定，该案例中的装运不属于分批装运。装运日后 21 天交单期以这三个装船日中最晚的一个装船日为装运日期，即以 1 月 15 日为装运日，最迟交单期为 2 月 5 日。

## 具体案例三

山东某公司向国外出口一批花生仁，国外客户开来不可撤销信用证，证中的装运条款规定："Shipment from Chinese port to Singapore in May. Partial shipment prohibited"。我公司因货源不足，先于 5 月 15 日在青岛港将 200 公吨花生仁装"东风"轮，取得一套提单；后又在烟台联系到一批货源，在我公司承担相关费用的前提下，该轮船又驶往烟台港装了 300 公吨花生仁，5 月 20 日取得有关提单。然后在信用证有效期内将两套单据交银行议付，银行以分批装运、单证不符为由拒付货款。试分析银行拒付是否合理。

## 案例分析

分批装运是指一个合同项下的货物，分若干批或若干期装运。在大宗货物或成交数量较大的交易中，买卖双方根据交货数量、运输条件和市场等因素，可在合同中规定分批装运条款。UCP600 规定，运输单据表面上注明货物是使用同一运输单据装运并经同一路线运输的，即使每套运输单据注明的装运日期不同，以及/或装运港、接受监管地不同，只要运输单据注明的目的地相同，也不视为分批装运。在本案中，虽然装运港分别是青岛和烟台，但货物都是装在同一轮船“东风”轮上，同一路线运输，最终目的地都是新加坡，所以不是分批装运，银行拒付是不合理的。

## 案例 9：信用证项下转运案例

### 案例相关知识点：转运

信用证应明确规定是否允许转运。若允许转运或不作规定，则表明货物可以转运，但必须以同一运输单据包括全程运输为条件。若禁止转运，银行仍可以接受表明货物将发生转运的运输单据，前提条件是该批货物以集装箱、托盘、子母船等成组化方式运输，并且同一运输单据包括全程运输。另外，无论信用证是否允许转运，银行都将接受带有承运人有权转让条款的运输单据。

### 具体案例

信用证规定装货港为上海，卸货港为伦敦，不允许转运。提交的海运提单注明收货地为昆明，通过火车将货物运到上海装船，卸货港为伦敦，最后通过卡车将货物运往最终目的地牛津。试问提单是否发生了转运。

### 案例分析

根据 UCP600 第 20 条 b 款的规定：“转运意指在信用证规定的装货港到卸货港之间的海运过程中，将货物由一艘船卸下再装上另一艘船的运输。”由此可知，海运的转运仅指在信用证规定的装货港与卸货港之间将货物从一艘船卸下再装上另一艘船，如果提单在装货港之前就注明了收货地或在卸货港之后注明了最终目的地，不论在收货地与装货港之间的前程运输或者在卸货港与最终目的地之间的后续运输是使用船只、飞机、卡车还是货车，它们与信用证规定的、装卸港之间的、远洋船舶之间的货物卸下与重装并不构成 UCP 规定意义上关于海运的转运。在本案例中，从装货港上海到卸货港伦敦之间并没有发生转运。

## 案例 10：装船期时间如何把握案

### 案例相关知识点：装运日期

装运日期是指装运完毕的截止日期，而非开始装运的日期。通常以运输单据的出立日为装运日，有些情况下还应以运输单据中批注的装运日期为准。装运日期的规定应该明确、具体，信用证会规定一个最迟装运日期，运输单据上批注的装船期必须早于这一日期，否则将构成晚装船的不符点。

### 具体案例

我方向马来西亚槟城出口一批货物，国外开来的信用证上规定：立即装运，我方也未提出异议。问在这种情况下，我方何时装船为好？

### 案例分析

对于这类装运时间的术语，国际上并没有统一的解释，故最好避免使用这类用语，以免发生争议。根据UCP600的规定，信用证规定“迅速”、“立即”、“尽快”以及类似词语，银行将不予理会。此时，我方最晚装运期应为信用证的有效期。

另外，如果出现用“于或约于”（on or about）之类词语来限定装运日期的，根据UCP600的规定，银行将视为在所述日期前后各5天内装运，起讫日包括在内。而且UCP600将此规定同样拓展到付款或承兑日期上，并不仅限于装运日期领域。

## 案例11：信用证软条款致损案

### 案例相关知识点：软条款

在信用证实务中，如果开证行要求受益人出具第三方单据，而第三方单据的出具人又是受益人所无法控制的，这种单据条款被称为软条款。软条款涉嫌欺诈陷阱。例如信用证要求受益人提交开证申请人所指定的代理人所签发的品质证书。这样的条款从表面上看具有一定的合理性，毕竟进口商是关心货物质量的，但这是典型的软条款，不能接受。因为一旦申请人要求代理人不签发品质证书，受益人就无法提交符合信用证要求的单据，造成单证不符。贸易款项是否支付完全取决于开证申请人，信用证的银行信用付款保障将不复存在。常见的信用证软条款有：

1. 设置客检条款

在L/C单据条款中，不法商人往往规定受益人在议付时必须提交由开证申请人出具的检验合格的检验证书。这一规定看起来有一定的道理，你的货我还未检验过，我怎能让开证行付款呢？但这样一来，主动权就被对方完全掌握在手。一旦进口方不开具检验证书或迟开此类证书，我方就不能及时拿到证书去议付行交单，开证行就可能因迟交单而拒付，或者进口方对货物百般挑剔不出具检验合格的检验证书，导致单证不符而被开证行拒付。到此时对方才露出“狐狸尾巴”，要挟我方减价。往往这个时候货已到港，多滞港一天就多一天的货损，就多一天的港务费用。无奈之下，出口方只好忍痛割爱，以较低的价格卖给对方。

2. 有权签字人签字与预留银行的签字样本不一致

一些不法商人并不要求递交客检证书而改为要求第三方机构出具商检合格证书，但这类信用证往往会拖一个“尾巴”，即要求商检证签发人的签字要和开证行的预留印鉴一致。对方的理由似乎很充足，即防止假冒有权签字人签发商检证。但实际上这个理由的根基并不牢固，因为银行审单只是根据单据表面依照国际惯例来审核，无须对单据真实性做出判断。作为议付行，手头可能没有签字样本，如何能判断商检证的签字与开证行的留印一致？再说即使议付行有签字样本，只要开证行一口咬定签字与它的样本不一致，议付行和出口商也没办法。不幸的是开立这类信用证的开证行往往会以签字与样本不一致拒付单据，这样一来付款主动权完全落到了进口方一边，那么出口方只有等进口商签单后才能收到货款，大大延长了收汇的时间。

3. 精心设置办证机构，增大受益人获取单据的难度

精心设计办证机构，加大办证难度，使受益人难以办到或难以及时办证，人为造成不符点拒付。例如有一些来证要求我方的商检证书要由进口国领事馆认证，而在当地没有这类机构，必须到北京、上海办理，这样一来延缓了办证速度，就很容易造成迟交单等情况，二是一旦单据有错，修改就变得极不方便。等到修改后的单据交到议付行时往往已过了信用证有效期，造成信用证失效，对收汇造成极大的风险。

面对软条款风险，外贸企业首先要认真审证，做到及早发现软条款；其次是尽量要求对方客户从一些大的、信誉较好的银行开证；再就是在订合同时，要力争客户同意由我方或第三方商检机构实行商检。

## 具体案例一

某制造商缔结了一份以安特卫普船边交货（FAS Antwerp）为贸易条件的提供重型机械的巨额合同，由不可撤销保兑跟单信用证付款，信用证规定 20%尾款的支付卖方必须提供商业发票以及买方签发的已在安特卫普提货的证明。出口商及时备妥装运，但货物到达安特卫普后买方却不提供提货证明，卖方由于得不到买方的提货证明而造成单证不符，从而无法交单议付 20%的尾款。经过长达一年的交涉，卖方虽然得到了赔偿但仍蒙受巨大损失。

## 案例分析

信用证规定卖方必须提供买方签发的已在安特卫普提货的证明，这种条款属于卖方无法控制的条款，被称为软条款，极易造成单证不符。常见的软条款包括要求卖方提供买方签署的收货证明；要求卖方提供运输行代买方收到货物的证明；要求卖方提供由买方会签的商检证书等。受益人应该从该案例中吸取教训。由于 UCP600 允许买卖双方自行商定信用证所要求的单据种类及份数，因此，卖方应尽早确定（无论如何不能迟于收到信用证日期）信用证中规定的单据签发格式或细节均不能由买方控制，以免卖方发货后不能获得信用证所需由买方签发的单据，从而失去信用证付款保障。

## 具体案例二

我国某银行收到国外开来的信用证，其中有下述条款：（1）检验证书于货物装运前开立并由申请人授权的签字人签字，该签字必须由开证行证实；（2）货物只能装开证申请人

指定的船只并由开证行给通知行发送加押信用证修改后装运，该加押修改必须随同正本单据提交议付行。出口商是否可以接受该信用证？

### 案例分析

本案中的两个条款，都属于凭证、单据由申请人或其代理人出具的条款，是软条款。如果出口商不加分析地接受该信用证，则会无法控制所提交单据的质量，而失去了要求开证行付款的主动权。

对信用证软条款的防范，首先要注意出口合同条款的拟定。信用证条款应该是根据合同开出的，合同条款越严密，对各类可能发生事件考虑得越周到，则出现软条款的机会就越少。反之，如果合同本身不明确，出现了软条款就无法依照合同要求修改。其次，对来证要仔细审核，从信用证的生效环节、货物检验环节、货物装船环节到货物验收环节，需一一审查其中是否含有软条款，一旦发现，立即电请开证申请人修改，并说明由此引起的时间延误应通过信用证展期予以弥补。

## 案例 12：非单据化条款案

### 案例相关知识点：非单据化条款

如果信用证的某些条款不要求任何单据，而是与事实有关，银行认为这是“非单据化条款”。非单据化条款举例如下：

1. 直到装船时，载货船只的船龄不超过 15 年。

The age of carrying vessel at the date of loading is no more than 15 operating years.

2. 装运船只应是英国国籍或挂英国国旗。

Shipment is to be made by a vessel of U. K. nationality or by vessel flying her flag.

3. 装船后受益人必须立即通知申请人装货细节。

Beneficiary must immediately advise the applicant of details of shipment after loading on board.

4. 货物不得是以色列产地（阿拉伯国家的信用证）。

Goods must not be of Israeli origin.

5. 载货船没有在以色列注册，或不是以色列国民所有，或不是居住在以色列的人所有，以及行驶至沙特阿拉伯途中，不停靠或经过任何以色列港口（阿拉伯国家的信用证）。

The carrying vessel is not registered in Israel or owned by nationals or residents of Israel and will not call at or pass through any Israel port en route to Saudi Arabia.

6. 货物将由快船装运或按班轮条件装运。

Shipment will be effected by fast or on liner teams.

UCP600 第 14 条 b 款规定：对于非单据化条款，银行将视为未作规定并不予理会。银行需将非单据化条款转换为具体的单据要求，并且强烈建议规定这类单据的出具人，避免纠纷。以上非单据化条款举例“货物必须装载在船龄没有超过15年的船只上”，如果没有明确单据的出具人，受益人也可以出具这类单据，而这可能和申请人潜意识中默认的船公司出具是不一致的。

### 具体案例

I行开立一不可撤销的议付信用证，通过A行（议付行）通知受益人。信用证规定在船只抵达之前，单据必须到达I行营业处（Documents must arrive at the offices of Bank I before arrival of the vessel）。随后开证行修改了信用证，延展有效期和装运期。

受益人发货后向A行及时审核单据，发现与信用证相符，对受益人议付，并把单据寄给I行索汇。I行审核A行寄来的单据后表示拒绝接受，理由如下：延迟交单。I行收到单据日期是在船到以后，因此，I行将代为保管单据，并听候A行的进一步指示。I行的拒付有效吗？

### 案例分析

I行的拒付是无效的。信用证的特别条件可适用UCP600第14条h款，该条说明如果信用证包含有某些条件而未列明需要提交与之相符的单据，银行将认为未列明此条件，且对此不予理会。UCP600这一规定可用来解决关于跟单信用证的非单据化条款。解决方法是不理会非单据要求，把它当成多余词语。申请人和开证行的责任是正确开立信用证，不允许它们把责任转嫁到其他人身上。申请人和开证行必须确定所需的单据去满足非单据化条款。

在本案例中，信用证中只列明了在船只抵达之前，单据必须到达I行营业处，而未规定用何种单据来体现该项要求，则该项条件应视为非单据化条款。所以I行不能以延迟交单作为理由拒绝支付。

## 案例13：分批装运及重量单未签字拒付案

### 案例相关知识点：单据的签字

单据是否一定要签字呢？这要看信用证条款的规定，如果信用证规定提交的是签字的发票或重量单（signed commercial invoice，signed weight list）等等，则该单据就需要签字。否则，只要出口商提交的单据与信用证和其他单据没有冲突，开证行没有理由拒绝接受没有签字的单据。一份单据签字或盖章后可以认可为正本单据，如果单据没有签字或盖章，但表面看来使用的是单据出具人的正本信笺出具的，银行依然将接受该单据做正本单据。

### 具体案例

中国R出口公司8月20日接到进口商C公司开来的信用证，该证有关条款如下：“……装运200吨干菜，新麻袋装。从中国港口运往迪拜。最迟装运期10月20日，不许分批装运。”R公司根据来证要求备货，10月2日开始装船。10月10日接到信用证修改通知，要求增加出口数量100公吨。B公司认为原规定200公吨不允许分批装运，现已照办，关于信用证修改提出增加100公吨的要求也可以接受，拟另行装运。R公司于是再行装运了100公吨，将两次货运的单据向议付行交单并向开证行索偿。单据到达开证行后，开证行提出拒付：(1)信用证要求共计300公吨交货，不允许分批装运，理应将300公吨一次装运，实际与信用证修改要求不符；(2)重量单未签字盖章。受益人R公司电复开证行反驳，但开证行和进口商坚决拒收单据，货物在港口积压2个月，之后R公司才委托他人另行处理，损失惨重。

### 案例分析

开证行对分批装运的拒付是合理的，因为信用证修改只对货物数量进行了修改，但没有修改“不许分批装运”，出口商是分批装运交的货，一次200公吨，一次100公吨，该拒付合理。开证行提出的“重量单未签字盖章”的不符点是不合理的。因为原信用证没有对重量单的内容有明确要求，只要出口商提交的单据与信用证和其他单据没有冲突，开证行没有理由不接受。出口商在收到信用证修改后，可以明确表示拒绝修改，仍按200公吨发货，若出口商希望增加出口数量，可以要求将信用证修改为“增装100公吨，允许分批装运”，这样出口商的损失就都可以避免。

## 案例14：延期付款信用证使用案

### 案例相关知识点：延期付款信用证

延期付款信用证也叫做迟期付款信用证，是指指定银行或开证行在收到合格单据后，按信用证规定在一个确定或可确定的将来时间承担付款责任的信用证。例如，信用证规定在提单后30天付款等。

UCP600第6条b款规定：信用证必须规定其是以即期付款、延期付款、承兑还是议付方式兑用。这是明确受益人和付款行、议付行的关系，也是明确开证行和指定行的关系。议付信用证的议付行在无法得到开证行偿付的情况下，有权向受益人追索已在议付后垫付的款项及利息。延期付款信用证和即期付款信用证、承兑信用证对受益人都没有追索权。

### 具体案例

一进口商从国外进口大型机械设备，开立信用证时明确规定使用延期付款信用证付款，试分析进口商选用延期付款信用证付款的动机。

### 案例分析

在大型机电设备的进出口贸易中，由于技术含量高，进口商往往要求在设备安装甚至投产后才付款，而进行设备安装需要较长的时间，最长可以达到数年之久，所以大型机电设备进口贸易往往会开立延期付款信用证。从银行的角度来看，为了安全起见，银行对票据的贴现时间不能太长，一般都在 6 个月之内。有的国家有明文规定，承兑汇票期限超过 6 个月的，不允许在金融市场上贴现，而大型机械设备的付款期限大部分都超过了 6 个月，所以进口大型机械设备一般不开立承兑信用证。

另外，有的国家税法规定，出具汇票要交印花税。所以，从合理避税的角度考虑，出口商会在远期信用证中要求能够用商业发票代替汇票作为付款凭证，其主要目的就是合理避税，节约出口成本。

由于延期付款信用证不使用汇票，银行无法进行承兑，无法通过汇票的贴现来实现融资，出口商要想解决其资金周转的困难，就必须找本地银行贷款，而贷款利率比贴现利率要高，进而进口商也应充分意识到，大型机械设备使用延期付款信用证付款，出口商的报价会比在承兑信用证项下的报价高。

## 案例 15：可转让信用证未标注“transferable”字样案

### 案例相关知识点：可转让信用证

可转让信用证是指开证行允许被指定的转让行在受益人（第一受益人）要求下，将信用证部分或全部转让给一个或数个第二受益人使用的信用证。按照国际商会 UCP600 规定，可转让信用证必须标明“可转让”（transferable）字样。诸如“divisible”（可分割）、“fractionable”（可分开）、“assignable”（可让渡的）、“transmissible”（可移送的）等术语并不能使信用证成为可转让信用证，如果有这些术语，将不予置理。

### 具体案例

中国出口商 A 公司与国外某进口商 B 公司签订一笔货物买卖合同，约定将制造商 C 所生产的产品卖给 B 公司，并约定使用信用证付款。当 A 公司接到 B 公司开来的并无记载“transferable”的信用证后，将其作为购买制造商 C 产品的支付方式交付给 C 使用。当时制造商 C 并没有对该信用证提出异议，但后因货物价格上涨，约定的交货期限已过，制造商 C 才以 A 公司所交付的信用证未记载“transferable”，系不可转让信用证，不能作为出口结汇使用为由，拒绝交货。而 A 公司则认为，在交货期限届满前，早已将信用证交付给制造商 C，制造商 C 对该信用证并没有提出异议，现在又未依约定交货，属于违约行为，应当承担赔偿责任。出口商 A 和制造商 C 都认为是对方有责任，争执不下。

### 案例分析

根据 UCP600 第 38 条，可转让信用证必须注明“transferable”字样，否则信用证不可转让；出口商 A 公司有过失，将不可转让信用证交给制造商 C，导致其无法使用，因此，A 公司应立即要求修改信用证；同样，制造商 C 不交货也有过失，可能要承担违约责任，视其与A公司的合同而定。

# 案例16：背对背信用证风险案

## 案例相关知识点：背对背信用证

背对背信用证，也称为对背信用证、转开信用证，是指出口商（通常是中间商）以国外买方开来的以该出口商为受益人的信用证（第一证）作抵押，要求第一证的通知行或其他银行开立以供货商为受益人，自己为申请人，内容与第一证相似的新的信用证（第二证）。

使用背对背信用证的贸易背景与可转让信用证很相似，即出口商是中间商的转口贸易，但两者之间仍有明显差异：

1. 可转让信用证业务中只有一份信用证，只有一个开证行同时对第一和第二受益人承担责任。背对背信用证业务中有两份信用证，有两个开证行分别对第一和第二受益人承担责任。

2. 可转让信用证在转让时，除了允许修改的项目外，其他条款均与原证相同，因而转让后的信用证内容受转让前内容的约束。背对背信用证业务中第二证内容并不受第一证内容的约束，尤其是可以不出现第一开证申请人名称，因而为中间商保守了商业秘密。

3. 可转让信用证的转让行可能不承担付款责任，只要它严格遵守信用证要求开出转让指示，也不会有什么风险。背对背信用证的第二开证行承担的风险相对要大些，如果中间商违约或破产，第二开证行很难直接凭供货商的单据向第一开证行索偿，因此第二开证行除了要求中间商交出第一证正本外，往往还要求它预留经签字的空白发票或汇票，以便在需要时制作符合第一证要求的单据。

## 具体案例

2014年，内地某公司（卖方）与香港某进出口公司（买方）签订一份出口合同，支付方式为信用证。在规定的时间，香港进出口公司按合同规定开立了以卖方为受益人、金额为10万美元的背对背信用证，开证行为A银行。卖方收到信用证后，装运货物，并备好信用证所要求的全套单据交国内B银行审核。B银行在审核单据时，发现提单“Pre-carriage”一栏显示船名“ASIMONT0161－022S”，“Place of Receipt”一栏空白，“Vessel（Voy No.）”一栏显示船名“EVERREFINE720RW－010”，“装货港”为上海，“卸货港”为印度加尔各答。于是，B银行向卖方提出：提单载货船名不明确。要求卖方修改提单，或在提单作装船批注时注明在装货港所载船名。卖方认为香港进出口公司是老客户，信誉良好，指示银行寄单。此后，A银行提出修改卸货港，修改通知在B银行寄单之后到达，即使卖方接受修改，也无法做到。但A银行坚持修改卸货港。若干天后，B银行收到A银行不符点通知电：提单显示两个船名，但“已装船批注”未标明货物装载船名。并依此拒付。买卖双方几经交涉未果，卖方遂提出仲裁。基于双方的友好合作关系，最终达成以下协议：修改提单，扣款 1 万美元作为付款条件。

### 案例分析

从表面上看，这是一起因卖方提交的提单不符合信用证规定而遭银行拒付的案例，实际上，A 银行以单证不符提出拒付只不过是一个借口而已，因为本案信用证属于背对背信用证，A 银行之所以坚持修改卸货港是因为原信用证开证行要求修改信用证。A 银行在卖方未能修改单证卸货港的情况下，唯恐遭原信用证拒付，因而严格审单，以单证不符提出拒付。

背对背信用证与原证相比，具有更大的风险。背对背信用证有时由第二受益人实际负责装船交货，但却以原受益人为海运提单的托运人，原受益人是名义上地象征性地负责装船交货，对第二受益人收汇带来一定风险。另外，由中间行提示给开证行的单据必须是开证行所要求的单据，否则原始信用证就不能兑付，而开出背对背信用证的银行就会失去原始信用证的担保。因此，在实务中，背对背信用证的开证行为了减少自身风险或避免麻烦，在其不能保证原证开证行兑付之前，对该证受益人提示的单据总是竭尽所能地挑出不符点以拒付。

本案中，卖方遭受损失，最根本的原因在于没有认清背对背信用证的性质。在背对背信用证下，第一受益人对卖方（实际供货商）的付款要受到原证开证行的制约。在直接贸易中，若没有市场疲软或市价下跌的情况，鉴于买卖双方的良好关系，买方可以考虑接受存有不符点的单据。该案例中的卖方正是因为考虑到香港进出口公司资信良好，才忽略了该笔贸易为转口贸易，该信用证为背对背信用证的实质。

## 案例 17：假远期信用证纠纷案

### 案例相关知识点：假远期信用证

假远期信用证又称买方（进口方）远期信用证。当买卖双方达成交易后，进口商收到的是远期汇票，要等汇票到期后才付款给开证行，是一笔远期信用证交易；而受益人出具远期汇票，提交相关单据后就可以即期收汇。对于出口商来说就是一笔即期交易，因而得名假远期信用证。假远期信用证的特点是，贸易合同规定即期结算，买方向开证行申请开立远期信用证，受益人提交远期汇票和相符单据，即可即期获得款项；即期付款日与远期汇票到期日之间的贴现利息和承兑费用由买方承担；其实质是卖方的即期信用证，买方的远期信用证。假远期信用证实质上是开证行对进口商提供的资金融通。

### 具体案例

中国某出口公司与外商成交一笔出口货物。合同约定买方申请开立由买方承担贴现利息和有关费用、由开证行负责贴现的远期信用证。但来证中的规定与合同的约定并不完全一致。来证规定："Discount charges for payment at 60 days are born by the buyers and payable at maturity in the scope of this credit"。试分析出口商贸然接受该信用证会有什么样的后果。

### 案例分析

如果从信用证条款来判定，并不能界定该信用证为假远期信用证。来证规定说了两层意思。第一，60天后付款汇票的贴现费用由进口商来承担；第二，在本信用证范围内的付款将在到期日发生。该信用证条款没有说明开证行会负责贴现，只说明了贴现费用由进口商承担。这句话完全可能被理解为如果开证行负责贴现，60天后付款汇票的贴现费用由进口商来承担。该信用证也没有说明出口商可以现在（即期）获得全部货款，而是说付款将在到期日发生。

如果出口商贸然接受了该信用证，一旦开证行不贴现汇票，出口商就必须在到期日，也就是60天后得到付款。这样一来出口商的货款将被占用，降低了资金的周转率，而且60天内汇率可能会有较大变化，出口商还需承担汇率风险。因此出口商不能贸然接受该“似是而非”的假远期信用证。

## 案例18：开证行签发提货担保丧失拒付权案

### 案例相关知识点：开证行签发提货担保后的风险

开证行在叙做提货担保后，一旦发现收到的信用证项下的单据没有全套物权凭证，应立即向议付行电提不符点，拒绝接受信用证项下的单据，这样才能避免双重付款；而且，只有在其以正本提单换回提货担保书后，才能接受不符点单据向议付行偿付货款。当全套正本提单通过银行体系流转时，开证行在签发提货担保后，就丧失了拒付的权利。

### 具体案例

我国C银行议付了两份日本银行开立的信用证，开证行分别为日本的A银行和B银行，受益人为C银行某客户，申请人分别为日本不同城市的两家企业a和b。两份信用证进口的货物相同，都要求全套正本海运提单。由于经办人员的疏忽，向国外寄单时，错将两份信用证项下的提单混淆，造成向开证行所寄的单据中，2/3提单为该信用证项下单据，而另1/3提单为另一份信用证项下单据。

几天后，开证行A审单无误，在合理时间内向C银行支付了信用证项下款项。不久，C银行收到开证行B提示不符点的电文，称由于仅提交信用证项下2/3提单，不能接受单据，持单等待C银行的进一步指示。此时，C银行才发现寄单失误。从C银行已经顺利从A银行收回货款的情形来看，开证行A、申请人a及船公司都没有发现提单混淆。如果C银行向开证行A索要1/3海运提单，对开证行A来说，由于已经付款放单，信用证项下的权利和义务已经结束，对申请人a已无约束力，无法也无责任从申请人手中收回单据。

而对申请人 a 来说，经此提醒，反而可能诱发当事人的道德风险，持手中 1/3 提单提取另一信用证项下的货物，造成 C 银行损失。这意味着，从开证行 A 手中取回 1/3 提单，要冒很大的风险，而且不一定能保证收回该 1/3 提单。于是 C 银行与开证行 B 联系，要求其与申请人 b 联系，同意接受不符点单据。但开证行 B 由于未见全套提单，物权没有保障，坚持要全套提单才能付款。C 银行又与受益人联系，受益人态度强硬，表示由于 C 银行造成损失，应由 C 银行赔偿，致使 C 银行处于两难境地。经 C 银行要求，受益人与船公司取得联系，得知该信用证项下货物已被申请人持开证行 B 的提货担保函提走，于是，事件发生了转机，C 银行通知开证行 B：经与受益人联系，货物已经被提走，请你行立即付款。开证行 B 在斟酌利弊后，向 C 银行支付了款项。

## 案例分析

本案能够顺利收回货款的关键在于开证行 B 叙做了提货担保，使该行无法拒绝付款，从而使 C 银行能够转败为胜。从开证行 B 的角度出发，在叙做了提货担保后，就丧失了拒付的权利。因为一旦其拒付，受益人要求其退单，退单后受益人凭提单向船公司提货，船公司已凭提货担保放货，无货可提，在赔付受益人后将转而追索开立提货担保的银行。开证行 B 正是意识到这一点，所以在 C 银行提醒后，以 C 银行提交单据中的正本提单换回了提货担保书，免除了其提货担保责任后，接受了信用证项下不符点单据，向 C 银行付款。这样，开证行既免除了重复付款的风险，又解决了开证行及议付行双方都感到棘手的问题。

本案的关键在于开证行叙做了提货担保。开证行叙做提货担保后，一旦发现收到的信用证项下单据没有全套物权凭证，应立即向议付行电提不符点，拒绝接受信用证项下单据，才能避免双重付款。而且，当其以正本提单换回提货担保书后，开证行才能接受不符点单据并偿付货款。

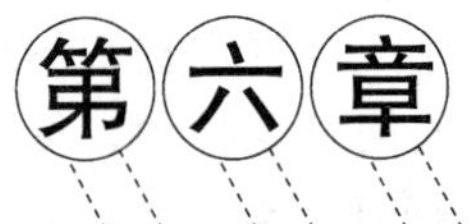

# 第六章 备用信用证

## 案例 1：银行签发备用信用证保障商业交易案

### 案例相关知识点：备用信用证的定义

备用信用证简称备用证，是一种特殊形式的信用证。国际商会第 515 号出版物《国际商会跟单信用证操作指南》对备用信用证做如下定义：备用信用证是一种跟单信用证，或者类似的安排，无论其如何命名和描述：

（1）偿还开证申请人的借款或预付给开证申请人或支付款项给开证申请人；

（2）对开证申请人承担的债务进行支付；

（3）对开证申请人不履行合同的违约行为进行支付。

备用信用证通常用作投标、履约以及预付款项下出口商按时发运货物的保证。在备用信用证项下，只要受益人向指定银行提交备用信用证规定的汇票及/或开证申请人未履约的声明或证明文件，即可取得开证行的偿付。由于有银行的偿付做担保，备用信用证的使用极大地促进了商业交易的开展。

### 具体案例

中国 A 公司与外国 B 公司签订补偿贸易合同，约定由 A 公司从 B 公司引进某生产线，价格为 100 万美元，A 公司以 20%现金及该生产线生产的产品作为价款，合同履行期限为 4 年。为了保证 A 公司履行合同，B 公司要求 A 公司以备用信用证形式提供担保。A 公司遂向国内 C 银行申请开立备用信用证。C 银行根据 A 公司的委托，开出了一份以 B 公司为受益人，金额为 80 万美元的备用信用证。该信用证受国际商会 2007 年修订的第 600 号出版物《跟单信用证统一惯例》的约束。在 C 银行开立的备用信用证的担保下，B 公司与 A 公司间的补偿贸易合同生效。后来，A 公司未能在合同规定的日期内履约，B 公司便签发汇票连同违约声明提交 C 银行，要求其支付备用信用证项下的款项。C 银行对 B 公司提交的汇票和声明进行审查后认为“单证相符”，便向B公司偿付了80万美元。

### 案例分析

本案涉及一种特殊的信用证——备用信用证。开证行保证在开证申请人不履行其义务时，即由开证行付款。如果开证申请人履行了约定的义务，该信用证则不必使用。因此，备用信用证对于受益人来说，是备用于开证申请人发生违约时取得补偿的一种方式，具有担保的性质。同时，备用信用证又具有信用证的法律特征，开证行处理的是与信用证有关的文件，而与交易合同无关。备用信用证既具有信用证的一般特点，又具有担保的性质。

## 案例2：银行签发备用信用证促成商业交易案

### 案例相关知识点：备用信用证的使用

备用信用证通常用作投标、履约以及预付款项下出口商按时发运货物的保证。在备用信用证项下，只要受益人向指定银行提交备用信用证规定的汇票及/或开证申请人未履约的声明或证明文件，即可取得开证行的偿付。由于有银行的偿付做担保，备用信用证的使用极大地促进了商业交易的开展。

### 具体案例及分析

青岛顺发投资公司与英国宝来家具公司签订了一份200万美金的进出口合同，由顺发投资公司从英国宝来公司进口一批高档家具。

此次交易涉及的金额比较大，而合同双方彼此之间的贸易往来较少，彼此对对方的资信并不是十分了解，英国宝来家具公司担心中方不能按合同要求进行付款。若违约情况发生，这对宝来公司无疑是个重大的打击，损失将十分惨重。

这时，为了促成青岛顺发投资公司和英国宝来家具公司达成这笔200万美元的交易，在防范风险的前提下宝来公司应该如何做呢？

英国宝来家具公司为了促成该笔交易的达成，可以要求顺发投资公司开出一份与合同金额相等的履约备用信用证。

以下信用证是由中国农业银行山东分行（以下简称农行山东分行）应青岛顺发投资公司要求开出的一份履约备用信用证。

TO：SBLLG2L　　　　　　STNDARD BANK LONDON LIMITED

FROM：ABOCCNBJ110 AGRICULTURAL BANK OF CHINA，SHANDONG BRANCH

MT799

TEST：

DATE：090406

：20：110LCSC01002－111

：79：ATTN：EXPORT DEPT

AT THE REQUEST OF QINGDAO SHUNFA INVEST CO., LTD, WE HEREBY ISSUE OUR IRREVOCABLE STANDBY LETTER OF CREDIT NO. 110 LCSC01002 - 111 IN FAVOUR OF BAOLAI FURNITURE LONDON LTD. CANNON BRIDGE HOUSE 25 DOWGETE HILL LONDON EC4R 2SB UK FOR AMOUNT OF USD2 000 000 (SAY US DOLLARS TWO MILLION ONLY).

THIS CREDIT IS EFFECTIVE FROM THE DATE HEREOF AND SHALL BE EXPIRE ON SEPTEMBER 30, 2009 IN LONDON. WE, AGRICULTURAL BANK OF CHINA, SHANDONG BRANCH HEREBY UNDERTAKE TO PAY TO YOU AND SUM OR SUMS NOT EXCEEDING OF USD2 000 000 (USD TWO MILLION) AGAINST YOUR SIGHT DRAFT(S) DRAWN ON US MENTIONING THERE ON OUR STANDBY L/C NO. 110LCSC01002 - 111 AND DRAWING CERTIFICATION ISSUED BY STAND BANK TO EFFECT PAYMENT IN CONNECTION WITH FURNITURE TRADING WITH STANDARD BANK LONDON LTD.

WE HEREBY EGAGE WITH YOU THAT ALL DRAFTS DRAWN AND PRESENTED UNDER AND IN ACCORDANCE WITH THE TERMS OF THIS STANDBY LETTER OF CREDIT WILL BE DULY HONOURED BY US, PARTIAL DRAWINGS ARE PERMITED, ALL BANKING COMMISSIONS AND CHARGES OUTSIDE ISSUING BANK ARE FOR THE ACCOUNT OF THE BENEFICIARY.

THIS STANDBY LETTER OF CREDIT IS SUBJECT TO ISP98.

在此案例中，为了确保青岛顺发投资有限公司能够按照合同履约，双方在签订的合同中约定使用备用信用证，因此青岛顺发投资有限公司向农行山东分行申请开立一份备用信用证。农行山东分行在审核通过后，青岛顺发投资有限公司向农行山东分行提供一定的担保并交纳开证费用，农行山东分行就应青岛顺发投资有限公司申请开出了一份备用信用证。信用证开出之后，农行山东分行将该备用信用证寄交渣打银行伦敦分行，此时渣打银行伦敦分行就成为了该备用信用证的通知行。渣打银行伦敦分行收到农行山东分行开来的备用信用证后，认真审核了备用信用证的真实性，并从中收取一定的费用。在审核无误之后，通知行将此备用信用证转交给与青岛顺发投资有限公司签订合同的英国公司。

如果双方都在合同规定期限内履约，备用信用证将派上怎样的用场?

此时备用信用证自动失效，整个贸易过程也就结束了。

如果青岛顺发投资公司没有按规定付款，英国宝来公司应如何利用备用信用证来索偿巨额货款?

此时备用信用证开始发挥作用，进入索偿流程。若青岛顺发投资有限公司没有按照合同的规定进行付款，那么英国宝来公司即可向渣打银行伦敦分行提交符合备用信用证规定的索偿要求以及与备用信用证相符的单据，向通知行进行索赔；如果渣打银行伦敦分行经审核后认为英国宝来公司提交的索偿要求和相关单据符合备用信用证的规定，则支付其信用证金额；渣打银行伦敦分行在对宝来公司进行偿付后，把索偿要求以及备用信用证要求的单据寄交给农行山东分行，农行山东分行在审核无误后，偿付渣打银行伦敦分行已付受益人的信用证金额；农行山东分行在做了最后偿付后，就向开证申请人即青岛顺发投资有限公司要求赔偿。若该公司不付款或不能付款，则开证人可从其提供的担保中获得偿付。

在该案例中，备用信用证的开证申请人是青岛顺发投资公司，备用信用证的开证行是农行山东分行，备用信用证的通知行是渣打银行伦敦分行，备用信用证的受益人是英国宝来家具公司。

## 案例3：中国农业银行衡水中心支行100亿美元备用信用证诈骗未遂案

### 案例相关知识点：备用信用证的定义

备用信用证简称备用证，是一种特殊形式的信用证。国际商会第515号出版物《国际商会跟单信用证操作指南》对备用信用证做如下定义：备用信用证是一种跟单信用证，或者类似的安排，无论其如何命名和描述：

（1）偿还开证申请人的借款或预付给开证申请人或支付款项给开证申请人；

（2）对开证申请人承担的债务进行支付；

（3）对开证申请人不履行合同的违约行为进行支付。

备用信用证通常用作投标、履约以及预付款项下出口商按时发运货物的保证。在备用信用证项下，只要受益人向指定银行提交备用信用证规定的汇票及/或开证申请人未履约的声明或证明文件，即可取得开证行的偿付。

### 具体案例

1993年底，被告人美籍华人梅志方、李卓明经人介绍来到河北省衡水市，以“引资”为名进行诈骗活动。他们先后向中国农业银行衡水中心支行（以下简称衡水农行）行长赵某、副行长徐某提交了虚假的“引资”承诺书以及编造的美国亚联（集团）有限公司的简介材料，谎称亚联有雄厚的资金实力和许多经济合作伙伴，以亚联财团的汇票做抵押，可以在国际金融市场上为衡水农行引入巨额资金。衡水农行需开立备用信用证作为必要的引资手续，不承担任何经济及法律上的责任，借此骗取了赵某和徐某的信任。而后，梅志方、李卓明向衡水农行提交了备用信用证的开证申请书。为了达到诈骗目的，李卓明将备用信用证英文文本翻译为中文提供给赵某、徐某审查时，故意不将英文文本中的“本备用信用证项下的汇票金额代表给予亚联公司贷款融资相关的债务”一段译出。梅志方、李卓明在没有给衡水农行提供任何抵押和担保的情况下，骗取衡水农行于1994年4月15日开出了以亚联为申请人，衡水农行为开证行，巴哈马莎物得有限公司为受益人，一年期不可撤销、可转让的200份总金额为100亿美元的备用信用证。4月16日，上述备用信用证被寄给莎物得公司的财务主管麦锡华。此后，当该备用信用证在国际市场上开始流通，澳大利亚的康萨雷达特公司等国外公司查询上述备用信用证的真实性时，梅、李继续以该备用信用证不承担任何风险、资金很快就能引入衡水作为谎言，诱使衡水农行将200份备用信用证的确认函发往国外。当衡水农行按协议规定多次要求亚联出具反担保文件时，梅、李二人于4月18日以根本不存在的“联合国共和银行”的名义，伪造了一张金额为100亿美元的备用信用证担保交衡水农行，继续实施诈骗。5月23日，亚联与莎物得签订了“贷款协议”和“投资协议”。协议规定，亚联向莎物得贷款75亿美元，抵押品是衡水农行为付款人的一年期备用信用证。亚联如果到期不偿还本金，莎物得公司可以凭索赔书在备用信用证项下找衡水农行索赔。案发后，我国司法机关和金融机构采取了一系列紧急措施，才使得这100亿美元的备用信用证没有在有效期内发生支付情况。但中国农业银行为此耗费了大量人力、物力和财力，蒙受了巨大经济损失，其金融信誉也受到了严重损害。

### 案例分析

在20世纪90年代，备用信用证对国内金融机构还是一个新生事物，诈骗分子正是利用了当时国内金融机构对备用信用证的不了解而实施的欺诈。备用信用证一旦开立，开证行便不可撤销地受其约束，只要受益人提交了符合备用信用证要求的单据，开证行将对开证申请人承担的债务进行偿付。衡水农行因为对备用信用证定义和性质的无知，以为没有垫付资金，只要开立一份纸质文件便可以得到引资，在诈骗分子的诱导下开立了100亿美元的备用信用证，想来令人后怕。一旦这些备用信用证在国际市场上流通，后果将不堪设想。备用信用证的本质是银行的一种担保，银行在开立备用信用证时，要充分认识到备用信用证的单据性，同时落实好反担保和抵押质押等措施，一旦出现对外赔付，及时找申请人索偿。

## 案例4：备用信用证本身条款存在瑕疵案

### 案例相关知识点：备用信用证的性质之一——跟单性

备用信用证的跟单性是指，开证人付款义务的履行与否取决于受益人提交的单据是否符合备用信用证的要求。开证行将严格按照备用信用证条款行事，并无检查备用信用证条款对受益人是否合理的义务。

### 具体案例一

一备用信用证规定受益人支款时必须提交一份有关申请人未能在“2013年10月至12月份间”交货的违约声明。但该备用信用证的有效期为2013年12月31日。受益人于2014年1月1日向银行提交违约声明时遭开证行拒付。

### 案例分析

本案例中，开证行拒付合理，因为受益人没有在备用信用证规定的有效期内交单。该备用信用证条款有瑕疵。受益人无法在2013年12月31日前向银行提交申请人未能在“2013年10月至12月间”交货的违约声明。上述备用信用证有关期限的规定明显不合理。

受益人应该从该案中接受教训。受益人应明确备用信用证的“跟单性”，了解开证行只会按照备用信用证条款行事，对备用信用证条款的合理性并不负责。由于受益人未能事先仔细审核备用信用证，接受了一张无法“备用”的备用信用证，致使受益人落入了申请人与开证行共设的“圈套”中。

### 具体案例二

一份不可撤销即期付款备用信用证规定由开证行即期付款，并在开证行柜台到期。该备用信用证要求以下单据：

(1) 以开证行为付款人的即期汇票；

(2) 未付款的商业发票副本；

(3) 受益人所授权的代表签发的证实所附发票已过期 30 天，并要求申请人付款的声明。

备用信用证到期前五天，申请人通知开证行，申请人不欠受益人任何未付发票，因此开证行不必支付备用信用证项下的款项。

备用信用证到期前一天，受益人向开证行提交了备用信用证项下所要求的单据。开证行审单后，向受益人支付了备用信用证项下的款项，并借记申请人账户。申请人对开证行借记其账户提出异议，认为先前已通知开证行其不欠受益人未付发票，开证行没有按照其指示办理，不应该支付该备用信用证项下的任何款项。申请人要求开证行立即贷记其账户，但开证行拒绝这样做。

### 案例分析

《跟单信用证统一惯例》(UCP600) 对备用信用证同样适用。在信用证项下，相关当事人处理的仅仅是单据，而不是货物或服务。根据 UCP600 第 14 条审核单据标准的规定，按照指令行事的被指定银行、保兑行以及开证行在对单据进行审核时，仅以单据为基础，以决定单据在表面上是否构成相符提示。如果受益人提交的单据单证相符，单单一致，开证行就必须履行付款承诺和责任。

跟单信用证处理的是单据业务，这点对备用信用证同样适用。银行的责任是根据信用证和 UCP600 来履行义务，不能根据申请人的抗辩。在商业信用证项下，只要受益人提交的单据符合信用证的要求，即使进口商收到的货物与合同不符，开证行仍然需要承担付款责任。在开证行付款后，进口商再凭货物质量的仲裁书，以商品销售合同为基础找出口商索赔，保证信用证简单支付 (simple payment) 的特性。同样，在备用信用证项下，只要受益人提交的是与备用信用证表面相符的单据，即可以获得开证行的付款保证，相关银行没有检查单据真伪、协调进出口商交易纠纷的义务。

## 案例 5：备用信用证包含有条件付款条款案

### 案例相关知识点：备用信用证的性质之二——独立性

备用信用证一经开立，即作为一种自足文件而独立存在。其既独立于赖以开立的申请人与受益人之间的基础交易合约，又独立于申请人和开证人之间的开证契约关系。其义务完全取决于备用信用证条款以及受益人提交的单据表面上是否符合这些条款的规定。

## 具体案例一

某备用信用证表明受《国际备用证惯例》（ISP98）约束，并规定受益人提交下列单据：以开证人为汇票付款人的汇票；表明进口商未能在出口商交货后 45 天向出口商付款的声明。同时该信用证特别规定：Payment of draft drawn hereunder will be made only after the realization of the re-export proceeds program。由于进口商未能在出口商交货后 45 天内支付货款，于是出口商向备用信用证的开证人 G 银行提示了上述单据要求赔偿。G 银行收到单据后拒绝赔付，理由是进口商未能从再出口获得款项，不符合备用信用证条款。试分析开证行拒付是否有理，受益人是否有失误。

## 案例分析

开证行拒付有道理。该备用信用证的汇票是有条件付款汇票，受益人不应该接受这种特别条款，其损失由出口商自负。由于备用信用证是一个自足的独立性文件，受益人在收到备用信用证后，一定要对备用信用证条款做细致审核，如果有不合理条款，应及时联系开证申请人修改。

## 具体案例二

中国 C 公司与美国出口商签订进口钢材的贸易合同，使用信用证付款。由于货物数量多、金额大，担心美国出口商不履行合同而遭受损失，C 公司要求美国出口商先开立备用信用证。美国出口商请求纽约 A 银行开立备用信用证。该备用信用证规定：This credit is available by beneficiary's draft drawn on ourselves at sight when accompanied by the following documents: Beneficiary's statement stating that the applicant has failed to fulfill the obligation under contract No. ST113－817。同时该备用信用证还要求：This credit is not operative unless beneficiary open an irrevocable letter of credit for USD5 610 000. 00 in favor of applicant under contract No. ST113－817 and will be expired on July 21st 2012 and such L/C must be advised through us and restricted to us for negotiation。

于是 C 公司在 2012 年 5 月 31 日，向 B 银行申请并通过 A 银行向美国出口商开立了跟单信用证，金额为 5 610 000. 00 美元，受益人是美国出口商，装运期为 2012 年 7 月 6 日，有效期为 2012 年 7 月 26 日。在开出跟单信用证后，美国出口商迟迟不履行合同，于是 C 公司请求 B 银行根据 A 银行 2012 年 5 月 20 日开出的备用信用证向 A 银行索赔，金额是 168 300. 00 美元，备用信用证的有效期是 2012 年 7 月 21 日。

7 月 21 日，B 银行向纽约 A 银行寄单索赔。7 月 30 日，A 银行来电称，不接受 B 银行的单据和索赔，理由是 B 银行开出的信用证未注明“限制 A 银行议付”条款。经查，C 公司申请开证时并未要求 B 银行在信用证中加注“限制 A 银行议付”条款。

## 案例分析

导致 A 银行拒付备用信用证索赔的直接原因是，C 公司申请的跟单信用证未加注“限制A银行议付”条款。该备用信用证条款规定：Such L/C must be advised through us and restricted to us for negotiation。C公司作为备用信用证的受益人没有按照该条款办理，因此被备用信用证的开证行拒付。C公司不应该接受这种有限制性条款的付款承诺，应要求修改备用信用证，避免落入开证申请人和开证行共同设计的“圈套”中。

## 案例6：履约备用信用证挽回损失案

### 案例相关知识点：履约备用信用证

履约备用信用证用于担保履行责任，包括对申请人在基础交易中违约所造成的损失进行赔偿的保证。在履约备用信用证的有效期内如发生申请人违反合同的情况，开证行将根据受益人提交的符合备用信用证要求的单据（如索款书、违约声明等）代申请人赔偿保函规定的金额。

### 具体案例

某年四五月间，大陆某外贸进出口公司（卖方）在偶然机会与香港某贸易公司（买方）分别签订了五份进出口合同，合同总金额为65万多美元，付款方式全部是托收即期付款交单（D/P at sight on collection basis）。当年6月初，前四批货物分两批陆续从上海港装船发出，运到目的港。卖方也陆续分两次将四套总价值为45万美元的托收单据通过中国银行某分行寄往香港买方的账户行办理托收。由于这四批货物发货时间紧凑，所以当第四批货物发出后，第一批货款亦将到期，但客户坚持验完全部货物后再付款，因而一拖再拖，以致逾期1个月之久。

正当卖方要千方百计追回这四笔货款时，同年7月中旬买方又提出要执行第五个总金额为20万美元的合同。卖方为了能够追回前四笔货款，又为了能保住客户，正常收汇，提出结汇方式改为即期信用证付款方式，同时又提出对前四笔托收业务的催收。而买方则提出，由于资金不足，执行完第五个合同后再一次付清。为此，买卖双方僵持不下。后经洽商，买方接受了如下条件，卖方同意向买方执行第五份销售合同，向买方提供20万美元的货物。买方根据修改后的合同开立一份不可撤销跟单信用证，即期议付，信用证条款由卖方拟定后交买方申请开证。信用证中条款做如下规定：

We hereby agree with the drawee, endorsers and bona-fide holders of all draft drawn under and in compliance with the terms of this credit that such drafts will be duly honored upon presentment to the drawees. The payment will be the amount of USD200 000.00 plus additional payment for the amount of USD450 000.00 under the beneficiary's S/C No: 14ST ××× on the collection basis which was ensured by the applicant and agreed by the applicant and beneficiary.

（我们谨此向汇票的出票人、背书人及任何善意的持票人承诺：当信用证项下单证相符时，我们将对受票人的汇票提示予以支付。我们会将根据14ST ×××号售货确认书确定的托收业务项下的 45 万美元同时支付，这是开证行保证的，也是受益人和开证申请人同意的。）

基于同样的道理，买方应卖方的要求，同意再开立一份不可撤销备用信用证。若在信用证结算时，还未将前面四笔托收款项付清，卖方可凭信用证项下结汇水单、违约证明及应收金额的汇票执行该不可撤销备用信用证。

但事实上，买方根本不愿意履约付款。在按卖方要求开立了一份不可撤销跟单信用证后，就迫不及待地频频发来传真催促发货，却只字不提前四笔托收款项之事，也不提开立备用信用证的事。卖方则立即发传真明确通知对方，根据买卖双方某年 7 月 13 日的合同规定，买方需开立两个信用证，一个是不可撤销跟单信用证，一个是不可撤销备用信用证。买方只有开立了不可撤销备用信用证后，卖方才会执行不可撤销跟单信用证，否则将不会发货。

由于买方在签订了这五个合同之后，立即又将合同标的物卖给了另一客户，而且还是政府招标工程的原材料。若不能按时、按质、按量发货，将要承担高额罚款。因此买方要货心情迫切，但仍坚持，保证在支付第五笔货款时，将前面的四笔托收欠款付清。卖方则坚持初衷，必须收到不可撤销备用信用证后才会发货。

买方在万般无奈之下，最终通过原来开立跟单信用证的银行，开立了一份不可撤销备用信用证，该备用信用证的有效期迟于跟单信用证有效期 1 个月。卖方在收到备用信用证审核无误后，立即执行了跟单信用证，在上海发运了价值 20 万美元的货物，并在发货后第 3 天，按照跟单信用证的要求缮制单据交中国银行议付，并多付上了一套托收项下 45 万美元的汇票，要求议付行电索共计 65 万美元。

不出卖方所料，10 天后，开证行只支付了 20 万美元的金额，未能将前四笔托收项下的货款一并议付。卖方立即与买方联系交涉，买方回复资金仍然困难，容一个月后支付，并表示愿意承担利息。显而易见，一个月后，该不可撤销备用信用证将失效，届时，前四笔 45 万美元的货款又会被无限期拖延下去。卖方立即按照备用信用证的要求，缮制了一套 45 万美元的即期汇票，随附跟单信用证项下的结汇水单（应为 65 万美元，实际为 20 万美元）及一份违约声明书，一并交原议付行向国外追索。10 天后，备用信用证的开证行将 45 万美元付出。这笔业务终于在利用备用信用证的条件下，安全收回拖欠了几个月的四笔托收款，实现了利用备用信用证与托收、跟单信用证的配合，最终追回了逾期货款。

## 案例分析

本案例中，卖方利用履约备用信用证的开立转败为胜。在前四笔业务中，卖方没有考虑到使用履约备用信用证来维护自己的权益，当买方以种种名义对付款一拖再拖时，卖方竟束手无策，既不敢贸然要求买方退单，又找不到办法让买方尽快付款。随着事态的发展，卖方了解到买方所购货物是政府招标项目的货物，买方无论如何不敢违约，而且由于要货时间紧，买方来不及找其他出口商洽谈同质同量货物，这给了卖方追回货款的有利时机。

对于卖方提出以不可撤销跟单信用证为结算方式，买方起初不以为然。在谈判中，由于要货心切，买方答应了卖方的要求。买方甚至很“理解”卖方的苦衷：若不开证，卖方就不能到银行申请打包贷款，就无法生产和发运货物。买方为了图省事，甚至不加思考地使用了卖方为其拟定的信用证条款。当卖方提出同时结算前四笔货款时，买方承诺，第五笔货一发，就将全部货款 65 万美元一次付清，但卖方已经对买方的承诺失去信心，要求买方在开立跟单信用证的同时开立备用信用证，确保前四笔货款的收回。买方因为要货心切，又对备用信用证的使用不够了解，片面理解了备用信用证“备而不用”的特性，遂同意了卖方的要求。

在收到买方开来的备用信用证后，卖方的货款回收总算得到了双重保障。第一份保障来自跟单信用证，开证行同意在单证相符时，除了支付 20 万美元的议付款外，还会对前四笔 45 万美元的货款进行证外托收。另一重保障是一旦前四笔款项无法成功托收，卖方可执行备用信用证索赔。买方在执行跟单信用证的付款时，只支付了 20 万美元的议付款，于是卖方立即执行履约备用信用证，向备用信用证的开证行提示了应收款项的汇票、跟单信用证项下 20 万美元的结汇水单及违约证明，成功追回了 45 万美元的欠款。

## 案例 7：备用信用证的交单期纠纷案

### 案例相关知识点：适用备用信用证的国际惯例

1983 年实施的 UCP400 和 1993 年实施的 UCP500 尽管把备用信用证和商业信用证统称为信用证，但只是将备用信用证作为信用证的类别之一，且“只在适用范围内”予以适用。随着备用信用证的推广，它与商业信用证在功能上的差异日益明显，误解及纠纷日益增多，迫切需要对其进行规范。由美国银行法律与惯例协会起草的适合备用信用证的规则《国际备用证惯例》（ISP98）于 1999 年 1 月 1 日生效。2007 年 7 月 1 日颁布实施的 UCP600 也规定其可适用的范围包括备用信用证。

### 具体案例

一开证行开立一份不可撤销的备用信用证，通过 A 行通知给受益人。信用证要求受益人提供如下单据：

（1）申请人违约声明书，注明：“按照×××与 YYY 公司之间达成的第 111 号、日期为 2015 年 1 月 1 日的合同，我方已于 2015 年 2 月 2 日装运了 SSS 加仑的油。发货后，我方等待 YYY 方按上面提及的合同规定付款长达 120 天之久。YYY 方没有支付应付之款，因此，YYY 方违反了合同条件。根据该备用信用证规定，我方有权支取申请人（YYY 公司）所欠 USD××××的款项。”

（2）一份注明装运商品的商业发票副本。

（3）一份证明装运了货物并表示了装运日期的运输单据副本。

根据商业合同的要求，受益人装运了货物，按照销售合同，受益人对于应付给他的款项向 YYY 方开立了发票，付款期限是 120 天。装运后第 121 天，受益人未能从 YYY 方收到全部款项。于是，受益人按照备用信用证的要求备妥单据并提交给开证行索款。

开证行收到单据后，经审核认为单据不符，拒绝接受，理由如下：延迟交单。按照UCP500第43条规定，单据必须不迟于装运日后21天内提交。装运日期是2015年2月2日，而单据直至2015年6月3日才提交，受益人的交单构成延迟交单。请分别根据UCP500和UCP600的规定，分析开证行的拒付是否有理。

### 案例分析

开证行对备用信用证的拒付是不合理的。因为UCP500第43条a款适用于商业跟单信用证而不是备用信用证。所谓备用信用证，是相对于一般附有商业单据的商业信用证而言的。商业信用证由受益人将货物装运出口并提交符合信用证要求的单据这一履约行为而使信用证成为可使用的结算方式。备用信用证则由于开征申请人的违约而支持了受益人，如到时开证申请人履约无误，则备用信用证就成为了“备而不用”的结算方式。开立备用信用证是为了保证申请人履约，只有在证明申请人确实违反了其与受益人之间的商业合同条款后，备用信用证才生效。其次，为了与商业合同一致，违约声明书要求受益人必须在装运之后120天内等待申请人付款。只有申请人违反了合同的付款规定，受益人方可使用备用信用证索款。因此，受益人在制成违约声明书之前，不可能既允许受益人给申请人装运后120天的融资，又同时要求受益人装运日后21天内提交信用证要求的单据。因此，开证行的拒付是无理的。另外，备用信用证被认为是付款的从属方式，应凭违约声明书使用备用信用证，不宜在备用信用证中规定提交运输单据的副本，以免授予开证行“延迟交单”的把柄。为慎重起见，在要求副本运输单据的备用信用证中应注明UCP500第43条a款不适用。

而UCP600则在第14条“审核单据的标准”中的c款中进一步明确规定，所交单据中若包含一份或多份“正本”运输单据，则必须由受益人或其代表按照相关条款在不迟于装运日后的21个公历日内提交，但无论如何不得迟于信用证的到期日。可见，“受益人在装运日后的21个公历日内提交单据”的要求仅限于信用证要求提供正本运输单据的情形，上述仅要求提供运输单据副本、申请人违约声明书和商业发票副本的备用信用证并不受此限制。因此，按照UCP600的最新明确规定，上述案例下，只要受益人不迟于信用证的到期日的交单均属于及时交单。

## 案例8：备用信用证项下的非单据化条款案

### 案例相关知识点：非单据化条款

UCP600第14条b款规定：对于非单据化条款，银行将视为未作规定并不予理会。银行需将非单据化条款转换为具体的单据要求，并且强烈建议规定这类单据的出具人，以避免纠纷。

备用信用证适用的国际惯例ISP98对非单据化条款进行了界定。它指出，所谓非单据

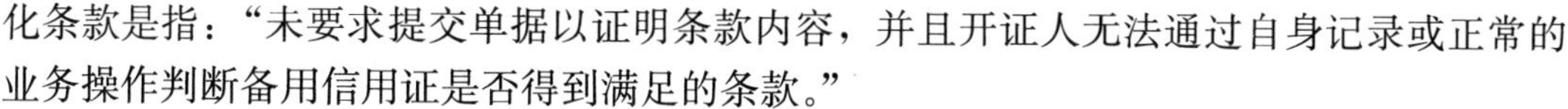

化条款是指："未要求提交单据以证明条款内容，并且开证人无法通过自身记录或正常的业务操作判断备用信用证是否得到满足的条款。"

## 具体案例

一张备用信用证规定单据必须通过 EMS 快递给开证人，但不要求快递收据。此时，如果寄单人是通过 DHL 寄单的，请问按照 ISP98 规定，开证人可否拒付?

## 案例分析

按照 UCP600 规定，如果信用证包含有某些条件而未列明需要提交与之相符的单据，银行将认为未列明此条件，且对此不予理会。与 UCP600 相比，ISP98 首次明确界定了非单据化条款，因此，尽管上述备用信用证未要求 EMS 快递收据，但如果受益人交单通过 DHL，开证人可在正常的业务操作中判断出不满足备用信用证的寄单条款，所以在该案例中 EMS 寄单要求不属于非单据化条款，开证人有权拒付。

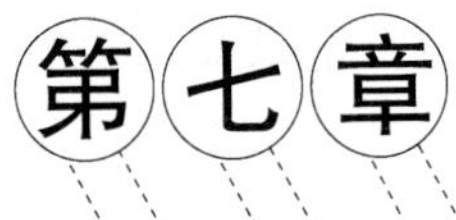

# 第七章 保函

## 案例1：投标保函效期敞口案

### 案例相关知识点：投标保函及其有效日期

投标保函是指在以招标方式成交的购买和承建项目中，招标方为了达到制约各投标人行为的目的而要求投标人通过其银行所出具的一种书面保证文件，凭此文件担保银行向投标方做出保证，保证投标人在其报价的有效期内不撤标、不改标、不更改原报价条件，并在中标后，将按招标文件的规定在一定时间内与招标方签订合同并提交履约保函。

投标保函的目的是确保招标人在投标人提早撤标或修改投标文件或投标人中标后拒绝签署合同或拒绝更进一步的担保时，对投标人具有索赔权。投标金额在投标文件中约定，通常为投标工程金额的2%～5%。投标保函的期限通常是短期的，招标方经常需要用比原先预想多得多的时间来评估各方的标书，这时投标保函就会被要求延长效期，而此种延期所内含的风险（如市场和价格的变化，通货膨胀等）也不能被低估。

有效日期是保函的主要内容之一。如果保函未规定有效日期，则保函一直有效，直到保函被撤销、赔偿完款项或减额至零为止。另外，根据《见索即付保函统一规则》（URDG）第25条c款的规定，如果保函未规定效期，那么保函将自开立之日起三年之后终止。

### 具体案例

2014年，保函申请人J公司参加法国B公司（受益人）的购买设备竞标，并要求A银行（担保人）向B公司出具投标保函。保函有效期规定“This guarantee will remain in force up to including 30 days after the period of bid validity. This guarantee is extendable for the period of requested by the beneficiary. If the guarantor not be able or willing to extend the validity hereof, then the guarantor undertakes to pay immediately the said guaranteeed amount to the beneficiary"（保函将在投标生效后的30天内有效，此保函可依受益人所要求的期限而延展，若担保人未能或不愿意办理展期，则担保人在此许诺立即向受益人赔付此保函的担保金额）。银行在未修改该保函条款也未审查招标文件的情况下，对外出具了保函。

由于B公司一直无法落实购买货物所需资金，开标后难以定标，在原标有效期届满之前，B公司延长了招标有效期，同时要求J公司延长投标保函效期。

A银行出具的保函由于做出了“要么展期，要么赔款”的明确保证，被迫办理了保函的展期手续，使保函有效期一拖再拖。最后，由于国际市场变化，J公司无法按原报价成交，否则，亏损额将远远超出保函项下的索赔金额。展期后的保函到期后，J公司不同意继续展期，被迫给A银行交付了保函金额的款项，A银行对外赔付。

### 案例分析

本保函是一个有效期敞口的保函。保函条款规定，“此保函可依受益人所要求的期限而延展，若担保人未能或不愿意办理展期，则担保人在此许诺立即向受益人赔付此保函的担保金额”。这样的条款担保行是不能接受的，可惜由于担保行没有审查该敞口条款，造成了日后对外赔付的被动。担保行为了规避风险，可以将有效期条款修改为：“若受益人要求保函展期，必须经过担保行的书面确认”。在实务操作中，还要避免将担保行的对外赔付条款与该有效期条款联系在一起。

具体案例介绍中没有提及的一个细节现在我们拿出来分析一下。在B公司提供的招标文件中有这样的规定：“在原投标有效期届满之前，招标人可以征得投标人同意延长投标有效期，投标人也可以拒绝招标人的这种要求而确保其保证金（或保函）按时返回。”如果投标人J公司真正理解了该规定的内容，完全可以使用该条款保护自身权益。特别是在市场行情发生变化后，J公司对招标方提出的延长保函有效期的要求本可以拒绝，这样既不构成违约，也不会造成投标人的价格损失。可惜投标人错误地认为只要撤标就会构成违约，所以被迫将保函展期，而展期后的保函履约由于会给J公司带来更大的损失，造成J公司被迫撤回投标而对外赔付。如果当时在招标人提出展期时J公司明确拒绝，则既不会造成价格的损失，又可以顺利地让保函失效。

一般来说，投标保函的格式通常由买方在招标文件中事先拟定。在实际业务中，投标方几乎没有余地与招标方协商修改保函格式中对其不利的条款，否则，就会丧失中标的可能，担保银行为了避免业务流失，也不得不承担此风险。但担保行应该事先认真审核主合同和保函条款，及时向申请人言明保函中潜在的风险，并由申请人出具保证书，保证若保函条款引起保函项下的索赔，申请人将承担一切责任。对于信用状况欠佳的申请人要求出具的有效期敞口的保函一定要收足100%的保证金。

## 案例2：履约保函纠纷案

### 案例相关知识点：履约保函的性质

顾名思义，履约保函要担保供货方、劳务承包方诚信、善意、及时地履行合约，倘若这些履行责任者日后未能按合约的规定及时发运货物、提供劳务或完成所承建的工程，以及未能履行合约项下的其他义务，则担保银行将向买方或业主支付一笔不超过保函金额的款项，作为对供货方或劳务承包方造成损害的赔偿。履约保函开立的目的之一是用以确保卖方交货违约或未能完成合同条款时，买方对卖方保留索偿权。保函金额按合同约定，通常为合同总金额的5%～20%。保函有效期直至合同完成。

履约保函是保函的一种，保函是不依附于合同的独立的保证文件。只要保函规定的付款条件已经具备，担保行必须付款，而对合同是否执行不予过问，更不参加合同双方的争议或纠纷。实务中，虽然银行常常开出以执行或未执行合同作为付款前提的保函（如进口保函规定受益人按合同发货才能付款；出口保函规定申请人未按合同发货时才赔偿），但同时规定必须提供某种单据或证明，担保行在收到按保函规定出具的单据或证明后才付款，也许事实上合同并未执行。在这里，担保行和信用证的开证行或议付行一样，处理的只是单据或证明文件，而不是合同或货物；而且担保行对单据或证明的处理，也只是要求表面与保函的规定相符。

## 具体案例

出口商H公司与进口商D公司签订了金额为87万美元的货物买卖合同，支付方式为T/T，同时合同要求“样品需交由D公司确认。”进口商D公司要求出口商H公司出具银行保函，担保合同的履行。K银行（担保人）应H公司的申请开立履约保函。考虑到H公司是大型国有公司，K银行并未向其收取保证金，只是落实了有关财务抵押措施。该保函规定：“……若因H公司主观原因导致未能按合同约定的最迟装运日期装船装货，银行保证赔款；该保函自签发之日起有效，保函生效后180天或申请人装船后保函失效，以较早者为准。保函金额为87万美元，与买卖合同金额相等。”

合同生效后不久，H公司告知K银行，D公司对H公司的样品无端指责，过分挑剔，总是不予确认。在交货期临近时，K银行建议H公司立即要求D公司延长装运期。但D公司既不确认样品，也不同意延长装运期，并坚持若不按期交货则按违约处理。装运期过后，K银行收到D公司的索赔电传，称H公司未按合同规定的最迟装运日期交货，K银行必须在7日内赔偿。K银行立即与H公司联系，H公司表示，未能按时装船不是由其主观原因所致，而是D公司故意刁难，H公司样品完全达到了合同规定的标准，并随附了中国检验检疫机构出具的检验证明。K银行据此电复D公司：（1）中国检验检疫机构已经出具了样品符合合同规定标准的检验证明，D公司不确认样品是造成H公司无法装船交货的主要原因。因此，H公司未按合同规定的最迟装运时间装船交货，不是由其主观原因造成的。（2）对于买卖合同的纠纷，建议双方协商解决，对于样品是否符合标准的争论，如果双方协商不成，可以诉诸法律，请求法院裁决，银行暂不承担赔偿义务。经过多次协商，买卖双方终于达成协议，签订新的合同，进口商暂不索赔，原保函失效。

## 案例分析

本案庆幸的是买卖双方达成新的协议，原保函失效。如果D公司坚持要求索赔，不同意银行的复电，只要D公司出示单据，声称是H公司的主观原因造成货物未能在合同规定的时间装船，担保行是要履行赔偿责任的。

K银行开立的保函有技术层面的瑕疵。保函规定若因H公司主观原因导致未能按合同约定的最迟装运日期装船装货，银行保证赔款，这是非单据化条款，担保行处理的应该是单据，而不是基础合同项下的货物和服务。应以受益人出具的申请书及违约证明作为赔款条件。

本案例中担保行和出口商都应吸取经验和教训。

（1）担保行不应卷入基础合同。前文已经提及，保函索赔条款中的“……若因H公司主观原因导致未能按合同约定的最迟装运日期装船装货，银行保证赔款”属于非单据化条款。该条款使银行卷入本应避免的买卖合同纠纷中，处于相当被动的地位。当受益人索赔时，只要声明H公司是主观原因违约，则可以要求银行赔偿；当K银行对外偿付后找申请人追索对外偿付的款项时，申请人会找出各种理由和各种证据表明非其主观过错。要证明是主观原因还是客观原因都是十分困难的，如果K银行被迫要去证实，就不可避免地要卷入买卖合同的纠纷中。

（2）保函金额过高，银行风险较大。一般履约保函的金额通常不会超过合同金额的10%，但也有例外，如开往美国的履约保函通常要求其金额与合同金额相等，但保函金额绝不应超过合同总价。本案例中担保金额与合同金额相同，K银行在未收取保证金的情况下出具担保，承担了较大风险。

（3）不能接受“软条款”。出口商应坚持样品由第三方国际性商检机构确认，并由其出具证明，特别注意不能加入“样品由买方确认”的软条款，避免进口商无理挑剔。

本案例属于国际贸易结算中的履约保函，这种保函通常是保证卖方履行贸易合同项下的交货义务，即卖方按时、按质、按量地交付合同规定的货物。有时买方要求的履约保函不仅要卖方保证按时发货，还要保证货物质量良好，后者以履约保函代替了质量保函。银行在处理这类业务时，应适当采取措施，避免卷入贸易纠纷：（1）使用单据化条款代替非单据化条款。本案例索赔条款中的“若因H公司主观原因……银行保证赔款”可以改为“在D公司向K银行提交了经法定程序裁决的保函申请人违约证明后，银行保证赔偿”，避免银行陷入贸易纠纷。（2）对担保金额占合同总金额比例较大的保函，应要求申请人缴存100%的保证金，同时不建议开立无条件见索即付保函。

## 案例3：银行开立预付款保函增加衍生金融产品交易案

### 案例相关知识点：预付款保函

预付款保函又称还款保函。在买卖合同中还可称为定金保函。在大额交易中，买方或业主须在合约签订后的一定时间内，向供货方或劳务承包方支付一笔相当于合同价款一定比例的预付款作为合约的启动资金或动员费用，由于这笔金额系对履约责任者在履约之前所预作的支付，买方或业主为了避免日后由于这些履约责任者拒绝履约或无法履约却又不予退款而无端遭受损失，常常会要求供货方或劳务承包方在买方或业主实施支付之前的若干日时内通过其银行开出这种还款保函。

### 具体案例

某年，国内A公司与国外B公司签署设备销售合同，采购金额总计3亿美元，包括烧结机、制氧机、连铸机、炼钢转炉、轧机、球团机、鼓风机、余热炉等设备。设备款支付步骤为20%预付款、70%信用证和10%尾款。按照约定，该合同6 000万美元预付款需要开立预付款保函，国内C银行为其开立，保函有效期为12个月，保证金比例为20%，追加申请人法定代表人个人无限连带责任担保，手续费为0.15%，按季收取。

C银行与A公司签订预付款监管协议，并开立专用资金监管账户，对预付款的使用严格监管。对资金的使用A公司需提供正式的贸易合同等基础交易资料，且资金去向与合同严格一致。

C银行业务运行效果是，保证金存款7 000万人民币，预付款存款3.6亿元人民币；衍生外汇结算1.5亿美元，约合9亿元人民币；保函手续费收入180万元；结算手续费收入、汇兑收益约300万人民币。

### 案例分析

C银行通过为出口商A公司开立预付款保函，带动了该公司在C银行的其他国际结算业务，为C银行带来了可观的中间业务收入。

B公司在与A公司签订销售合同后，将6 000万美元预付款付给A公司，A公司随即在C银行申请开立了预付款保函，该保函承诺，如果A公司不按时交货，C银行负责将6 000万美元的预付款退回。C银行不仅收到了国外汇给A公司的6 000万美元资金，折合3.6亿元人民币，可以产生沉淀存款，又收取了A公司20%的保证金，即3亿美元×20%×20%=1 200万美元，约折合7 000万元人民币的存款。C银行随即将为A公司做信用证的议付和贸易融资，2.1亿美元（3亿美元×70%）的信用证议付C银行预计能抢占1.5亿美元的份额（A公司有可能会将信用证放到多家银行议付），议付和融资、开立保函、为客户办理结汇都会为银行带来手续费收入和汇兑收益。预付款保函的开立产生了杠杆效应，撬动了A公司在C银行其他国际结算业务的开展。

## 案例4：保函转开改保函直开节约保函费用案

### 案例相关知识点：保函的转开行与反担保人

转开行（Reissuing Guarantor）是指在担保人的保证下，按担保人的要求，向受益人开立保函的银行。转开行开立保函后，当发生符合保函规定条件的事件时，受益人只能向转开行要求赔付。转开行对受益人赔付后，有权向担保人索取赔偿款项。

反担保人（Counter Guarantor）是指为申请人向担保人开具书面反担保的人。反担保人的责任是保证申请人履行合同义务，同时向担保人作出承诺，即当担保人在保函项下作出付款承诺以后，担保人可以从申请人处得到及时、足够的补偿，并在申请人不能向担保人作出补偿时，负责向担保人赔偿损失。

出口商在中标后，业主（进口商）由于对出口商所在地银行的资信状况不了解，往往会要求出口商提交进口商所在地银行出具的保函。进口商所在地银行应出口商所在地银行的要求和指示出立保函时，出口商所在地反担保行承诺，一旦发生保函项下的索赔事项，进口地的保函转开行可以在赔付后找出口地的反担保行索偿。进口地的银行是该笔保函的转开行，出口地的银行是发出担保指示的银行，是该笔保函业务的反担保行。

## 具体案例

某年，中国某公司在境外国际工程竞标中，连中了三个标。第一个和第二个是亚洲开发银行的贷款项目，第三个是世界银行贷款项目。第一个项目是该公司在该国的第一次成功竞标，业主对该公司还不是很了解，该项目的履约保函和预付款保函只能按照业主的要求，采取“转开”的方法。原担保行（即指示行或反担保行）的手续费是每季度0.1%，三年即1.2%。境外转开行的手续费是每年1.5%，三年是4.5%，两项合计是5.7%。履约保函和预付款保函的担保金额分别是132万美元和100万美元，两项保函的手续费高达10万多美元。在实施第一个项目的过程中，该公司与项目的开户行德意志银行建立了良好的合作关系。当第二个项目中标后，该公司迅速与德意志银行取得了联系。鉴于该公司在项目实施过程中经营状况良好，流动资金充足，德意志银行同意为该公司直接向业主开具保函。这样，即节约了时间，又降低了费用，该公司无须再向国内的反担保行支付三年1.2%的反担保手续费。借此良机，在第三个项目中标后，该公司积极向业主争取履约保函和预付款保函由出口商所在地银行直开。经过积极努力，以及我国驻外大使馆经参处的大力帮助，业主终于同意接受由中国农业银行直开的履约保函和预付款保函，从而节约了一笔较为可观的保函费用。第三个项目的履约保函金额是54.8万美元，预付款保函金额是100万美元。外国银行的保函费用通常是1.5%～6%，风险较大的项目可以达到10%，而且不是按年收费，而是按照整个保函金额一次性提取。农业银行仅按每年1.5%的手续费计算，三年的费用是4.5%，所节约的外国银行转开保函手续费大约为7万美元。

## 案例分析

本案例中的保函申请人中国某公司在三次竞标成功后，作为供货方向业主提交了三次履约保函和预付款保函，保证供货方会如期按质履行合同，保证在收到业主的预付款后会如期按质发货、执行合同。该公司第一次由于业主对其不了解，办理的是转开保函，第二次办理的是业主所在地德意志银行开立的直开保函，第三次办理的是公司自己往来银行中国农业银行开立的直开保函，一次比一次进步，一次比一次成功，既顺利地办理了业务，又逐步节约了保函手续费，值得肯定。

# 案例5：尾款保函主合同修改案

## 案例相关知识点：担保责任不变条款

在银行保函的附属内容中，有一个担保责任不变条款。它是指为确保保函的效力不受基础合同交易的影响，受益人可要求担保行在保函中加列条款，保证保函的所有条款和条件不能被改变和添加。条款示例如下：

We further agree that no change or addition to or other modification to the terms of the contract or of works tobe preformed thereunder or of any of the contract documents, which may be made between the contract parties, shall in any way release us from any liability under this guarantee and we hereby waive our rights to ask for notice of any of such changes, additions or modifications...（我方进一步同意，任何在合同当事方之间发生的合同条款的变更及因为合同文件的变更所引起的合同工程的改变，都不会解除我行的担保责任，我方放弃发生变更要通知我行的权利。）

下面将阐述和分析的案例是担保责任不变条款的反例。如果合同修改后会影响到保函的执行，保函申请人一定要在合同修改后，及时联系担保行对保函进行修改，保证担保行担保付款责任的恰当履行。

## 具体案例

2005年2月22日，中国G公司（进口商）与意大利M公司（出口商）签订合同，合同总价为5 170 000美元。合同规定货款结算采用“一、八、一”的结算方式，即合同签订后进口商先支付相当于合同金额10%的预付款，出口商开立相应金额的预付款保函；进口商同时开立相当于合同金额80%的进口信用证；设备到港后，进口商再开立相当于合同金额10%的尾款保函，待设备安装调试合格并运行正常后，再支付保函项下的款项。

2006年2月29日，H银行应客户G公司的申请，在收取了100%的保证金后，为其开立了上述合同项下的金额为517 000美元的尾款保函。

2008年1月8日，意大利公司传真H银行要求支付合同项下的尾款。同日，保函通知行BANCA N，L BRANCH也电传H银行，其电文为：“We are sending herewith attached docs concerning examination of a. m. yr bank guarantee for an amount of usd517 000 already unpaid by buyer. Please kindly pay without delay remitting funds through... We ensure you that the siganature of m spa（意大利M公司即保函受益人）are authentic and valid duly binding the company”。

H银行接到保函通知行的电传，仔细与保函索偿条款核对无误后，立即通知G公司付款，G公司以设备在使用过程中发现问题为由，要求H银行推迟付款。H银行当即赶到G公司，解释银行必须在7日内付款，因为卖方的索偿完全符合保函的条件。G公司负责人解释说，合同签订后，曾进行过一次修改，增加了一次设备验收，即在设备安装调试时有一次验收，在设备正常运转一年后又增加了一次验收，合同中尾款的支付条件也已改为两次验收合格后再支付。由于疏忽，经办人员没有对保函进行相应修改。设备第一次验收比较顺利，所以G公司项目负责人出具并签署了“The certificate of successful commisioning”。该设备在第一次验收后运行了一段时间，第二次验收时发现了一些问题，G公司轻信了外方专家的承诺，已在验收单上签字。目前公司正在与外方交涉，请银行一定先不要付款。H银行对G公司的处境表示同情，并同意在最后一天即第七天付款，但第七天必须付款，请G公司谅解。第七天，H银行对外付款。G公司设备存在的问题，更换零件后也得到了解决，但G公司为此多付了2万多美元的费用。

### 案例分析

本案例庆幸的是G公司设备存在的问题在更换零件后得到了解决，G公司只是多付了2万美元的费用。根据保函条款的规定，即使G公司的设备问题没有得到解决，H银行由于收到了意大利M公司提交的验收证书，该项尾款517 000美元也必须支付。

本案例的失误主要是来自于G公司的业务人员工作出现差错，在修改合同后没有申请修改保函相应内容；G公司的项目负责人存在重大责任，在第二次验收时尽管发现了一些问题，但仍然轻信了外方专家的口头承诺，轻率地在第二次验收合格证书上签字。

从本案中还可以看出，外方公司的索偿并不苛刻，否则事情将变得更糟糕。因为M公司毕竟是在取得了修改后的合同所要求的第二次验收合格单后才向担保行索偿的，如果M公司在第一次取得“The certificate of successful commisioning”后就向担保行索偿，担保行由于未根据合同对保函进行相应修改，也是必须承担付款责任的。

保函业务的风险往往与据以开立保函的主合同执行情况相关。为了避免这一风险，根据具体业务情况，保函中可以列明与“担保责任不变条款”相反的条款，例如保函条款中规定：“主合同有关条款的变更须事先征得担保人的书面同意。未经担保人书面同意的，担保人不再承担保证责任”，以免除担保人对未同意的主合同变更承担责任。另一方面，为提高竞争和服务水平，银行在出具保函前应全面了解、认真分析主合同的有关规定，可能的情况下尽可能提前参与商务合同谈判，考虑到合同履行时可能出现的各种风险，并在出具保函时采取相应的风险防范措施。保函开立后，还应密切关注主合同的履行情况，及时掌握可能与银行担保责任相关的变化，做到防患于未然。

## 案例6：保函未列担保金额递减条款多赔付案

### 案例相关知识点：担保金额递减条款

银行保函项下担保行的付款责任并不总是一成不变的，它会根据基础合同的完成情况而有所改变。为了显示这种改变，担保行通常会规定在某些事项下保函金额递减。条款示例如下：

The guarantee amount of the L/G shall be diminished automatically and proportionally in accordance with the value of each shipment as shown in the relevant invoice.（本保函的金额将根据商业发票上显示的已装运货物的价值而自动地、等比地降低。）

## 具体案例

国内A公司通过在美国的代理参与该国B公司（即保函受益人）的招标，并随后获得中标通知书，标书中规定货价为100万美元，货物分五次装运。于是A公司（即保函申请人）向C银行（即担保行）申请出具履约保函。担保行审核了有关材料后建议保函申请人（A公司）联系保函受益人（B公司）进行以下修改：

第一，标书规定的保函金额为合同货价的20%，比例过高，建议降至10%以下。第二，标书、合同中允许分批装运，建议保函中应当加列保函金额随申请人已经履约情况按照比例递减条款。第三，标书规定中标方（卖方A公司）接到中标通知书后就出具银行保函，然后与招标方（买方B公司）签署合同，招标方（买方B公司）根据合同开立延期付款信用证。担保行建议与保函受益人（B公司）联系，争取先签合同，在收到招标方（买方B公司）开来的信用证后，再申请开立信用证项下的履约保函。

保函申请人（A公司）仅接受了担保行的第三条建议，要求B公司先开立信用证再开立履约保函。在收到保函受益人开来的信用证后，没有再理会担保行对保函的其他修改建议，要求担保行按照保函受益人（B公司）的要求开立了履约保函。随后，卖方（A公司）按合同规定运送了全部货物。接到保函申请人（A公司）货物运输完毕的有关说明后，C银行（担保行）致电对方银行，要求确认保函失效并解除担保行责任，但随即就接到对方银行的回电：B公司（保函受益人）已经递交正式函件，声明A公司（保函申请人）违约，要求赔付全部保函金额，B公司所在银行要求担保行偿付，并已经开始计息。经了解得知，保函申请人的第三批货物到港晚了两天，为保函受益人提供了索赔的理由。为了挽回信誉，担保行不得不赔付保函金额20万美元，并最终向保函申请人追索20万美元。

试分析如果保函申请人按照担保行的意见进行了保函修改，其赔付金额可以降低多少。

## 案例分析

在买方市场的条件下，A公司为了能够承接下该项合同业务，过于迁就B公司，基本上完全尊重了B公司的意见，丧失了自己的原则，没有对保函做出进一步修改，对外多赔付了14万美元。如果保函申请人A公司接受担保行的建议，依惯例将保函金额定位为合同货价的10%，而不是保函受益人要求的20%，则保函申请人最多只需要赔付100×10%=10万美元。因为保函申请人前两次已经完成了交货义务，如果在保函中加列了担保金额递减条款，则保函申请人只需要对第三次后的装运违约进行赔付，只需要赔付10万×3/5=6万美元。

保函申请人A公司应该从该案例中吸取教训：(1) 出口商或劳务承包商在选择投标时，应详细了解标书中的条款，做好心理准备。对于一些不利甚至非常苛刻的条款多加注意。因为在投标方式下，出口商无法参与技术文件、履约保函等的制订过程。(2) 若进口方订立了严格的合同条款，出口商从一开始就要注意其有可能利用保函索赔。(3) 履约保函的金额不宜过高，一般应在5%～10%之间；如果过高，显然会助长进口商或招标方的信用风险。(4) 保函中应该加列保函金额随申请人已经履约情况按比例递减条款，避免因部分违约承担全部损失。(5) 对履约保函的应用要慎重，否则即使对方初始并未有欺诈的目的，也可能会利用我方的失误讹诈货款。

# 案例7：见索即付保函判定案

## 案例相关知识点：见索即付保函

国际商会《见索即付保函统一规则》(URDG) 规定，见索即付保函是指担保人（或反担保函情况下的反担保人）向保函受益人（或反担保函情况下的担保人）承诺，只要提交与保函（或反担保函）规定相符的单据，就立即赔付。其特点是具有独立性和只管单据表面相符而不管与单据有关的商务，对此可理解为见索即付保函与基础合同项下的商务纠纷无关，即使基础合同关系的当事人之间发生纠纷，见索即付保函也须采取“先赔付、再争论”的做法。当然，见索即付保函也适用“欺诈例外”原则，担保人在赔付前接到当地法院的“止付令”将暂停付款。可见，见索即付保函的担保人承担第一性的、直接的付款责任。因此，这种保函也是独立保函。

## 具体案例

P与B签订了一份建筑合同，应P要求，G银行开出以B为受益人的保函。

(1) 保函规定：“如果P未能履行上述合同项下的契约责任，我行保证赔付你方之损失，最高金额不超过1 000万欧元。”(In the event of P defaulting in performance of its obligations under the above mentioned contract (the construction contract) we will pay you the amount of your loss up to a maximum of EUR 10 million.)

(2) 保函规定：“我们保证凭首次书面要求向你方支付索款要求的金额，最高不超过1 000万欧元的款项。”(We undertake to pay you on first written demand the amount specified in such demand up to a maximum of EUR10 million.)

上述保函属于URDG适用范围吗？

## 案例分析

根据URDG规定，见索即付保函系指一家银行、实体或个人应委托人或代委托人行事的指示人的要求出具的按照任何书面提交的与其条款相符的索赔书和规定的单据赔付的付款承诺。

在规定(1)中，这是一份保证书，担保人的责任取决于委托人的违约，且仅限于受益人实际遭受的损失。所以该保函不适用于URDG。

在规定(2)中，是一个URDG范畴内真正的见索即付保函，因为付款责任取决于书面要求文件的提交，支付金额也仅取决于要求书本身和限定最大责任的保函条款。

## 案例 8：见索即付保函担保行审单风险案

### 案例相关知识点：单据的审核标准

URDG 的第 9 条规定："担保人的责任是以合理的谨慎审验所提交的保函规定的所有单据，以确定它们是否表面上与保函条款相符。"本条及第 11 条再次强调第 2 条 b 款所述三项原则中的第三项原则，即担保人对于提交的单据之完整性、准确性、真实性不负责任。单据之间表面必须一致，担保人必须拒受与保函条款不符的、单单之间不一致的单据，除非委托人或指示人根据情况授权可凭以付款。但是即使委托人授权付款，担保人或指示人也可拒付。因为作为付款方，担保人有其自身利益的考虑。

### 具体案例

由 G 银行开立的以 B 为受益人的保函规定，凭随附声明委托人违约的工程师证明的首次书面要求付款。该出具的证明实际表示的是委托人未违约，而"未"字被抹掉了。请问 G 银行是否必须拒付？

### 案例分析

在本案例中，如果在合理审核的基础上发现这一涂抹是明显的，G 银行必须拒付。如果 G 银行作了支付，它就不能依据 URDG 第 11 条免责。但如果在合理审核的基础上，该涂抹是不可发现的，G 银行支付后可依第 11 条解除其本身的责任。

担保人允许有一段合理时间来审核以决定是否付款（第 10 条）。比起商业信用证项下单据来讲，保函项下之单据要简单得多，即 URDG 要求受益人随附索赔书提交一份委托人违约的书面声明即可。所以，保函项下通常在一天内或提交单据的当天审核单据并决定是否付款。

## 案例 9：担保行使用存在问题电讯系统责任案

### 案例相关知识点：担保行的责任与义务

担保行必须以合理的谨慎审核单据以确定单据表面与保函及单单之间是否相符。担保行和指示方对单据的形式、完整性、准确性、真实性等不负责任，对其他人的诚信、行为和失职不负责任。担保行对于任何文电在传递过程中的丢失和延误造成的损失，对于任何电讯在传递过程中引起的残缺、差错，对于技术术语的翻译错误不负责任。然而，如果担保行或指示方未能以诚信原则合理谨慎行事，则不能免除其责任。

## 具体案例

IP银行受P公司的申请指示B国银行开立最大金额为55万英镑的、以B公司为受益人的保函。IP银行给其代理行B国银行发出了适当的指示，但由于IP银行的电讯系统存在故障，发出的电文出现错误，致使B国银行收到的转开保函的指示中，保函金额为50.5万英镑，转开保函以此金额开立。由于金额与P和B所签合同金额不符，B公司拒绝接受保函。IP银行在向B国银行发送要求其开立保函的指示时，已经发现其电讯系统存在问题，但仍使用该系统发送了该转开保函的指示。试分析IP银行是否能免责。

## 案例分析

尽管担保行对电讯在传递过程中引起的残缺、差错不负责任，但担保行必须以诚信原则合理谨慎行事。IP银行已经发现电讯系统存在问题，但仍使用该系统发送了该转开保函的指示，没有尽到合理谨慎的义务，因此应对该转开保函的错误开立承担责任。

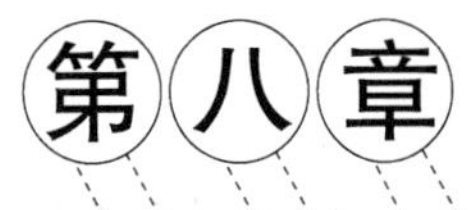

# 第八章 国际保理

## 案例1：苏泊尔使用国际保理业务扩展海外市场案

### 案例相关知识点：国际保理的概念与特点

国际保理又称国际付款保理、保付代理或承购应收账款，是指出口商以赊销、承兑交单方式销售货物时，保理商买进出口商的应收账款，并向其提供资金融通、销售账户管理、应收账款回收、进口商资信评估及信用风险担保的一系列综合性金融服务方式。

在实际业务中，出口商可以选择的付款方式有信用证、付款交单、承兑交单和赊销等。对出口商而言，信用证因为其可靠性和安全性较好一直受到青睐，而由于手续繁杂，占用资金，进口商一般不愿意采用信用证方式。进口商倾向于采用承兑交单或赊销方式。但在这两种付款方式下，出口商承担的风险较大，需要一种服务来提供风险担保和资金融通。在国际保理项下，出口商将应收账款转让（卖断）给保理商，保证了赊销方式在国际贸易中的发展，促进了国际贸易的增长。

为了明确保理商对因债务人清偿能力不足而形成的呆账、坏账所承担的风险责任，保理商通常为出口商的所有客户逐一核定销售限额，以控制风险。对限额内的应收账款即已核准应收账款，保理商提供100%的坏账担保，通常可以叙做无追索权的保理融资，对于超过信用额度的、未核准的应收账款，保理商仅提供有追索权的融资。

### 具体案例及分析

浙江苏泊尔厨具有限公司从20世纪末开始生产厨具，目前已成为中国厨具第一品牌。随着企业的快速成长，苏泊尔出口导向日益明显，年出口额飞速增长。日益激烈的国际市场竞争加之客户对信用证结算方式的排斥使其认识到，无论产品质量与公司声誉如何卓著，事业的成功还取决于是否能为客户提供适当的支付条件。因此，在其大胆的市场营销策略中，苏泊尔为其客户提供赊销条件。然而，在赊销过程中，公司不得不面对海外客户的清偿能力风险、国际收账的困难以及资金周转的问题。如何解决公司面临的困难呢？国际保理成为解决上述问题的当然选择。2002 年，苏泊尔首次使用中国银行的出口保理服务。如今，苏泊尔向美国、英国、中国香港的出口均使用保理结算方式，其保理业务量从 2002 年不到 300 万美元上升到 2012 年的 2 亿美元以上，并继续呈现上升势头。通过使用保理服务，提供信用销售，苏泊尔的国际销售量在过去两年内增长了十倍，对于未来进一步的海外市场拓展，苏泊尔同样充满信心。

# 案例 2：保理业务融通资金案

## 案例相关知识点：保理业务流程

保理业务流程如图所示：

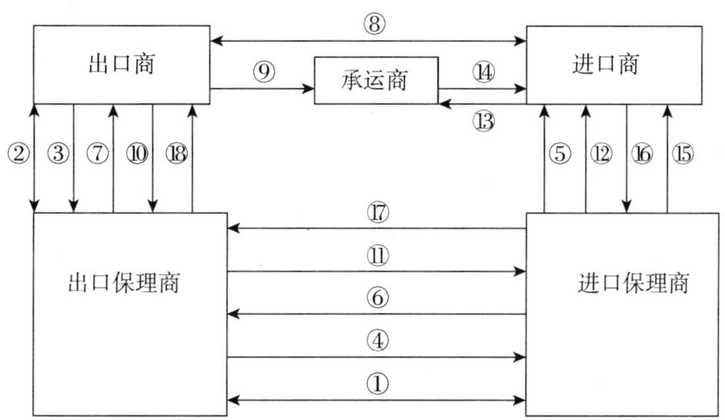


①出口保理商与进口保理商之间的关系是属于委托代理关系和应收账款转让关系，这种关系须经双方签订保理商代理合约加以确定。

②出口商与出口保理商订立出口保理业务协议。

③出口商申请与它交易的进口商信用额度。填写信用额度申请表交给出口保理商。

④出口保理商将信用额度申请表传递给进口保理商。

⑤进口保理商对进口商进行信用评估，从而确定或批准进口商的信用额度。

⑥进口保理商将它对进口商核准的信用额度或拒绝核准信用额度通知出口保理商。

⑦出口保理商将进口保理商核准进口商的信用额度或拒绝核准信用额度通知出口商。

⑧出口商与进口商签订贸易合同，订明支付方式是 O/A 或 D/A 或其他类似方式。

⑨出口商按照合同装运日期发运货物。

⑩出口商填制应收账款转让通知书一式五联，并在应签字之处加上出口商签字，并交出口保理商。倘若申请的信用额度全部遭到进口保理商的拒绝，则此出口属于无信用额度担保的出口，进口保理商对于应收账款是否付款不承担责任。

⑪出口保理商签署应收账款转让通知书，并在发票上盖上“再让渡”印戳，表示出口

保理商将该笔应收账款再转让给进口保理商。

出口保理商寄送给进口保理商的单据有3种情况：(a) 应收账款转让通知书、全套单据（包括发票、提单、保险单等）寄给进口保理商。东南亚国家采用此法寄单。(b) 应收账款转让通知书、发票副本寄给进口保理商。欧美多数国家采用此法寄单。(c) 建立EDI信息传输制度时，出口保理商将单据转为EDI信息传输给进口保理商。

⑫进口保理商将单据传送给进口商。

⑬进口商把提单交给进口地的承运代理人，要求提货。

⑭进口地承运代理人交付货物。

⑮进口保理商于付款到期日向进口商索取应收账款。如果进口商无力支付，按照国际保理规则规定，进口保理商应于到期日后90天对出口保理商支付应收账款（担保下面的付款）加上迟付利息，其中利息部分还需加倍支付。

⑯进口商付款。

⑰进口保理商通过银行将应收账款汇交出口保理商。

⑱出口保理商将货款贷记出口商账户。如果出口商获得融资，则应扣还预付本息，将余款贷记出口商账户。

## 具体案例一

某一出口商A向一进口商B出口一批价值12万美元的商品，装船后30天D/A方式付款。由于出口商A仅仅是一家业务规模较小的贸易公司，它不想过多地占用自己的流动资金，因此A希望采用国际保理业务融通资金。试问其业务流程是什么？

## 案例分析

出口商希望通过采用国际保理方式进行融资，其具体做法可以简要陈述如下：

(1) 出口商A首先选定一家出口地的保理商作为出口保理商即C，然后与其签订出口保理协议，同时提出12万美元的授信额度申请并且提交出口保理商要求提供的进口商的有关资料，请求审核。

(2) 出口保理商选定进口地的D保理商作为进口保理商，然后将出口商A的申请提交D，进口保理商D审核申请，调查进口商B的资信状况，通过综合分析，作出授信决定，其授信额度为8万美元，并通知出口保理商C。

(3) 出口保理商C将进口保理商D的授信决定通知出口商A。出口商出运货物，连同正本提单一起通过代收行交给进口商B，而副本提单则交给出口保理商C。

(4) 出口保理商收到副本提单后很快将发票细节情况通知进口保理商，并按照保理协议预付出口商80%的货款，即6.4万美元的货款。

(5) 货到目的地后，进口商凭承兑远期汇票取得提单提取货物，并承诺到期付款。

(6) 进口保理商将所有核准的货款付给出口保理商，当出口保理商获悉进口保理商已经收到货款，立即将其余货款支付给出口商A并扣除相应的费用。

## 具体案例二

中国某压力锅生产商A公司为向法国某大型超市B公司出口压力锅，向国内某银行C

申请保理业务融资，C选择法国某银行为进口保理商，试分析该双保理业务的业务流程。

### 案例分析

本出口保理业务可如下操作：

（1）A公司有意以赊销方式向法国B公司出口压力锅，准备要国内某银行C做出口保理商。国内C银行获悉该意向后，寻找与其签订了保理商代理合同的法国某银行。

（2）A公司与国内C银行之间签订保理协议。A公司向国内C银行申请叙做保理业务，将相关财务报表和销售经营情况交银行审查。A公司向该银行提供一份所有客户的清单，列明每个进口商的名称、地址及其所掌握的该进口商的资信和经营状况，并据此为法国B公司申请一个信用额度，作为法国某银行核定额度的参考。

（3）A公司向国内C银行提出对法国B公司的信用额度要求，国内银行将A公司对法国B公司的信用额度要求传递给法国银行；法国银行对B公司的资信进行调查和评估，并确定给予B公司的信用额度。法国银行随后将对B公司核准的信用额度告知国内银行，国内银行将该额度核准结果告知A公司。

（4）A公司与B公司签订合同，确定使用赊销方式进行贸易。

（5）A公司货物出口后，将正本发票、提单、原产地证书、质检证书等全套单据寄给B公司，并根据国内C银行的要求，将相关单据副本及应收账款转移通知书交给C银行。C银行根据A公司的要求，按照发票票面金额的80%向A公司提供融资款项。

（6）C银行通过EDI的电子数据交换系统，将相关单据通知法国银行。法国银行在发票载明的付款到期日前向B公司催收货款交付国内C银行，国内C银行向A公司付清尾款。如果发票载明的付款到期日满90天，B公司仍未支付货款，法国某银行将按照发票票面金额的100%付款给出口保理商（这是保理业务重要的功能之一，即保理商为出口商提供100%的信用担保）。

## 案例3：融资保理计算示例

### 案例相关知识点：到期保理和融资保理

保理按是否提供融资来划分，可分为到期保理和融资保理。

在到期保理业务中，保理公司根据供应商所通常给予对方的付款期限计算出平均到期日，也即平均预计收款日，并于平均到期日将收购应收账款的款项付给供应商。在融资保理业务中，保理公司一收到代表应收账款的销售发票，就立即以预付款方式提供不超过80%发票金额的无追索权融资，剩余20%的价款于货款收妥后再行清算。

### 具体案例

The exporter has obtained an export trade finance of advance payment effected by export factor on 1 June 2014 for 80% of the invoice amount. At maturity i. e. 21 July 2014, the importer paid full invoice amount Euro 121 638.00 to the import factor who has credited the same to the account as designated by the export factor and send a credit advice to the latter. Suppose the interest rate is 7% per annum (360 days per year). Upon receipt of such credit advice, how much did the export factor credit to the exporter's account?

### 案例分析

这是一笔融资保理业务。出口商于2014年6月1日收到保理商发票金额80%的预付融资款，国外进口商于2014年7月21日发票到期时付款。从6月1日到7月20日，出口保理商共提供了80%发票金额50天的融资。已知发票金额是121 638.00欧元，融资年利率是7%，出口保理商需收取的融资利息是121 638×80%×7%×50/360=946.07欧元，待进口商全额付清发票款项后，出口保理商应将剩余20%的发票金额在扣除融资利息后交付给出口商。所以出口保理商在收到进口保理商所付款项后，应付给出口商的金额是Euro 121 638×20%−946.07=23 381.53欧元。

## 案例4：保理业务货物质量风险案

### 案例相关知识点：保理业务只承担进口商的信用风险，不承担商业风险和国家风险

根据保理协议的规定，出口商将应收账款出售给保理商时，不合格应收账款要被排除在外。如果出口商误将不合格应收账款填报为应收账款，保理商将保留追索的权利。保理商只承担信用风险，对因为货物质量、数量、交货期不符等违约行为而导致的进口商拒付或少付的商业风险，对于进口国家发生动乱、实行外汇管制产生的国家风险，保理商不予承担。

正因为如此，国际保理业务对出口商也存在不利之处。保理业务是在出口商严格执行合同的前提下，保理商才会承担付款责任。如果由于货物品质、数量、交货期等方面的纠纷而导致进口商不付款，保理商不承担付款责任。故在进口商经营状况恶化时，出口商将面临对方故意制造贸易纠纷而拒付的风险。

### 具体案例

我国内地某出口商欲出口电视机到香港，遂向出口保理商申请100万美元的信用额度。出口保理商在调查评估进口商资信的基础上批准其20万美元的信用额度。出口商在此基础上与香港进口商签订23万美元的贸易合同。发货后出口商向出口保理商申请融资，出口保理商给予了信用额度80%的融资，预付出口商16万美元。到期日进口商以该笔货物与之前所购货物为同一型号，而前批货物有质量问题为由拒付。进口保理商随之以贸易纠纷为由免除坏账担保责任，拒绝支付融资款项。出口商认为进口商拒付理由不成立，并进一步了解到对方拒付的实际理由是香港进口商的下家土耳其进口商破产，货物被银行控

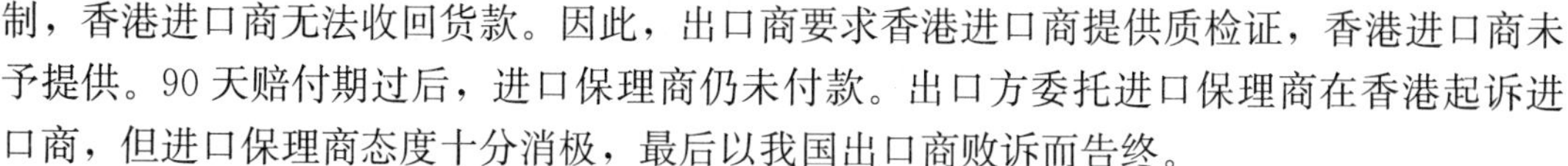
制，香港进口商无法收回货款。因此，出口商要求香港进口商提供质检证，香港进口商未予提供。90天赔付期过后，进口保理商仍未付款。出口方委托进口保理商在香港起诉进口商，但进口保理商态度十分消极，最后以我国出口商败诉而告终。

### 案例分析

这是一起典型的贸易纠纷导致保理商免除坏账担保责任的案例。根据国际保理商联合会颁布的《国际保理业务惯例规则》（目前使用的是1998年6月的最新版本）第14条规定，如果由于货物品质、数量、交货期等方面的纠纷导致进口商对付款提出抗辩，保理商的担保付款责任将解除，一切争议由进出口商自行解决。本案例中进口商的抗辩理由过于牵强，虽然“该笔货物与以前所购货物为同一型号”，且“前批货物有质量问题”，但这并不意味着该笔同一型号货物同样有质量问题，当出口方要求进口方提供质检证时，进口商也无法提供。因此香港进口商的作为是本保理业务出现风险的关键原因。进口保理商由于进出口商贸易纠纷的原因免除坏账担保责任是正当行为，符合国际保理惯例的相关规定。同样，根据国际保理惯例的规定，在出现贸易纠纷时，保理商有义务协助解决纠纷，包括提起法律诉讼。本案例中进口保理商在代理诉讼过程中态度消极的原因在于，进口保理商并不想赢得官司。因为香港进口商无法从土耳其下家获得货款，偿付我国出口商困难，如果我出口商赢得官司，后果很有可能是进口保理商承担对出口商的付款。本案中，当发生贸易纠纷，出现货物质量问题时，出口保理商有权将对出口商的融资款项16万美元从出口商的账户上扣划走，该笔业务的风险由出口商承担。

## 案例5：保理业务出口商货物质量问题仲裁获胜案

### 案例相关知识点：保理商对应收账款的代收和管理

在信用额度内赊销交易项下的应收账款，可委托保理商代收。保理商在合同规定期内收妥货款，扣除手续费后，交付出口商，也可按事先推算出来的平均结算天数，确定给出口商的付款日期。如果进口商因财务上无偿付能力而不能在到期日付款，保理商则承担偿付责任。所以这种方式使出口商能按期从保理商那里取得全部有保证的款项。必须注意的是，保理商代收应收账款中所提供的担保，仅针对财务风险，进口商不能付款的原因必须是财务方面无力偿还债务，包括进口商财务状况不佳或企业倒闭、破产而导致不能履行合同规定的付款义务。如果是由于货物质量低劣、数量短缺等原因引起争议，则应由买卖双方自己解决，保理商不予担保。

### 具体案例

中国出口商A向某国进口商B出口一批货物，采用国际保理方式进行贸易结算。货物装运后，出口商A将债权转让给进口保理商，并获得额度80%的融资款。三个月后，应收账款到期，进口商B以货物质量存在问题为由，拒绝支付货款。进口保理商据此免除了其在发票到期日后第 90 天应作 100%发票金额赔偿的责任。之后，进口保理商并没有提供任何关于货物存在质量问题的证明文件。在协商调解无望的情况下，出口商 A 向中国国际经济贸易仲裁委员会提出仲裁申请，结果出口商 A 胜诉。进口保理商赔付已核准的全部应收账款。

### 案例分析

在保理业务作为国际贸易中的支付手段时，发生有关贸易纠纷而导致进口商付款出现问题的，保理商可以依据保理合同的有关规定免除其付款责任。但如果进口商由于贸易纠纷以外的原因如信誉问题、经营风险等而导致货款未能按时支付，则保理商必须履行对出口商的担保责任，本案正属于第二种情况。

事实上，在本案中进口保理商是想借贸易纠纷来达到免责的目的。这是因为，由于在国际保理业务中进口保理商具有双重身份，既是出口商应收账款的代收人，同时又是进口商的信用担保人，因此在债务人有偿付能力的情况下，其利益是与出口商相一致的。一旦进口商败诉，则其就可以据此要求债务人付款，以避免或减少其自身偿付货款的损失，此时，其会站在出口商一边。但是如果进口商已经丧失了赔付能力，其利益就与进口商联系在一起，希望进口商与出口商之间的贸易纠纷是出口商的责任。因为如果出口商胜诉的话，进口保理商必须在进口商无力支付货款的情况下自行承担赔付货款的责任，因此，其会站在进口商一边。

然而，在本案例中，进口保理商认定在国际保理业务中存在的“贸易纠纷”并无确切依据。因此，该进口保理商并不能据此免除自身应当承担的叙做保理业务中的赔付责任。如果进口保理商认为保理合同项下存在贸易纠纷，那么在其向出口保理商发出贸易纠纷通知时，至少应该同时提供由进口商亲自签发的、正式声明存在贸易纠纷的书面文件，而不能仅仅凭借债务人的口头怀疑便轻易认为贸易纠纷已经发生，从而免除自身的赔付责任。

据此我们可以知道，在国际保理实务中，只要出口商保证在国际贸易中所出口的货物质量符合合同规定，则收回货款的可靠程度要远远高于其他结算方式。

## 案例 6：出口保理商扣划反索项下的融资款纠纷案

### 案例相关知识点：反索

反索是指进口商因与出口商另外一笔交易的结果导致进口商对出口商本笔交易的应收账款提出异议，向出口商索赔。国际保理商联合会制定的《国际保理业务惯例规则》第 27 条规定，如果债务人拒绝接受货物或发票或提出抗辩、反索或抵销，保理商不应被要求对由于这种争议而被债务人拒付的金额进行付款。

### 具体案例

某出口商 A 出口一批货物给进口商 B，它授权当地的一家出口保理商 C 开展出口保理业务，出口保理商通过联系进口保理商为其提供了 8 万美元的信用额度核准，并很快与出口商签订了《出口保理业务协议》，在出口商提交了相应的发票后，出口保理商向其提供了 80%的信用额度的融资。

但是 10 天后，出口保理商却收到进口保理商发来的贸易纠纷的通知，告知它出口商年初以托收方式发给进口商的相同货物因存在严重质量问题并已经被当局没收，致使进口商已经付款的货物无法提货，与此同时进口商还随附了一张进口国的质量检验当局开立的证明书，因此进口商拒绝支付保理项下的该笔应收账款。出口保理商为了避免损失，很快将出口商账户上的款项重新划归自己的名下。出口商当时没有提出异议，而是寻求与进口商进行磋商，但是五个月后进口商因为经营不善而破产。

此时出口商转而对出口保理商提出索赔，它认为出口保理商扣划保理项下的融资款项是不妥的。因为保理项下的货物并没有发生质量问题，出口保理商不能因为其他结算方式下的出口货物存在问题导致进口商没有提到货物就随便划拨本笔保理业务项下的资金。试分析出口保理商有无权利划转已经向出口商融通的资金。

### 案例分析

出口保理商有权利划转已经向出口商融通的资金。在此案例中，进口商是采用反索方式来免除自己的支付责任。

首先，在保理项下的货物没有任何质量问题，所以进口商不能采用抗辩方式来拒付货款，出口保理商也不能划拨出口商账上的资金。但本案例中，进口商是依据另外一批货物由于质量问题从而导致自己没有收到货物而不支付保理项下的应收账款。与此同时，进口保理商也提交了相应的质量证明书，所有这些都构成了反索成立的要件。

其次，如果贸易纠纷没有在合理的时间内解决，出口保理商有权主动冲账，出口商如果对此提出异议可以在出口保理商为其提供对账单 30 天内通知保理商。在本案中出口商当时并没有提出异议，而是与进口商磋商，待进口商破产后才提出异议，此时已经过了提出异议的时间。

本案例给我们的启示是：（1）出口保理商在与出口商签订的《出口保理业务协议》中应明确，一旦出口商以保理方式与买方进行交易，须将所有对该买方的应收账款（信用证交易项下应收账款除外）转交出口保理商处理，以便保理商及时控制贸易纠纷引起的收汇风险。（2）为了减少麻烦，便于双方控制风险，出口商在向出口保理商提出信用额度申请时，应将其与买方之间所有现存贸易纠纷如实通报出口保理商，以便其及时转告进口保理商，此条应列入出口商与出口保理商签订的《出口保理业务协议》中。（3）一旦进口商提出反索，出口商应迅速积极地联系进口商，就如何协商解决反索引起的纠纷尽早达成一致意见。

## 案例 7：进口保理商撤销信用额度核准案

### 案例相关知识点：信用额度的缩减和撤销

国际保理商联合会制定的《国际保理业务惯例规则》第 18 条规定，进口保理商有权视情况缩减或撤销信用额度。撤销必须通过书面形式或通过电话通知，随后以书面形式确认。在收到撤销通知后，出口保理商应立即通知供应商，此撤销对供应商收到通知后的发货有效。

## 具体案例

某出口商 A 与一进口商 B 达成一笔出口合同，双方拟采用 D/A 远期的方式结算，并同时采用国际保理方式融资。出口商向国内的一家出口保理商申请采用此服务，出口保理商通过进口国当地的一家进口保理商对进口商进行资信调查，共核准了 8 万美元应收账款额度。此批货物采用分批运输，共进行 5 次运输，出口商已经装运了 2 次，价值 3 万美元。但此时出口商突然收到进口保理商发出的停止装运的通知，并撤销该信用额度的核准。原来进口商 B 由于涉嫌财务欺诈，正在接受该国司法部门的调查。进口保理商有无权利要求撤销该批货物的信用额度核准？出口商可否获得先前出运货物已核准应收账款的赔偿？

## 案例分析

根据《国际保理业务惯例规则》第 18 条的规定，本案中进口保理商获悉了进口商资信的不利报告，有权撤销以前已经核准的信用额度，但是仅仅局限于尚未出运的货物。对于已经出运的货物，进口保理商仍然要承担支付责任。因此，出口商可以获得对于先前已经出运的货物已核准的账款。

# 第九章 福费廷

## 案例1：福费廷促成商业交易案

### 案例相关知识点：福费廷的含义

目前银行界对福费廷的定义是，包买商（银行）从出口商那里无追索权地买断由开证行/承兑行承兑的信用证项下的汇票，同时收取利息和手续费，并将该承兑汇票持有到期或继续转卖，银行/包买商到期从开证行/承兑行/保兑行收回汇票金额的行为。简单地说，就是寄单行对经开证行承兑的跟单汇票进行无追索权的买断。

根据《牛津金融辞典》的解释，福费廷是指为出口商提供一种贴现融资，在这种融资方式下，包买商以无追索权方式贴现出口商从进口商那里收到的本票、已承兑汇票和信用证等。融资期限一般为1～3年，出口商支付贴现成本后，可以无风险地立即收到货款。

### 具体案例

中国A公司专业从事医疗诊断设备进出口业务。随着国内市场趋于饱和，公司必须尽快开发国际市场。公司计划在未来两到三年内，将海外的销售比重提高到40%。在开拓市场的过程中，A公司获悉×国有一家B公司对A公司的产品——一种遥控影像系统——有极大的需求。A公司与B公司进行了实际接触。B公司提出，由于其本身只是经销商，资金的占用量比较大，因此希望在结算方式上能够宽松一些，提出由×国当地的银行做担保，付款期限为两年。但是，从世界权威机构的调查来看，×国政府对那些没有经过国家有关法律直接保证的债务纠纷的处理，通常比较专断，也不重视国际惯例。×国银行国内担保执行情况较好，对向国外付款的担保多次出现争议。

出口商A公司想要获得这份订单，就必须面临两大问题：第一，×国的进口商没有能力通过当地银行融资解决资金问题。第二，×国现行的法律体系使进口商未来对国外付款的不确定性增强。出口商于是试图通过出口信用保险来规避风险，但是，中国进出口银行对×国的经济和政治状况以及长达两年的还款时间条件进行审核后，不同意做出口信用保险。条条道路走不通，难道眼睁睁看着如此宝贵的贸易机会流失？此时，一家中国的福费廷商获悉了这一情况，主动向 A 公司提出了一个方案：利用×国当地银行的担保，向 A 公司提供无追索权的全额融资。在福费廷商的帮助下，A 公司终于顺利拿下了 B 公司的遥控影像系统大额订单。

### 案例分析

从该案例中我们会发现，福费廷业务使参与各方都有所得益：对中国出口商 A 而言，不仅促进了国际市场的开发，而且由于事先与进口商的协议，考虑了两年的利息成本，提高了出口商品的价格。所以在经办福费廷业务时，尽管支出了一部分的贴现费用，但是得到了无追索的资金回笼和现金流入。对进口商 B 来说，以较优惠的价格条件得到了优质的医疗设备，并且款项可以在两年之后再支付，相当于得到了进口融资，相比国内贷款的融资成本，福费廷融资的成本大大降低了。对福费廷商来说，通过这一服务，扩大了业务范围，也获得了可观利润。

## 案例 2：福费廷业务提前变现案

### 案例相关知识点：福费廷业务对出口商的作用

福费廷业务的票据买断省却了出口商的后顾之忧。福费廷业务对出口商而言本质上是一种票据买断，包买商对其无追索权的买断使得该业务具有风险转移的功能，进口商的国家风险、商业信用风险及可能出现的不可抗力所导致的其他风险全部转嫁给了包买商，扩大了出口商的业务范围和营业额。福费廷业务项下，出口商给进口商提供了延期付款的贸易结算条款，增强了其产品在国际市场的竞争力。通过对远期承兑汇票的买入，出口商能够即期收到货款，加速了资金周转流通，增加了出口贸易量和业务收入。福费廷业务减少了出口商的资金占用，增强了其资金流动性。

### 具体案例

2008 年 8 月，国内某大型电信公司 Z 公司取得非洲某国移动通信全国网项目，与当地最大的电信公司 S 公司签署合同，项目建设期为一年，合同总金额为 3 800 万美元，其中预付款部分占 15%，其余 85%采用延期付款的方式，即在项目完成后分四年付款，每半年付款一次。2009 年 8 月，项目建设完成。

2009 年 12 月，Z 公司作为一家上市公司，考虑到年底应收账款需要提取准备金而影响当年利润的问题，便到当地 C 银行申请办理福费廷业务。由于 Z 公司持有项目业主 S 公司签署的到期付款商业本票，S 公司虽然资信较好并在中东和非洲的 3 家证券交易所上市，但 C 银行考虑到 S 公司所在国正受到美国在某些方面的制裁，出于防范风险的考虑，于是向 Z 公司提出办理该笔福费廷业务的条件为将美元计价调整为欧元计价，并要求 Z 公司提供一家为C银行所接受的银行对商业本票进行保兑。经过Z公司和S公司的共同努力，将应收账款由美元计价调整为欧元计价，同时S公司通过提供上市公司股份质押的方式取得中东某银行对商业本票的保兑，因此C银行为Z公司办理了该笔福费廷业务。

### 案例分析

对于应收账款的债务人，有时虽然自身资信较好，但因受某些政治因素，如所在国受到联合国或美国等的制裁的影响，福费廷融资商出于防范风险的考虑，一方面会要求将未来收汇币种由美元转换为欧元或其他可自由兑换货币，另一方面会要求福费廷融资商认可的银行为应收账款加保，将商业信用上升为银行信用。

对于上市公司而言，其通常遵循较为严格的会计审计制度，对当年销售形成的应收账款，需根据期限和债务人情况提取准备金，这势必会影响其当年的经营利润，而利润的多少则会影响公司股票在证券市场上的价格。为此，上市公司为减少应收账款并增加年度销售现金收入，通常会采用福费廷和无追索权保理等融资工具来变现。

## 案例3：福费廷业务担保银行风险致损案

### 案例相关知识点：福费廷业务需要进口方银行对债权凭证担保

福费廷业务中的债权凭证应由进口方所在地银行担保。由于融资是无追索权的，除非进口商是政府机构及信誉卓越的大型跨国公司，否则叙做福费廷业务的票据必须有能够使包买商接受的银行的无条件、不可撤销担保。担保的形式可以是在票据上签章担保，也可以是出具保函。担保行要挑选信誉卓越的银行，同时要对担保行核定授信额度。

在福费廷业务中，担保银行风险是指福费廷票据的担保行没有足够的清偿能力按期履行对外支付义务而引发的风险。几乎所有的福费廷票据都由进口国的商业银行担保，该银行的信用级别是构成信用风险的一个关键因素。如果该行信用级别低、清偿能力差，或发生票据到期前银行突然倒闭的意外事件，就会给包买商带来票据不能被偿付的风险。

### 具体案例

C银行与丙公司签订了包买票据协议。2006年10月，C银行收到W国A银行R国分行开来的180天远期信用证一份，受益人为该行客户丙公司，金额为413 000美元，信用证于2006年11月25日到期，装运期为2006年11月15日之前。2006年11月4日，丙公司发货后，通过C银行将货运单据寄交开证行，以换取开证行A银行R国分行承兑的远期汇票。2006年12月，丙公司将福费廷所需单据提交C银行卖断，包括“无追索权”背书的已经A银行担保承兑的承兑汇票。2007年3月开证行A银行R国分行因A银行倒闭而停止营业，全部资金被R国政府冻结，致使C银行垫款无法收回，利益严重受损。

### 案例分析

此案例中，虽然A银行R国分行是开证行，承担第一性付款责任，同时又是C银行与丙公司进行包买票据交易的担保行，具有保证按期履行对外支付的义务，但突发事件——A银行总行倒闭，致使A银行R国分行停止营业，使C银行即将到期的票据款无法收回。这里，C银行之所以遭受严重的损失是因为C银行与丙公司签署福费廷协议前，没有认真评估担保行A银行的信用级别，没有掌握全面信息，从而未能为A银行核定一个合理的信用额度，最终引发风险。

## 案例4：福费廷业务价格计算

### 案例相关知识点：贴现率

贴现率是指可流通票据按面值贴现的比率。它的构成因素是LIBOR和Margin（差额）。LIBOR是伦敦银行同业拆借利率，Margin是根据担保银行的信贷评级、进口国的信贷评级、融资期限和单据提交日所上浮的点数。直接贴现法计算公式为：

（面值×贴现率×天数）/365＝贴现利息；面值－贴现利息＝净额

### 具体案例一

出口商是印度某公司，进口商是韩国三星集团，票据包买商是印度某银行，交易货品是手机部件，汇票金额700 000美元，期限是360 days after sight，贴现率为10%，宽限期3天，不收取承诺费。若以直接贴现法计算，印度票据包买商应该付给出口商多少融资款项？

### 案例分析

净额＝面值－面值×[（贴现天数＋宽限期）×利率/360]

净额＝700 000－[700 000×（360＋3）]×10%/360＝629 417

印度银行应该以629 417美元包买票据。

### 具体案例二

开证银行为孟加拉汇丰银行，信用证类别是90天远期承兑信用证，单据金额为10 000美元。出口商签发的汇票已经由开证行承兑。出口商向国内某银行申请福费廷融资的日期是2014年5月24日，承兑付款日是2014年8月17日。宽限期为5天，融资行只办理转卖福费廷业务。已知贴现率是LIBOR加Margin 300bp，即LIBOR＋3%＝8.214 38%；孟加拉汇丰银行预扣费206美元，国内某银行审单费和邮电费125美元。试分析出口商应得到多少融资金额。

### 案例分析

出口商申请融资日期是 5 月 24 日，融资款项次日起息，即 5 月 25 日起息。开证行承兑付款日是 8 月 17 日，则福费廷包买商融资到 8 月 16 日。从 5 月 25 日到 8 月 16 日一共 84 天。宽限期 5 天，则实际贴现天数为 84＋5＝89 天。

已知贴现率为 LIBOR＋3%＝8.214 38%，孟加拉汇丰银行预扣费加国内某银行审单费和邮电费共计 206＋125＝331 美元。

出口商得到的融资金额为：

10 000－(10 000×8.214 38%×89/360)－331＝9 465.92 美元

办理福费廷业务后，国内某银行可以立刻为客户出具出口收汇核销专用联，出口商可以提早办理出口退税。得到的融资款可直接以现金收入计入资产负债表。

## 案例 5：福费廷业务担保行拒付损失案

### 案例相关知识点：福费廷业务的二级流通市场

福费廷业务项下，出口商取得包买商资金时，需在票据上写明“无追索权”字样而把与收款相关的一切事项，既包括收款的权利，也包括进口商的信用风险、担保风险、进口国国家风险、利率风险、汇率风险、应收账款账户管理和收款事宜，一并转嫁给了包买商。出口商放弃了对交易票据的一切权益，包买商也同时放弃对出口商的任何追索，是一种买断行为。包买商买下出口商的债权凭证后可以在二级市场流通转让。通过在二级市场的交易，包买商可以避免自身承担过重的资金负担，增加资金的流动性。

### 具体案例

一家瑞士机械设备制造公司和拉脱维亚能源公司签订了价值 600 万美元，付款期限为三年的买卖合同。瑞士出口商找到它的往来银行——瑞士工商银行，希望能采用福费廷的融资方式解决资金周转问题。瑞士工商银行提出，拉脱维亚能源公司如果可以提供一个可接受的银行保函，此业务可以操作。拉脱维亚进口商很快找到愿意为汇票做担保的银行——拉脱维亚商业银行。瑞士出口商将签发的 6 张、半年期、每张金额 100 万美元的汇票寄给拉脱维亚进口商承兑。拉脱维亚进口商将承兑后的汇票连同拉脱维亚商业银行出具的保函寄给瑞士出口商，瑞士工商银行随后以 9.5%的利率对第一张汇票做了福费廷融资，并随后在二级市场出售了该汇票。但在汇票到期时，发生了意想不到的事情，进口商拉脱维亚能源公司拒绝支付票款，因为出口商对合同产品的基础设计有问题；而与此同时，出口商也因为经营不善倒闭，无法维修设备；拉脱维亚商业银行无法完成保函项下的索赔要求，因为根据拉脱维亚法律规定，外汇汇票的支付要有国家批准的文件，拉脱维亚商业银行没有得到该批件。该笔业务出现巨大风险。

## 案例分析

该福费廷业务的当事人出口商、进口商、票据包买商、二级市场交易商中首先受损的是福费廷二级市场的交易商，但最终是瑞士工商银行承担所有损失。后者不能以汇票出售的“无追索权”理由保护自己。二级市场的购买者没有义务审查汇票或担保的有效性，它只是“善意持票者”。损失方瑞士商业银行应从中吸取教训，对进口商所在的国家、往来的银行有充分的认识和了解，必要时请当地律师对担保行出具的保函提出法律意见书。对不发达国家的法律、金融法规更要详细了解，谨慎处理承兑汇票和银行保兑等细节问题。

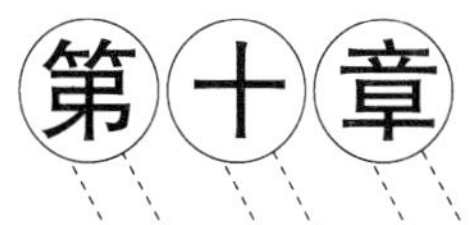

# 第十章 国际结算中的单据

## 案例1：FOB价格术语报价案

### 案例相关知识点：FOB价格术语

FOB的全称为Free on Board...（Named Port of Shipment），即装运港船上交货……（指定装运港）。它是指卖方在指定装运港将货物装船并越过船舷后，即完成了交货义务。卖方负责货物上船之前的一切费用和风险，越过船舷后的一切费用和风险则均由买方承担。按FOB术语成交，买方投保，卖方交单银行的结算单据中不需要提交保险单。在价格计算上，FOB价＝CIF价－运费－保险费。

### 具体案例

我某出口公司向法国某进口公司就某类出口商品询盘，法商报价为每公吨400欧元CIF马赛，而我公司对该商品内部掌握价为FOB大连每公吨人民币2 978元。当时中国银行外汇牌价为每1欧元的买入价人民币9.381 2元，卖出价人民币9.423 5元。我公司备有现货，只要不低于公司内部掌握价即可出售。现该商品自中国某口岸至汉堡港的运费为每公吨人民币598元，保险费为每公吨人民币102元。试分析我公司能否接受此报价。

### 案例分析

本案通过比较我方FOB报价与法方FOB报价就可以知道我公司能否接受法方的报价。法方报价为每公吨400欧元CIF马赛，折合FOB人民币报价为400×9.381 2－598－102＝3 052.48人民币。而我公司对该商品内部掌握价为FOB大连每公吨人民币2 978元。因此，经过比较，法方报价高于我公司价格，我公司可以接受此报价。

# 案例2：FCA价格术语下风险转移界定案

## 案例相关知识点：FCA价格术语

FCA的全称是Free Carrier…（Named Place），即货交承运人……（指定地点）。它是指卖方自行办理出口结关，在规定的时间和地点将货物交至指定的地点，由买方指定的承运人或运输代理人照管，即完成了交货义务。卖方交货的地点如果是在卖方货物所在地，则当货物被装上买方指定的承运人的运输工具时，交货即算完成；如果指定的地点不是卖方货物所在地，当货物在卖方运输工具尚未卸货而交给买方指定的承运人处置时，交货即算完成。按FCA术语成交，卖方交银行的结算单据不需要提交保险单，除非买方另以正式的文件委托卖方办理运输或保险。

## 具体案例

我国江苏某食品进口公司在某年3月与越南金兰市某出口公司签订了购买2 350公吨咖啡豆的合同，交货条件是FCA金兰每公吨870美元，约定提货地为卖方所在地。合同中规定，由买方在签约后的20天内预付货款金额的25%作为定金，而剩余款项则由买方在收到货物之后汇付给卖方。合同签订后两星期内，买方如约支付了25%的定金。当年5月7日，买方指派越南的一家货代公司到卖方所在地提货，此时，卖方已装箱完毕并放置在其临时敞篷仓库中，买方要求卖方帮助装货，卖方认为货物已交买方照管，拒绝帮助装货。两天后买方再次到卖方所在地提货，但因遇湿热台风天气，致使堆放货物的仓库进水，300公吨咖啡豆受水浸泡损坏。由于货物部分受损，买方以未收到全部约定的货物为由，仅同意支付40%的货款，拒绝汇付剩余的35%的货款。于是，买卖双方产生争议，经过协商未果，买方于当年7月向中国国际贸易仲裁委员会南方某分会提出申诉。

## 案例分析

本案例主要涉及FCA术语中风险转移地点的问题。按照Incoterms 2000的解释，在FCA术语下，交货在以下时候才算完成：（1）若指定的地点是卖方所在地，则当货物被装上买方指定的承运人或代表买方的其他人提供的运输工具时。（2）若指定的地点不是卖方所在地，而是其他任何地点，则当货物在卖方的运输工具上，尚未卸货而交由买方指定的承运人或其他人，或由卖方选定的承运人或其他人处置时。（3）若在指定的地点没有约定具体交货点，且有几个具体交货点可供选择，卖方可以在指定的地点选择最适合其目的的交货点。本案例中卖方越南公司应负责在其所在地将货物装车后交付给买方公司指定的运输代理人，才算完成交货义务，因此卖方应承担货物损失的赔偿责任。

# 案例 3：CIF 价格术语理解纠纷案

## 案例相关知识点：贸易术语 CIF

在国际贸易实务中，交易双方需要对很多问题进行磋商，包括货物从出运地到目的地的过程中所涉及的装卸、运输、费用和责任等，都可以通过选择贸易术语加以解决。因此，贸易术语不可避免地出现在各种单据中。贸易术语包含两大内容，一是说明商品价格的构成，是否包括成本以外的主要从属费，即运费和保险费；二是确定交货条件，即说明交易双方在交接货物过程中彼此所承担的责任、费用和风险。在我国的国际贸易中，使用最多的贸易术语是装运港交货的三种术语，即 FOB、CFR 和 CIF，这三种贸易术语也称为常用贸易术语。

CIF 的全称为 Cost，Insurance and Freight…（Named Port of Destination），即成本、保险费加运费……（指定目的港）。按 CIF 术语成交，出口方必须在指定的装运港履行交货义务，并负担货物从指定装运港至目的港之间的正常运费和保险费。但货物在装运港交付后，灭失或损失的风险和因事故而引起的额外费用由进口方负担，风险的划分点仍然是装运港船舷，即越过船舷前的风险由出口方负责，越过船舷后由进口方负责。

## 具体案例一

某公司以 CIF 条件进口一批货物。货物自装运港起航不久，载货船舶因遇风暴而沉没。在这种情况下，卖方仍将包括保险单、提单、发票在内的全套单据寄给买方，要求买方支付货款。试分析进口方是否有义务付款。

## 案例分析

进口方有义务付款。因为按照 CIF 术语，卖方在规定的日期或期间内，在装运港将货物交到船上，即为履行了交货任务。CIF 合同的卖方是凭单履行交货任务的，是象征性交货。卖方按期在约定的地点完成了装运，并向买方提供了合同规定的包括物权凭证（提单）在内的有关单证，就算完成了交货任务，而无须保证到货。在象征性交货方式下，卖方凭单交货，买方凭单付款。只要卖方如期向买方提供了合同规定的全套合格单证，即使货物在运输途中损坏或灭失，买方也必须付款。卖方将有关单证交给买方后，使买方与轮船公司、保险公司建立了直接的关系，如果货物在运输途中发生灭失，买方可以凭货运单据或保险单据与船方或保险公司交涉。

## 具体案例二

信用证总价金额为 USD20 000，CIF London，要求列明费用明细。受益人提交的发票显示：

COST　　　　　　USD15 000

| | |
|---|---|
| INSURANCE | USD1 500 |
| FREIGHT | USD3 000 |
| LICENCE FEE | USD500 |
| TOTAL CIF | USD20 000 London |

开证行拒付，理由是发票显示了 CIF 不包括的额外费用。

## 案例分析

按照 Incoterms2000 的规定，卖方的责任还包括承担如下费用：The seller must obtain at his own risk and expense any export license or other official authorization and carry out, where applicable, all customs necessary for the export of the goods（卖方必须自行承担风险和费用获得出口许可证或其他官方文件，在必要时，自行办理出口通关手续）。

因此，开证行的拒付不正确。但是，这种费用不得显示在 CIF 金额之外，否则将出现超额的不符点。比如，下面的发票就是不能接受的：

| | |
|---|---|
| COST | USD15 000 |
| INSURANCE | USD2 000 |
| FREIGHT | USD3 000 |
| CIF | USD20 000 London |
| LICENCE FEE | USD500 |
| TOTAL VALUE | USD20 500 |

值得注意的是，费用和成本必须包含在信用证和发票中所标明的价格术语所显示的金额内，不允许任何超出该金额的费用或成本。

## 具体案例三

信用证金额为 USD10 000，贸易条件为 CIF。受益人出具的下列发票是否可以接受？

| | |
|---|---|
| COST | USD1 |
| FREIGHT | USD1 999 |
| INSURANCE | USD500 |
| OTHER FEES | USD7 500（donated to Handicapped Society） |
| TOTAL INVOICE VALUE CIF | USD10 000 |

## 案例分析

本案例中，虽然显示的 7 500 美元的“OTHER FEES”没有列在 CIF 总金额之外，但是由于该项费用是对残疾人的协议捐赠款，明显不是 Incoterms 为 CIF 定义中的费用，属于“Charge and costs beyond the value shown against the stated trade term in the credit and invoice”。如此的话，货物的成本仅 1 美元，使得货物本身大大低于其应该具有的价值，对买方明显造成了伤害，因此是不能接受的。不过有时确实不容易确定一些费用是否包含在相关贸易条件之内，因此发票显示这类费用应该谨慎，以防不测。

## 具体案例四

我某出口公司按 CIF 条件，凭不可撤销议付信用证支付方式向某外商出售货物一批。该商按合同规定开来的信用证经我方审核无误。我出口公司在信用证规定的装运期限内在装运港将货物装上开往目的港的海轮，并在装运前向保险公司办理了货物运输保险。但装船完毕不久，海轮起火爆炸沉没，该批货物全部灭失。外商闻讯后来电表示拒绝付款。

## 案例分析

本案涉及 CIF 合同的性质，即 CIF 术语达成的合同对买卖双方承担风险的划分。按 Incoterms2000 的规定，采用 CIF 术语，买卖双方以装运港船舷为界划分货物风险，凡货物在装船后发生的风险，应当由买方负责。CIF 合同是一种象征性交货合同，特点是“凭单交货，凭单付款”，只要卖方按合同要求将货物装船并提交了合格的单据，即使货物在运输途中损坏或丢失，买方也必须履行付款义务。因此在本案中，我方不应同意对方拒绝付款的要求，应由外商持我方转让的保险单据向保险公司索赔。

# 案例 4：汇票付款人“US”理解纠纷案

## 案例相关知识点：汇票付款人

汇票付款人即受票人，包括付款人名称和地址，在汇票上以 To...（致……）表示。付款人必须按信用证规定填制，通常为开证行。如果信用证规定“Draft drawn on us”或未规定付款人时，在 to 后都打上开证行名称和地址。

## 具体案例

申请人的开证申请书往往使用开证行印就的格式。申请书中关于汇票的付款人栏目往往为空白即“Draft drawn on”，留由申请人填写。申请人认为，但凡申请书，均是申请人向开证行申请，因此，便将汇票栏目中的付款人填成自己，使本栏目成为“Draft drawn on us”。但开证行将申请人选定的汇票付款人由“us”修改为“Issuing bank”。

当进口货物到港后，国内市场价格暴跌。但单证相符，开证行按时付款。申请人欲以“开证行未经申请人同意擅自将申请书中汇票的付款人更改为开证行”为由，拒绝偿付开证行的付款。

## 案例分析

在开证申请书上如果申请人将汇票的付款人栏目填写为“Draft drawn on us”，这里的“us”应理解为开证申请人本人。这种做法是错误的，因为信用证是一种银行信用，如果以开证申请人作为付款人，将使信用证的银行信用转变为商业信用。

如果是在信用证上汇票的付款人栏目为“Draft drawn on us”，这里的“us”则是指开证行 Issuing bank。同样是“Draft drawn on us”，在开证申请书上是指开证申请人为受票人，在信用证上是指以开证行为受票人。

根据 UCP600 的规定，信用证不得开立成汇票以申请人为付款人的。为了使信用证得以使用，开证行将申请人选定的汇票付款人由“us”修改为“Issuing bank”。除非信用证另有明确规定，开立或修改信用证的申请意味着授权开证行以必要或适当的方式补充或细化信用证的条款，以使信用证得以使用。开证行以此规定与申请人交涉，最终申请人必须如数对开证行进行偿付。

## 案例 5：1/3 正本海运提单径交开证申请人案

### 案例相关知识点：海运提单的性质

海运提单是承运人或它们的代理人在收妥货物或货已装船后签发给托运人的，约定将货物运往指定目的地并交给提单持有人的一种单据。在班轮运输的条件下，海运提单的性质体现在以下三个方面：

（1）海运提单是货物收据（Receipt for the goods），即承运人或其代理人向托运人确认已收到了订单上所有的货物，且已装船或准备装船的收据。

（2）海运提单是运输合同的证明（Evidence of contract of carrier），即由于在托运人向承运人办妥运输手续后，它们之间已订有运输合同，所以提单本身不是运输合同，仅是承运人与运输人履行运输合同的证明，提单条款的有关规定是处理双方在运输中权利、义务问题的主要依据。

（3）海运提单是物权凭证（Documents of title），即海运提单代表了货物。提单的合法持有人可在目的港凭提单要求承运人交付货物，由于经背书后提单可以转让，所以在载货船舶到达目的港之前，亦可通过转让提单而转移货物所有权凭以向银行申请押汇。

### 具体案例一

一不可撤销信用证规定如下：全套正本三份提单抬头做成发至申请人的指定人，一份正本提单由载货船只的船长交给申请人。而此时当单据按信用证提交时，开证行因单证不符拒付，但申请人已用从船长手中得到的正本提单提走了货物。受益人钱货两空。

### 案例分析

该案例中，信用证规定受益人应将三份正本提单中的一份由船长直接交申请人以便信用证申请人可以在信用证项下付款前掌握货物，这种信用证对受益人非常不利。接受此类信用证条款的受益人应自负风险。这是因为，申请人可用 1/3 正本提单提取货物，而不必等到从开证行获取另外两份正本提单才能提货。万一到时开证行认为受益人向开证行提交的单据与信用证规定不符而拒付，则受益人将落得货款两空的结果。

另外，将提单作成“申请人的指定人”式抬头时，一旦单据遭开证行拒付，受益人将失去将提单另行转让给第三者的可能性，对受益人也非常不利。

## 具体案例二

我国某出口公司G收到国外来证，其中在“所需单据”中要求如下：“BENEFICIARY'S SIGNED DECLARATION STATING THAT：1/3 ORIGINAL MARINE B/L AND ONE SIGNED ORIGINAL OF EACH OTHER DOCUMENT PRESENTED AT THE BANK WERE SENT DIRECTLY TO BLL HAIFA BY SPECIAL COURIER（IF SHIPMENT EFFECTED BY SEA）OR PHOTOCOPY OF ORIGINAL CERTIFICATE OF ORIGIN AND ONE SIGNED ORIGINAL OF EACH DOCUMENT PRESENTED AT THE BANK WAS ATTACHED TO AND ACCOMPANYING THE GOODS（IF SHIPMENT EFFECTED BY AIR)”（受益人签署的声明书，证明1/3正本提单和其他正本单据通过特快直接寄给BLL HAIFA（如果是通过海运），或原产地证书的副本和其他正本单据已随货物运输（若通过空运））。

G公司将全套正本提单（三份）及所要求的发票、装箱单及其他所需单据交给某行深圳分行，银行将全套单据寄往国外开证银行承兑。某行于到期日收到开证行通知：“因所交单据与信用证要求不符，拒付货款。不符之处为：信用证在所需单据第（7）款中要求，若为海运，1/3的正本单据需用特快专递直接寄往BLL HAIFA。”G公司立即与客户联系，说明由于工作疏忽没有按信用证要求办理，请其尽快付款赎单。不日客户办理了付款赎单，此案得以解决。

## 案例分析

本案例中，某行深圳分行审单有失误。当G公司将全套单据交银行议付时，银行应该发现其没有将1/3正本单据用特快专递直接寄往BLL HAIFA，这种单证不符将导致开证行拒付。

“1/3正本提单直接寄交申请人”条款是一个使受益人“进退两难”的条款。案例中的1/3提单条款埋藏着隐患，如果我方按信用证要求向客户直接邮寄了1/3正本提单，客户可以凭其去提货，因为它代表了物权凭证。之后客户仍有可能拒付信用证项下的单据，造成“货款两空”。如果不向客户直接邮寄1/3正本提单，那么会出现“不符点”，造成银行拒付。本案客户总算接受单据，化解了纠纷，但并不意味着以后也都会接受，或其他客户也能接受，因此应引起重视。

“1/3正本提单直接寄交申请人”条款应酌情考虑取消。对于远洋客户，完全没有必要在信用证中规定此条款，因为单据到达开证行时货物还没有到，正本提单直接寄交开证申请人没有意义；对于近洋客户，有可能客户为了尽快去提货而要求向其直接邮寄1/3正本提单，可以酌情考虑。但客户也可以凭银行提货担保函在提单未到时办理提货。对出口商而言，如果信用证交单时出现不符点，有可能银行会拒付货款，而此时进口商已经凭收到的 1/3 正本提单提货，造成货款两空。

## 案例 6：提单无“Clean”字样拒付案

### 案例相关知识点：清洁提单

清洁提单（Clean B/L）指交运货物的外表状况良好，承运人未加有关货损或包装不良之类批注的提单。不清洁提单（Unclean B/L or Foul B/L）指凡承运人加注了表明货物外表存在缺陷之类批注的提单。对于不清洁提单银行都拒绝接受。

### 具体案例

某信用证项下，承运人将海运提单上打印的 Clean on board 标注中的 Clean 一词涂掉了，沙特阿拉伯的开证行因此产生了疑惑。试分析：单据涂掉 Clean 一词是否使原本清洁的运输提单变为不清洁而可以拒付呢?

### 案例分析

根据 UCP600 第 27 条的规定：“银行只接受清洁运输单据。清洁运输单据是指未载有明确宣称货物或包装有缺陷的条款或批注的运输单据。‘清洁’一词并不需要在运输单据上出现，即使信用证要求运输单据为‘清洁已装船’的。”因此可以看出，单据清洁与否，不在于有无“Clean”一词，而在于运输单据上是否有宣称货物或包装有缺陷状况的条文或标注。另外，将预先印就的 Clean 涂抹掉尽管有些奇怪，但并不必然意味着承运人是在宣称该运输单据是不清洁的。

## 案例 7：晚装船一天进口商拒绝提货案

### 案例相关知识点：海运提单的签发日期

提单的签发日是装运日期，应不晚于信用证或合同规定的最迟装运时间。

### 具体案例

某年 3 月 20 日，我国某进口商 B 公司与巴西某出口商 A 公司签订一份购销货物合同，合同规定交货期为 6 月 10 日，付款方式原为信用证，之后 A 公司擅自变更为托收方式付款。B 公司于 6 月 8 日收到装船电报通知，注明货物已于 6 月 7 日运往中国上海港，并注明合同号和信用证号。6 月 14 日 B 公司接到提货通知和随船提单一份，提单上的装船日期为 6 月 11 日。为此，B 公司以 A 公司违约为由拒绝提货并拒绝付款，同时提出双方解除合同。A 公司不服，经双方协调，未果。B 公司便依据买卖合同中的仲裁条款提起仲裁。

### 案例分析

在本案中，根据《联合国国际货物销售合同公约》规定，A 公司交货时间仅迟延一天，不能构成根本性违约，所以，B 公司如果以迟延交货一天为由，则无权要求解除合同，只能要求 A 公司赔偿损失。在该案中，合同规定装运期为 6 月 10 日，而提单日为 6 月 11 日，是晚装船，无论是在信用证项下还是托收项下，出口商 B 公司都有权拒绝付款赎单，可以考虑在 A 公司赔偿损失后赎单，但因为不是根本性违约，解除合同是不可以的。

## 案例 8：出具倒签提单和预借提单赔偿案

### 案例相关知识点：倒签提单与预借提单

倒签提单指承运人应托运人的要求，签发提单的日期早于实际装运日期，以便使提单符合信用证对装运日期的规定。提单日期对于买卖双方、对于海关办理延长进口许可证、对于海上货物运输保险契约的生效、对于银行向收货人提供垫款及向发货人转账等均有重要意义，所以提单日期必须依据接受货物记录和已装船的大副收据如实签发。倒签提单属伪造单据行为，收货人一旦发现可拒绝提货并诉诸法庭，扣留船货，直至取得赔偿。

预借提单是比倒签提单性质更恶劣的伪造单据行为。预借提单是指在货物还没有开始装船时就签发的已装船提单，它是托运人和承运人在合谋之下签发的不符合实际装船日期的提单，以致构成虚假行为，对收货人利益造成损害。

预借提单与倒签提单的相同之处在于，都是在托运人的请求下，将提单签发日期提前，以符合信用证规定的装船日期。这两种提单都是托运人与承运人合谋之下签发的不符合实际装船日期的提单，以致构成虚假行为，其后果是损害了收货人（进口商）的利益。两者的主要区别在于，预借提单是在货物还未装船或还未装船完毕时签发的，而倒签提单是在货物已装完船时签发的。

### 具体案例一

2011 年 7 月，中国丰和贸易公司与美国威克特贸易有限公司签订了一项出口货物的合同，合同中，双方约定货物的装船日期为 11 月，以信用证方式结算货款。合同签订后，中国丰和贸易公司委托我国宏盛海上运输公司运送货物到目的港美国纽约。但是，由于丰和贸易公司没有能够很好地组织货源，直到 2012 年 2 月才将货物全部备妥，于 2 月 15 日装船。中国丰和贸易公司为了能够如期结汇取得货款，要求宏盛海上运输公司按 11 月的日期签发提单，并凭借提单和其他单据向银行办理了议付手续，收清了全部货款。

但是，当货物运抵纽约港时，美国收货人威克特贸易有限公司对装船日期产生了怀疑，威克特公司遂要求查阅航海日志，运输公司的船方被迫交出航海日志表。威克特公司在审查航海日志之后，发现了该批货物真正的装船日期是 2 月 15 日，比合同约定的装船日期要迟延达三个多月，于是，威克特公司向当地法院起诉，控告我国丰和贸易公司和宏盛海上运输公司串谋伪造提单，进行欺诈，既违背了双方合同约定，也违反法律规定，要求法院扣留宏盛运输公司的运货船只。

美国当地法院受理了威克特贸易公司的起诉，并扣留了该运货船舶。在法院的审理过程中，丰和公司承认了其违约行为，宏盛公司亦意识到其失理之处，遂经多方努力，争取庭外和解，最后，我方终于与美国威克特公司达成了协议，由丰和公司和宏盛公司支付美方威克特公司赔偿金，威克特公司方撤销了起诉。

## 案例分析

提单是承运人在接管货物或把货物装船后签发给托运人的，证明双方已订立运输合同，并保证在目的港按照提单所载明的条件交付货物的一种书面凭证。可以说，提单是国际货物运输合同的一种基本形式，是一种重要的国际货物单据。

本案中，承运方宏盛公司没有意识到提单的这一重要性质，而应托运人请求倒签日期，以掩盖托运人的违约事实，属于伪造单据的违法行为。提单的日期应该是该批货物装船完毕的日期。根据买卖合同，卖方应在买方开出的信用证规定的装运日期之前或当日完成装运，如果买方没有按期装船，原则上买方可无条件撤销买卖合约并提出索赔。因此，在实践中有许多交货人因未能在信用证规定的装运日期之前交付运输（正如本案中的丰和贸易公司），为使该提单能够符合信用证规定而可以顺利结汇，交货人往往要求承运人倒签提单，即实际装运日期比提单签发日期晚。倒签提单行为是伪造单据的行为，属于托运人和轮船公司合谋以欺骗收货人的欺诈行为。收货人一旦有证据证明提单的装船日期是伪造的，就有权拒绝接受单据和拒收货物。收货方不仅可以追究卖方（托运方）的法律责任，而且可以追究轮船公司的责任。

这种行为的法律后果无论对卖方或轮船公司都是严重的。所以，承运人在遇到托运人要求倒签提单的情况下，要格外谨慎，因为交货人（托运人）要求倒签提单最大的可能是利用这一点来欺瞒收货方；因为如果收货人同意发货延期付运，那么发货人可以利用要求对方修改信用证的方式，而不必要求倒签提单。

## 具体案例二

某年 5 月 8 日，A 公司与 B 公司签订购销合同，约定由 B 公司向 A 公司提供三种规格的胶合板 6 000 立方米，价格条件为 CIF 汕头，总价款 2 266 000 美元，以信用证方式结算。6 月 4 日，A 公司向中国银行汕头分行申请开立以 B 公司为受益人的 100%即期议付不可撤销跟单信用证。信用证约定货物装运期不迟于 2013 年 7 月 31 日，可分批装运，不可转运；议付单据包括一套以议付银行为指示人的清洁已装船提单；信用证有效期至 2013 年 8 月 21 日。

7 月 23 日，B 公司从印度尼西亚坤甸港发运胶合板，第一批 3 000 立方米，A 公司根据信用证的规定议付了货款 1 133 000 万美元。第二批货物由 C 船公司承运，C 船公司向

B公司签发了一式三份清洁已装船提单，提单记载船名是“新发”轮，货物为3 000立方米胶合板，提单签发日期是7月31日。8月3日，B公司传真通知A公司，第二批胶合板总数3 000立方米已于7月31日装上“新发”轮，并附C船公司签发的提单。

8月24日，A公司收到中国银行汕头分行要求其付款赎单的通知书，此时，货物尚未抵达汕头港。据调查，“新发”轮7月30日至8月6日还在汕头港进行上一航次的卸货。A公司认为C船公司与B公司恶意串通，签发了虚假提单，属于提单欺诈行为，遂于8月25日向法院提出冻结信用证和扣押“新发”轮的申请，并起诉请求海事法院判令两被告赔偿A公司利润损失和向内贸单位赔付的定金损失等共计53万美元。

庭审中，C船公司承认，第二批胶合板实际于8月13日在印度尼西亚坤甸港装船，8月26日装船完毕，9月16日抵达汕头港。

### 案例分析

本案提单签发地在印度尼西亚，但损害结果发生在中国，故可以适用中国法律。根据《中华人民共和国海商法》的规定，在货物装船完毕后，承运人才能签发已装船提单。C船公司在货物尚未开始装船时就签发了已装船提单，构成了预借提单。

A公司为减少损害而申请法院冻结信用证，没有付款赎单，但仍然可以对侵权行为人提起侵权损害赔偿之诉。B公司和C船公司共同承担责任，需赔偿A公司的全部损失。

## 案例9：空运单丧失物权案

### 案例相关知识点：航空运单的性质

航空运单是由承运的航空公司或其代理人签发的货运单据。它是货物的收据，也是托运人与承运人之间的运输契约的证明，但不具有物权凭证的性质。收货人不是凭航空运单，而是凭航空公司的提货通知单提货。因此，航空运单是不可转让的，在航空运单的收货人栏内必须详细填写收货人的全称和地址，而不能做成指示式抬头。

### 具体案例

某年6月，浙江某出口公司与印度某进口商达成一笔总金额为6万多美元的羊绒纱出口合同，合同中规定的贸易条件是CFR NEW DELHI BY AIR，支付方式是100%不可撤销即期信用证，装运期是8月间自上海空运至新德里。合同订立后，进口方按时通过印度一家商业银行开来信用证，通知行和议付行都是国内某银行，信用证中的价格术语为“CNF NEW DELHI”，出口方当时对此并没有太在意，它们收到信用证后，按规定发运了货物，将信用证要求的各种单据备妥交单，并办理了议付手续。然而，国内议付行将有关单据寄到印度开证行后不久即收到开证行的拒付通知书，拒付理由为单证不符，商业发票上的价格术语CFR NEW DELHI与信用证中规定的价格术语CNF NEW DELHI不一致。得知这一消息后，出口方立即与进口方联系要求对方付款赎单，同时通过国内议付行向开证行发出电传，申明该不符点不成立，要求对方及时履行偿付义务。但进口方和进口方银行对此都置之不理。在此情况下，出口方立即与货物承运人联系，其在新德里的货运代理告知该批货物早已被收货人提走。在如此被动的局面下，出口方后来不得不同意对方降价20％清偿货款。

### 案例分析

本案例中出口方陷入被动局面的根本原因是持有空运单并不控制物权。出口商在获得偿付之前就已丧失物权是由航空运单的特性所决定的。出口商只有在持有海运提单的情况下，才能控制物权。买方不付款，就无法得到海运提单，没有海运提单，就不能提货。海运提单是物权凭证，航空运单不是物权凭证，空运方式下的航空运单仅仅是航空承运人与托运人之间缔结的运输合同及承运人或其代理人签发的货运收据。由于空运的时间短，通常在托运人将航空运单交给收货人之前，货物就已经到达目的地，因此收货人凭承运人的到货通知和有关身份证明就可以提货。空运单不是物权凭证，充分意识到这一点使我们了解，若使用航空运输方式，即使使用信用证结算方式，出口商仍然面临钱货两空的风险。

## 案例10：是多式运输单据还是海运提单？

### 案例相关知识点

多式运输（Multimodal Transport）是以两种或两种以上的运输方式将货物运输到目的地。多式运输又称联合运输（Combined Transport），美国称 Intermodal Transport。目前，Combined Transport 已规范为 Multimodal Transport。

多式运输是在集装箱运输的基础上发展起来的一种新的运输方式。它以至少两种不同的运输方式由运输商将货物从接管地运至交货地，即多式运输将过去的海运、陆运、公路运输、江河运输等互不关联的单一运输有机地结合起来，以完成一笔进口或出口货物在国际间的运输。

使用多种运输方式运送货物时，由多式运输承运人或营运人或船长或其代理人签发的，证明多式运输合同及证明多式运输营运人接管货物，并负责按合同条款交付货物的单据，称多式运输单据（Multimodal Transport Bill）。多式运输方式中第一程为海运者，通常称多式运输提单（Multimodal Transport B/L）。多式运输单据是对货物从起点到终点（门到门）全程负责的单据，代替了传统的港至港提单。

### 具体案例

某信用证规定：Shipment from China to London，combined transport document required。提交的运输单据名称为 Ocean Bill of Lading，收货地为昆明，货物通过火车运至上海，再由装货港上海通过远洋运输运往卸货港伦敦。最后被开证行以提交的不是多式联运单据，而是海运提单为由拒付。试问开证行的拒付合理与否？

### 案例分析

在本信用证下，案例中的运输单据由于标明了收货地及装货港与卸货港，而收货地符合“shipment from China”要求，且使用了不止一种运输方式，尽管名称不是多式运输，但是由于 UCP600 规定，多式运输单据可以有多种命名，所以该单据可视为多式运输单据。

而且，这一运输单据也可以视为单一运输方式的港至港海运提单，因为装货港上海与卸货港伦敦符合信用证要求的“shipment from China to London”，而收货地昆明不同于装货港也是海运提单所允许的。不过，由于收货地不同于装货港，在作为海运提单时，需要做“×年×月×日在上海装上××船”的批注。当然，如果提单做了此批注，也可以视为海运提单。本案例中提单缺少此批注就只能作为多式运输单据。

## 案例 11：进口货物短量和瑕疵索赔案

### 案例相关知识点：偷窃提货不着险

偷窃提货不着险是指在保险有效期内，承保货物遭偷窃或运输工具抵达目的地后整件货物由于不明原因而遗失、未交货所造成的损失。

### 具体案例

我国华东某公司以 CIF 术语于 2012 年 5 月从澳大利亚进口巧克力食品 2 000 箱，以即期不可撤销信用证为支付方式，目的港为上海。货物从澳大利亚某港口装运后，出口商凭已装船清洁提单和投保一切险及战争险的保险单，向银行议付货款。货到上海港后，经我方公司复验后发现下列情况：（1）该批货物共有 8 个批号，抽查 16 箱，发现其中 2 个批号涉及 300 箱内含沙门氏细菌超过进口国的标准；（2）收货人实收 1 992 箱，短少 8 箱；（3）有 21 箱货物外表情况良好，但箱内货物共短少 85 公斤。试分析进口商就以上损失情况应分别向谁索赔。

### 案例分析

进口商常常因为货物的品质、数量、包装等不符合合同的规定，而需向有关方面提出索赔。根据造成损失原因的不同，进口索赔的对象主要有三个：即向卖方索赔、向轮船公司索赔和向保险公司索赔。进口索赔时需要提供充足的证据。如证据不足、责任不明或与合同索赔条款不符，都有可能遭到理赔方的拒绝。在本案中，如果合同中已明确注明货物必须符合进口国的检疫标准，则货物由于不符合规定而导致的损失应由出口方赔偿，反之则应由进口方自行承担；对于箱内货物 85 公斤的短少，由于船公司只负责审查货物表面情况是否良好，货物件数是否符合合同规定，没有义务核实货物实质情况，所以箱内货物瑕疵所导致的损失应向出口方索赔。对于收货时出现的数量短少问题，鉴于该案例中船公司签发的是已装船清洁提单，因此短少的数量应由船公司负责，但如果已经投保了一切险，因为一切险的承保范围涵盖 11 种一般附加险，其中有偷窃提货不着险，出口商可以以“偷窃提货不着险”向保险公司索赔。

## 案例 12：被保险货物未运离出口方仓库被窃案

### 案例相关知识点：“仓至仓”条款

在对外贸易过程中，将有关货物从一方转移到另一方才能完成整个贸易过程。此过程不仅包括了时间的推移，同时也包括货物空间的位移。在上述时间与空间的变化过程中，货物客观上存在着遭受自然灾害及意外事故的可能性，为了避免这种可能性形成对货物权益所有人的损害，有关当事人需要通过购买保险来转嫁这种风险，所以在结算单据中保险单据也成为不可或缺的组成部分。

仓至仓条款是指，在海上货物运输保险合同中，规定保险责任起止期的条款一般为：保险期间自货物从保险单载明的起运港（地）发货人的仓库或储存处开始运输时生效，到货物运达保险单载明目的港（地）收货人的最后仓库或被保险人用作分配、分派或非正常运输的其他储存处所为止；它所指的运输包括海上、陆上、内河和驳船运输的整个运输过程。

海运进出口货物运输险的保险责任起讫是从货物“运离”保险单上列明的装货港发货人仓库开始，直到“送交”保险单上列明的目的港收货人仓库时终止，中间包括：多次的转运、海轮与港口间的驳船运输责任、港口与仓库间的陆上运输责任、存放在港口码头库场待运期间的责任。上述“运离”是指货物一经离开发货人仓库，保险责任即开始，如货物装运车运离发货人仓库后发生翻车、落水或失火等货损货差，在保险险别的责任范围内，保险公司就应负责，上述“送交”是指货物一经送入收货人仓库——这里要明确的是以保险单内载明的最终港口或目的地的收货人仓库而言，保险责任即告终止。在发货人和收货人仓库内发生的货损货差，保险公司是不予负责赔偿的。

### 具体案例

一批被保险货物在保险单所载明的起运地发货人仓库内被装上卡车，由于货多，未来得及全部装运完，天就已经黑了，货主遂决定让卡车停留在仓库内，以便第二天继续装货，装完货再开走去码头。不料夜间遭遇窃贼，卡车上的货物被偷。试分析在已经投保一切险的情况下，保险公司是否负责赔偿有关损失。

### 案例分析

按照《中国海洋运输货物保险条款》的规定，在基本险别下，保险公司的责任起讫是“仓至仓”，即自被保险货物运离保险单所载明的起运地仓库或储存处所开始运输生效，包括正常运输过程中的海上、陆上、内河和驳船运输在内，直至该项货物到达保险单所载明目的地收货人的最后仓库或储存处所或被保险人用作分配、分派或非正常运输的其他储存处所为止。可见，保险责任的开始必须同时满足两个条件：一是被保险货物运离保险单所载明的起运仓库，二是开始运输。

在本案例中，被保险货物是在仓库内进行装车作业的，而且卡车又停留在仓库内过夜，从未离开过仓库，运输过程也从未开始过，因此该保险责任尚未生效，保险人有权拒绝索赔要求。

但若卡车装好并驶离仓库后，因突如其来的恶劣天气而退回至仓库过夜，则保险责任已经开始，这时如果被保险货物发生上述损失，保险公司必须予以赔偿。

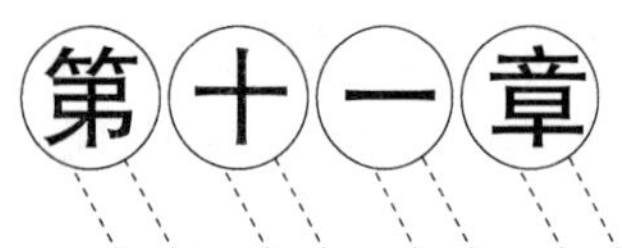

# 第十一章 审核信用证项下的单据

## 案例1：信用证金额确认案

### 案例相关知识点：审单原则

根据国际商会UCP600和《国际标准银行实务》（ISBP）的有关规定，银行要合理谨慎地审核单据，以确定其表面是否符合信用证的条款。单据表面符合信用证条款体现在信用证与所要求的单据相符，单据与单据之间一致两种含义。即通常所说的单证相符，单单一致。

单证相符是指受益人提交的单据必须在表面上完全符合信用证要求，即信用证的条款在单据上得到体现；信用证的要求必须从单据上得到已照办的证实。例如，信用证要求提供装箱单（Packing List）并规定货物装于木箱中（packed in wooden cases），而受益人虽提供了装箱单，但文字表述为货物装于纸箱中（goods packed in cartons）。这份单据表面与信用证要求不符，即单证不一致。单单一致是指各种单据之间所表示的内容必须一致，只能相互补充，不能彼此矛盾，体现出每一单据从表面与其他单据有一种联系。例如所有单据中引用的信用证号码要一致，货名、唛头要统一等等。

### 具体案例

2005年7月29日，中国ZS银行接到A公司（受益人）提示的议付单据。开证行为韩国LY银行，原信用证通知金额为USD12 500.00，附带一次修改，对信用证的货物描述进行修改，将金额增加至USD24 857.42，信用证允许分批装运。信用证规定有偿付行，并且要求偿付时提示汇票。受益人所制发票金额为USD24 857.42，汇票金额为USD 12 500.00。因为已经过了装运期，ZS银行按单证不符出单。在向开证行寄单索汇时，议付行ZS银行将汇票撤出，按发票金额USD24 857.42制作了银行面函索汇。8月2日，ZS银行收到A公司电话，称韩国客商拒绝付款，因为该银行面函金额有误，金额应为

USD12 500.00，其余金额早已通过电汇汇过来了，因此要求ZS银行承担所有往来电报费及延期收汇的责任。ZS银行随即调出信用证查看，发现信用证在附件条款中规定：USD 12 500.00 by sight L/C，balance by T/T after inspection of goods at mill。ZS银行认为，上述规定出现在附加条款中，未对议付行做出任何明确指示，并且受益人发票也没有做任何说明。受益人认为银行有失误，银行认为受益人有责任，双方争执不下。试分析该案例中各方的责任。

## 案例分析

本案例的核心问题是信用证修改只修改了货物描述项下的货物金额（即发票金额），但并未修改信用证的金额。原信用证金额是USD12 500.00，信用证的修改将SWIFT报文格式的信用证的第45A进行了修改，金额增加至USD24 857.42（意味着受益人提交的商业发票的金额应改为USD24 857.42，但这并不意味着信用证项下议付汇票的金额也同样增加到了USD24 857.42）。议付行误以为是信用证的金额增加到了USD24 857.42，从而出现审核单据和处理单据的差错。在实务操作中，出口商与进口商签订销售合同后，合同（发票）金额部分会以T/T的形式结算，部分以信用证方式结算。在信用证结算方式下，受益人提交的是全额发票，但议付的款项只是发票金额的一部分，这时就会出现发票金额和汇票金额不相同的情况。

本案的主要过错方是议付行。议付行没有遵守UCP和ISBP等国际惯例，没有对受益人提交的单据进行合理、谨慎的审核。遇到信用证模糊措辞时，没有及时与受益人沟通确认，而是想当然地凭自己的主观臆断行事，最后造成了开证行和偿付行的拒付。信用证规定偿付时要求提供汇票，ZS银行在误以为受益人提交的汇票金额没有修改的情形下，在索偿时将汇票撤出，以银行面函金额向偿付行索汇也是不符合银行业务规定的。货物描述的商品交易金额改变，并不意味着信用证的金额也一定会随之改变。从受益人提交的汇票看，其汇票金额很清楚地列明为USD12 500.00，这也应该是对议付行的提醒，无奈议付行凭主观臆断，想当然地在没有与受益人沟通的情况下撤掉了汇票，导致单证不符，应承担主要责任。

本笔业务最后的处理结果是，议付行ZS银行根据开证行和A公司的指示，向开证行重新寄送汇票和面函，汇票金额和面函金额均为USD12 500.00。随后ZS银行收到开证行的授权电文向偿付行索汇。偿付行扣除了不符点费和电报费110美元，受益人同意承担，此笔业务了结。

诚然，本案纠纷之所以出现，受益人和开证行也有责任，开证行的指示不完整、不明确，受益人所提交发票无任何部分款项电汇的措辞，也导致了议付行的误判与误处理。本案例给我们留下深刻启示和教训。信用证业务是完全独立于国际货物买卖合同以外的一项国际结算单证业务，信用证的独立抽象性原则和国际惯例的相关规定都决定了合理、谨慎地审查单据的表面文义是信用证交易过程中最为重要的一个环节，也是银行应当履行的基本义务。国际结算的单证从业人员在审单审证时，一定要有良好的工作态度，不能凭以往经验，不能凭主观臆断，不能凭侥幸心理轻率处理业务。

# 案例 2：单据是否表面相符争议案

## 案例相关知识点：表面相符交单

根据 UCP600 第 14 条 a 款的规定，按指令行事的指定银行、保兑行和开证行在审单时必须根据单据本身确定其是否在表面上构成相符交单。这里强调了基于单据本身进行判断，而不能越过单据本身去考虑基础合同或其他交易或货物情况从而影响判断，它强调是否在“表面上”（on the face）构成相符交单，而对单据代表的货物是否和基础合同上的相符，货物是否真实存在、真实出运，单据是否伪造或单据记载内容是否真实等，不负责调查审核。这里的措辞“表面上”并无单据的正面（与背面相对）之意，而是应理解为单据直接呈现在审核者面前的表面的内容，不涉及单据的真实性和所代表的货物等。

UCP600 对相符交单的概念作了简单的概括，即单据必须与信用证条款、UCP600 中的相关条款以及《国际标准银行实务》相符。单据中的数据，在与信用证、单据本身以及《国际标准银行实务》参照解读时，无须与该单据本身中的数据、其他要求的单据或信用证中的数据等同（identical），但不得矛盾（conflict）。

## 具体案例

2007 年 9 月 1 日，某省 H 公司授权下属独立法人的 G 公司办理国际结算业务。2007 年 12 月 10 日，G 公司与某市物资公司签订进口代理协议，由 G 公司代理物资公司向银行申请开立信用证。同日，G 公司向中国工商银行某省分行（开证行）申请开立信用证。12 月 22 日，开证行开立了远期 80 天不可撤销跟单信用证。信用证的开证申请人是 H 公司，受益人是香港 C 公司，通知行是香港南洋商业银行。信用证条款约定，由申请人签发的货物收据，申请人的签字必须与开证行持有的签字样式相符。12 月 31 日 H 公司证实收到信用证项下货物并由 G 公司的工作人员李明哲在货物收据上签名。受益人 C 公司通过议付行将信用证项下的单据提交开证行请求付款。开证行审单后发现，H 公司预留在银行的货物收据的签字样本上是“胡虎”的签字，而受益人提交的货物收据上却是“李明哲”，遂于次年 1 月 26 日以货物收据上的签名与开证行的预留签字样本不符为由予以拒付，同时将拒付通知了 G 公司。

本案涉及的另一份相似信用证也规定，由申请人签发的货运收据的签名必须与开证行的预留签字样本相符。H 公司在开证行预留的货物收据签字样本为，在同一张样本上盖有两个 H 公司的公章，其中一个章附有“胡虎”的签名，另一个章附有“李明哲”的签名。1 月 31 日，H 公司证实收到信用证项下的货物并由 G 公司的李明哲在货物收据上签名。受益人提交单据要求付款。开证行审单后发现受益人提交的货运单据上只有 H 公司公章和李明哲一人签字，没有胡虎的签字，遂于 2 月 26 日以“货物收据上的签名与开证行预留签字样本不符”为由拒付。受益人坚持认为单证相符，开证行拒付不当，遂起诉开证行，要求其兑付信用证。试分析法院该如何判决。

## 案例分析

本案例中受益人提交的货物收据必须要有开证申请人签名，申请人的签名必须与开证行的预留签字样本相符，这属于典型的软条款，在多个案例分析中我们已经提及这种做法对受益人的危害，受益人应予以拒绝。

在第一个信用证实例中，开证行的拒付合理。H 公司预留的签字样本是胡虎的签字，而提交的货运收据上是李明哲的签字，属于单据的表面不相符，开证行予以拒付是正当的。

在第二个信用证实例中，开证申请人在银行的预留签字样本是同一张样本上盖有两个 H 公司的公章，其中一个章附有“胡虎”的签名，另一个章附有“李明哲”的签名。受益人对此认为，在签字样本上的两个授权章及独立署名实际上是两个独立签字样本，只要货物收据上盖有一个与预留样本上相同的授权章，同时在授权签名处有一个授权人签名，就应该认定为其与开证行持有的预留签字样本是一致的。受益人提示的第二个信用证项下的货物收据下，盖有一个与预留样本上相同的 H 公司公章，同时有独立授权人之一的“李明哲”的签名，应认定为与开证行的预留样本一致。

受益人进一步辩称，如果由申请人签发的货物收据上的申请人签字必须与开证行预留的签字样本相符，如果开证行的意图是在货物收据上有胡虎和李明哲两个人的签字，那么在进行英文表述时，应该是需要 Applicant's signatures，使用复数形式，而现在的表述是 Applicant's signature，意味着只要有一位有权签字人的签名就可以了。

法院经审理认为，信用证条款约定“由申请人签发的货物收据申请人的签字必须与开证行的预留签字样本相符”等内容，开证申请人预留给开证行的货物收据签字样本上盖有两个 H 公司的印章，在每个公章的授权签名处分别签有“李明哲”和“胡虎”的签名，而受益人提示的单据上仅盖有一个 H 公司的公章，仅有一个“李明哲”的签名。该单据表面上与预留开证行的签字样本明显不符。根据信用证交易的特点及《跟单信用证统一惯例》的规定，银行只要发现单据表面不符，可以拒绝付款。本案开证行的拒付是合理的。

法院同时认为，信用证的英文文本中“Applicant”是单数，因此无论是在语法上还是词义上，都不需要在“signature”后加复数形式的“s”，受益人使用复数形式的说辞是断章取义，不予支持。

本案给受益人也留下启示和教训。银行审核的是单据的表面真实性。尽管申请人在开证行的预留签字样本完全可以解释为 H 公司的公章和胡虎或李明哲任一人的签字都可以接受，但由于解释权和主动权完全都在开证行和开证申请人手中，所以做出了不利于受益人的判决。本案中，如果受益人早先获知了预留签字样本的格式，在一个 H 公司的公章和胡虎的签名与另一个 H 公司的公章和李明哲的签名中间加上一个“或”字或者英文单词“or”，案情的发展会比当前情境更有利于受益人。由于受益人对软条款的不可掌控性，今后受益人应吸取教训，不再接受这类信用证项下的交易，或坚持要求开证申请人去掉软条款，改为独立公正第三方签字验收，避免可能引起的争端。如果有权签字人有两位以上，一定要明确是必须要所有有权签字人签名，还是其中一位有权签字人签名即可。

# 案例3：单据签字纠纷案

## 案例相关知识点：单据的签字

单据是否一定要签字呢？这要看信用证条款的规定，如果信用证规定提交的是 signed commercial invoice，signed weight list 等等，则该单据就需要签字。否则，只要出口商提交的单据与信用证和其他单据没有冲突，开证行没有理由拒绝接受没有签字的单据。一份单据签字或盖章后可以认可为正本单据，如果单据没有签字或盖章，但表面看来使用的是单据出具人的正本信笺，银行依然将接受该单据做正本单据。

## 具体案例一

A公司是一家棉花出口公司，使用A公司原始信纸格式缮制装箱单、尺码单及经认证的重量单。B银行为议付行。A公司在货物装船后凭全套单据向B银行申请议付时，B银行声称有以下不符点：

（1）即使装箱单实际上是正本的，也必须加盖正本印章；

（2）尽管信用证没有要求经过签字的单据，装箱单和重量单还是应该在单据指定位置签字。理由是：既然单据上留有签字的位置，这份单据就应该签字。而A公司仅在要求提交经过证实的重量单时才在这一位置上签字。

## 案例分析

以上不符点均是不成立的。

按照UCP600第17条的规定，除非单据本身另有说明，单据看似使用出单人的原始信纸出具，银行也将其视为正本单据。为此，本案中的重量单应视为正本，而无须加盖正本章。

即使信用证没有要求，汇票、证明和声明自身的性质决定其必须有签字。运输单据和保险单据也必须根据UCP600的规定予以签署。否则，除非单据本身的性质及/或信用证另有规定，单据无须签字。

另外，单据上有专供签字的方框或空格并不必然意味着这一方框或空格必须有签字。如，在运输单据如航空运单或铁路运输单据中经常会有一处标明“托运人或其代理人签字”或类似用语，但银行并不要求在该处有签字。如果单据表面要求签字才能生效则必须要签字。然而，为了避免可能出现的混淆，当信用证未明确要求单据须加具签字时，单据不应含有签字栏目。

## 具体案例二

代理人在签字栏目用打印机打印了如下内容：ABC shipping agency as agent for xyz the carrier，但作为 signature 的圆形公章上的内容刻印的却是 ABC shipping company，开证行认为该圆形公章部分重复了代理人的名称，但并未签字，所以提出的不符点为 B/L without signature。

### 案例分析

如果把圆形公章作为一种符号或图形，是签字的形式之一，该提单已经签字，因为 signature 可以有不同的形式，但并没有规定 signature 必须有或者不得有何种内容。所以将不符点措辞为 B/L without signature 是不准确的。有争议的不符点提法可能是：代理人名称不确定，或者代理人名称有冲突，即签字印章中的代理人名称 ABC shipping company 与签字打印部分的代理人名称 ABC shipping agency 冲突，不符合 UCP600 第 14 条 d 款之“单据内容本身不得冲突”的规定。

## 案例 4：正本单据界定纠纷案

### 案例相关知识点：正本单据

按照 UCP600 第 17 条规定：除非单据本身表明其不是正本，银行将视任何带有看似出单人的原始签名、标记、图章或标签的单据为正本。另外，除非单据本身另有说明，银行也将视以下单据为正本单据：(1) 单据看似由出单人手写、打字、穿孔或盖章；(2) 单据看似使用出单人的原始信纸出具；(3) 单据声明其为正本单据，除非该项声明看似不适用于所提交的单据。

### 具体案例

信用证要求全套 3/3 正本清洁已装船海运提单。实际提交的单据为全套 3/3 并分别注明或戳记为“ORIGINAL”，“DUPLICATE”，“TRIPLICATE”。开证行引用 UCP600 辩称：虽有手签或提单注明为第二份或第三份，但第二、第三份提单未注明“正本”字样，从而拒付单据。

### 案例分析

信用证要求一套 3/3 正本单据，从代表货物控制权的意义上讲，每一份都必须是正本，而单据的多份正本可用“正本”(original)、“第二份”(duplicate)、“第三份”(triplicate)、“第一正本”(first original)、“第二正本”(second original) 等标明。上述标注均不否认单据为正本。因此，即使未注明正本字样，戳记为“第二份”和“第三份”字样并不意味着该第二份或第三份应被视为副本。

## 案例 5：单据名称和转运界定纠纷案

### 案例相关知识点

(1) 提单的称谓。

根据 UCP600 第 20 条对提单作出的规定，不管单据称谓如何，即便名称里没有 B/L

字样，例如 Marine Transport Document 等，只要单据内容符合由承运人签署，货物已在信用证规定的装运港装载上具名船只，注明装运从信用证规定的装货港到卸货港，未注明运输单据受租船合约约束等要求，该单据就可以界定为提单。

（2）转运。

信用证应明确规定是否允许转运。若允许转运或不作规定，则表明货物可以转运，但必须以同一运输单据包括全程运输为条件。若禁止转运，银行仍可以接受表明货物将发生转运的运输单据，前提条件是该批货物以集装箱、托盘、子母船等成组化方式运输，并且同一运输单据包括全程运输。

### 具体案例

某出口公司向泰国巴伐利亚有限公司出口一批电器电料，国外开来信用证规定“电器电料 100 箱，从中国港口至曼谷，集装箱运输。禁止分批装运和转运。全套清洁已装船海运提单，注明‘运费预付’，提单做成发货人抬头（提单的 Consignee 写成 to the order of shipper），背书 K. T. 银行，通知买方”。

该公司审查后认为信用证没有什么问题，于是装集装箱运输，随后备妥各种单据向议付行交单议付。单到国外却被开证行拒付。理由为：“（1）信用证要求的是清洁已装船海运提单，提交的却是联合运输提单。（2）信用证规定不许转运，但根据你们提单上的记载，货物经转运到曼谷港，不符合信用证的要求。”

### 案例分析

根据 UCP600 在第 20 条“提单”中就提单作出的规定：不管单据叫什么名称，即便名称里没有 B/L 字样，例如 Marine Transport Document 等，只要单据内容符合本条要求，就是提单，重要的是内容和实质，而不是名称。所以，即便冠以“联合运输单据”的名称，银行仍应视为提单。

另外按照 UCP600 的规定，多式联运方式下的“转运”，意指货物在信用证中规定的发运、接受监管或装运地到最终目的地的运输过程中，从某一运输工具卸下并重新装载到另一运输工具上的运输，无论是否为不同运输方式。因此，在多式联运方式下，必然将发生转运。如该同一多式联运单据包括全程，银行将对信用证中禁止转运的条件不予理睬，并接受表示转运将发生或可能发生的多式联运单据。该案例中，信用证虽然规定禁止转运，但提单上证实集装箱装运且为同一运输单据，符合 UCP600 有关规定。

## 案例 6：装运货物数量“大约”纠纷案

### 案例相关知识点：信用证金额、数量与单价的伸缩度

UCP600 第 30 条规定，当“约”或“大约”（“about” or “approximately”）用于信用证金额或信用证规定的数量或单价时，应允许有关金额或数量或单价有不超过 10％的增减

幅度。在信用证未以包装单位件数或货物自身件数的方式规定货物数量时，货物数量允许有 5%的增减幅度，只要总支取金额不超过信用证金额。

### 具体案例一

一信用证注明“总金额不超过 5 000 美元，货物为布匹，大约 5 000 码，每码 1 美元”。依据 UCP 的规定，可有大约 10%的数量增减，若出口时以 5 500 码布匹的数量交单议付，是否有问题?

### 案例分析

根据 UCP600 第 30 条规定，数量前有“约”、“大约”词语时，则该数量可有 10%的增减。但是在本例中，信用证已注明“not exceeding a total of USD 5 000”，所以最多可装 5 000 码（而不是 5 500 码），最少可装 4 500 码。如装 5 500 码以 5 500 美元的单据交单议付，因超出信用证金额，银行有权拒付。

### 具体案例二

2011 年 10 月 15 日由英国一家银行开给国内 ABC 公司 L/C。L/C 有关数量条款规定如下：总金额约 10 000 美元，数量 20 公吨，圆粒白大米，每公吨 500 美元，CIF 利物浦。ABC 公司接到 L/C 后即备货，于 10 月 25 日全部货物装运完毕，持整套单据向银行交单议付。议付行经审单后不同意议付，其理由为议付金额 10 500 美元，超出 L/C 规定的 10 000美元。试分析银行这样处理是否合适。

### 案例分析

本案例中，ABC 公司出口的产品是圆粒白大米，属于散装货，货物数量允许有 5%的增减幅度，信用证金额为约 1 万美元，允许有不超过 10%的增减幅度，即信用证的议付金额可以在 9 000 到 11 000 美元之间，ABC 公司议付了 21 公吨大米，在数量 5%的增减幅度内，议付金额 10 500 美元，在信用证金额 10%的增减幅度内，符合 UCP 的相关规定，因此议付行不能拒付。

## 案例 7：受益人签发船龄证明案

### 案例相关知识点：单据的签发人

按照 UCP 的规定，发票、运输单据及保险单据之外的单据，如果信用证没有规定出具人，包括受益人在内的任何人都可以出具。

### 具体案例

信用证要求受益人提交“船龄未超过 15 年的证明”。结果受益人自己出具了这一单据。由于所有单据都没有不符点，开证行欲承兑汇票并确定到期付款。申请人经调查，发现船龄已达 20 年，要求开证行拒付。

### 案例分析

本案例中，由于开证申请书中并未明确该证明必须由船公司出具，申请人申请开证时，误以为根据单据的名称或性质，船龄证明理应由船公司出具，故未在信用证中规定该单据的出具人，被受益人钻了空子。即便经调查船龄实际已经超过了 15 年，申请人也无法声称实际交易中船舶已经超龄，要求开证行以此为不符点拒付表面相符的单据。

如果申请人了解 UCP 的规定，在申请书中明确要求该证明由船公司出具，船龄不符合要求的公司便不会承运这批货物，从而也就不会出现这样的问题。本案例中，信用证条款应修改为受益人提交“船公司签发的船龄未超过 15 年的证明”。

## 案例 8：单据内容与信用证内容不一致案

### 案例相关知识点：单据内容的描述

根据 UCP600 第 14 条 d 款的规定：“单据中内容的描述不必与信用证对该单据的描述以及《国际标准银行实务》完全一致，但不得与该单据中的内容、其他规定的单据或信用证相冲突。”另外，第 18 条 c 款中也规定了：商业发票中货物、服务或行为的描述必须与信用证中显示的内容相符。所以商业发票中的货物描述只要与信用证中的相一致就行。而“相一致”并不是“完全一样”，也就是说，商业发票中的货物描述可以比信用证中的具体，或者加载一些信用证中未规定的信息，只要不与信用证规定的货物相矛盾，就可以接受。反过来，如果发票中的货物描述较信用证中的更抽象，则无法判定其代表的货物就是信用证规定的货物，就是不可接受的。

### 具体案例一

信用证中的进口货物为胶合板，货物描述为 veneer。所提交发票中的货物描述为 oak veneer，为一种栎木胶合板。开证行以发票的货物描述与信用证的货物描述不一致为不符点拒付。开证行提出的不符点是否成立？

### 案例分析

本案例中，发票中的货物描述比信用证中的更具体，信用证规定的是 veneer，而商业发票上显示的是 oak veneer。信用证中规定的货物 veneer 是统称，而发票中的货物描述 oak veneer 是具体商品名称，是统称中的一类，不存在不符。因此，开证行提出的不符点不成立。

### 具体案例二

申请人进口一套大型二手设备，价格条款为 CIF，即运费由受益人支付，信用证规定海运提单注明“FREIGHT PREPAID”。结果，开证行收到的提单除了显示运费已付之外，还批注了“FIO”，即 FREE IN AND OUT（船方不负担装卸费），这些费用都是需要向申请人收取的。申请人认为如此标注的提单一是不符合信用证规定，二是不符合 CIF 条款，属于不符点，要求开证行拒付，或者在付款时将该笔费用扣除。试问申请人的说法是否合理？

### 案例分析

按照 UCP600 第 14 条 d 款的规定：“单据中内容的描述不必与信用证对该单据的描述以及《国际标准银行实务》完全一致，但不得与该项单据中的内容、其他规定的单据或信用证相冲突。”所以说，如果信用证没有禁止运费之外的额外费用，批注此类费用的运输单据是可接受的。虽然按照常规，该项费用应该在装运货物时由受益人支付，但由于该二手设备数量巨大，装卸及码头费用是一笔数目可观的支出，所以受益人便利用了 UCP 的规定，没有预先支付装卸费。如果申请人对此笔交易进行了仔细研究，熟知 UCP 条款惯例，申请开证时便明确规定“B/L indicating charges additional to freight not acceptable”，或规定“B/L with FI、FO or FIO notation not acceptable”，便不会出现申请人不得不承担自己预期之外的费用这种状况了。

## 案例 9：一字之差引开证行拒付案

### 相关知识点：单证相符、单单一致的程度

审核单据要达到什么程度的单证相符、单单一致，可以分为严格一致和实质一致两种情况。所谓严格一致的原则（Doctrine of Strict Compliance），是指单据和信用证条款之间，单据和单据之间，一个字与一个字、一个字母与一个字母的相符，即使是拼写错误，也构成不符点。单据就像是信用证条款的“影子镜像”（Mirror Image），其结果会造成大量的不符问题和诉讼的激增。要求单证严格一致是很难达到的，也是不易实行的。所谓实质性一致的原则（Principle of Substantial Compliance）是指单据允许有差异，只要差异不构成对信用证内容的实质性违背，不违反“公平、合理、善意”的单据处理原则就可以。单据只有在有实质性不符点时才构成单证不一致。要求单证实质性一致是比较适用的。

在实务操作中，一般不符点和实质不符点有时是很难划分清楚的。不同的银行、不同的案情、不同的法院判决有着不同的看法。ICC535 号案例研究上有一个经典案例来解读单证不一致。信用证规定，Country of Origin：E. E. C. Countries，商业发票上显示：Country of Origin：E. E. C. 。从发票上下文来看 E. E. C. 成了一个国家（Country），而信用证要求的是欧共体的许多国家（E. E. C. Countries），开证行认为单据上的一个国家（Country）和信用证的许多国家（Countries）之间存在单证不一致，拒绝付款。

国际商会对该不符点进行了判例分析。它认为发票上原产地不可能是 E. E. C. 的许多国家，而是其中的一个国家，故商业发票把 E. E. C. 当成一个国家还是对的，该表示不构成单证不符。国际商会同时认为，开证行意图指 E. E. C. 的一个特定会员国家作为产地国家，它

应该明确规定该国家的名称，但信用证没有这样的规定，违背了UCP“信用证本身必须完整和明确”的规定。国际商会最后认为，开证行指出的不符点不正确，不能成立。

在另一个案例中，受益人提交的单据中将开证申请人的名称“steel company”错误拼写成了“steal company”，只有一个字母的差异，但公司的性质由“钢铁公司”变成“小偷企业”，这就构成了实质性不一致。可见，在实务操作中，同样是信用证和单据之间的细微差别，但有可能有的是非实质性不符点，有的就是实质性不符点，受益人交单必须合理谨慎行事。

## 具体案例

国内某银行办理了韩国某银行开出的见票后60天付款的假远期信用证项下出口业务一笔，金额为5万美元，受益人为青岛某出口企业，汇票的付款人为开证行设在香港的全资附属机构某财务公司，出口货物为全棉牛仔布，货到韩国釜山港。在规定日期内收益人向寄单行提交了上述信用证项下的全套单据，要求办理出口收汇业务。寄单行于当日对开证行和汇票的付款人分别寄出了单据和汇票。一个星期后，寄单行收到香港地区汇票付款人通过办理贴现获得的即期款项，并于当日对受益人结汇。但3天后，开证行发来电文，称收到单据后发现提单的到货港是“Pusan”，而不是信用证中所规定的“Busan”，构成单证不符，因而要求寄单行退款。

## 案例分析

这是一个关于单据审核原则运用的案例。本案例中开证行有强挑不符点的嫌疑。“Pusan”是“Busan”的另一种拼法，这已载入正式的出版物中。寄单行因此据理力争，迫使对方放弃该项不合理要求。受益人也应从该案例中得到警示，虽然我们在制单和审单中反对“镜像原理”，但为了避免出现不必要的纷争，出口商应严格按照信用证的要求，正确、及时地缮制所规定的各种单据并在规定的期限内交单。

同样是一字之差，但最后所带来的结果很可能就不一样。例如信用证上开证申请人是A steel company，受益人在制单时因为疏忽，出现拼写错误，误打成A steal company，银行在审单时将会界定为“单证不符”，因为一个字母致使公司的性质由钢铁公司变成了小偷公司；信用证中规定的到货港是Pusan，而提单的到货港却是Busan，虽然也有一个字母之差，但Pusan和Busan都是指韩国釜山港，并不会引起歧义，且Pusan是Busan的另一种拼法已载入正式的出版物中，这就不应该被作为“单证不符”对待。

# 案例10：镜像标准导致单证不符案

## 案例相关知识点：镜像标准

镜像标准曾经是英美法院所援用的主要审单标准，即一方面是一个清晰的、具体的信用证项下对单据的要求，另一方面信用证项下的单据要与信用证条款完全一致，不差分毫。受益人向开证行、保兑行、议付行提交的单据就要像信用证条款所规定单据的镜像一样，任何偏差，即使是细微偏差也不能被接受。这种过于苛刻的单据标准对受益人是不公平的。

### 具体案例

中国某贸易公司与菲律宾一家公司达成一笔出口交易，信用证规定“shipment from XIAMEN or HUANGPU”；“goods must be packed in cartons which effect to be indicated in the invoice”。出口商在提单的“port of loading”一栏照填了“XIAMEN or HUANGPU”，发票也仍然填写“goods must be packed in cartons”。当出口商向银行交单时，银行以提单和发票单证不符为理由拒付。请分析这是否属于“单证不符”。

### 案例分析

这是单证不符。提单的“装货港”必须填写实际的装货港名称，如“厦门”、“黄埔”、“厦门和黄埔”，但不能填写“厦门或黄埔”。货物的包装表示方法必须填写实际情况，而不能按照原信用证照抄。可以在货物数量之后用“cartons”表示即可，如400 cartons。要注意避免“镜像原理”出现在单据缮制与单据审核中。

## 案例11：发票日期晚于信用证有效期案

### 案例相关知识点：单据的出单日期

ISBP681第14条规定，任何单据，包括分析证明、检验证明注明的日期都可以晚于装运日期。要求提交“检验证明”并不表明要求证明一件发运前发生的事件。但是，如果信用证要求一份单据证明发运前发生的事件（例如发运前检验证明），则该单据必须通过标题或内容来表明该事件（例如检验）发生在发运日之前或发运日当天。任何单据都不得显示晚于交单日之后出具。

### 具体案例

信用证到期日为2009年10月2日，单据于2009年9月28日寄开证行，注明单证相符。但发票的日期显示为2009年10月22日，开证行以下列不符点拒付：the invoice dated after L/C expiry date（发票日期晚于信用证到期日）。

### 案例分析

根据UCP600第14条i款的规定：“单据的出单日期可以早于信用证开立日期，但不得晚于信用证规定的提示日期。”可见UCP不接受迟于交单期或信用证效期出具的单据。然而在该案例中，单据于9月28日邮寄，发票上显示的10月22日显然是一个打印错误，对单据没有实质性影响，不应该构成不符点。

# 案例 12：开证行丢失单据对外赔付案

## 案例相关知识点：单据传递中的风险转移

当受益人把单据提交给指定银行请求承付或议付时，指定银行审单相符，并办理承付或议付后，单据将被传递给开证行要求偿付。单据在传递中如果发生遗失，在信用证完成议付之前，风险由受益人承担；议付完成之后，单据风险将传递给开证行承担。

## 具体案例

某年 5 月 8 日，某开证行应国内 A 公司的申请开立了以韩国 S 公司为受益人的第 LC22000 号信用证，金额为 63 500 美元。9 月 18 日，开证行收到一份由汉城（现在的首尔）C 银行发来的催收货款的电报，称议付单据已于 8 月 21 日通过快递寄出，但款项尚未贷记其账户。同时，申请人也查询开证行是否收到全套进口单据，并声称船只已于 8 月 26 日抵港，港口方面已经开始催其提货并开始计提滞期费。开证行立即查阅了收单记录，并与本系统收发部门联系，均未发现收到此套单据的收单记录，于是便一边告知申请人单据可能在路上耽误，另一方面向议付行查询。9 月 28 日，申请人向开证行提交了一份由受益人驻京商务代表处提供的开证行签发上述单据的快邮收据影印件。经收发部门确认，快邮收据上显示的图章为开证行下属某营业部专用。开证行立即查询该营业部。经核查得知，该营业部的确已于 8 月 24 日签收了此套单据，但却不知去向。为了避免事态进一步恶化，开证行立即采取以下措施：首先，立即致电议付行索要付款指示，表明准备付款，尽管没有收到相关单据；其次，出具提货担保交申请人凭以办理提货，以免造成更大的滞期费损失。10 月 6 日，议付行复电，告知付款路线并称保留追索迟付利息的权利。根据议付行的指示，开证行于 10 月 9 日办理了付款手续。议付行于 11 月 18 日来电追索迟付 44 天的利息，按年息 5.875%计算，计息 498.50 美元。因为此笔业务确系开证行工作疏忽所致，开证行决定对外赔付，但只同意按 LIBOR 利率赔付，并扣除了 6 天的合理银行工作日，共赔付 303.90 美元的迟付息，此案就此了结。

## 案例分析

信用证业务的实质是单据买卖，因此各当事方一定要尽合理的谨慎来处置单据。根据 UCP600 的规定，银行对在传递过程中出现的延误和丢失不承担责任，但在本案例中，开证行下属某营业部已经签收此单据，则开证行有义务保管并处置单据。若开证行丢失单据，需要承担赔偿责任。在实务操作中，开证行可以在信用证中规定“二次寄单”，要求议付行在议付后将单据分两次寄交开证行，这样万一第一次寄单丢失，还可以通过第二次收到的单据降低和减少损失。如果开证行在议付行首次催收时，不是简单地向议付行查询单据下落，而是主动向行内其他部门问讯查询，事情的结果可能会是另外一种情形。

# 案例 13：单据有效性等不符点案

## 案例相关知识点：单据有效性

根据 UCP600 第 34 条的规定：“银行对任何单据的形式、充分性、准确性、内容真实性、虚假性或法律效力或对单据中规定或添加的一般或特殊条件，概不负责。如果信用证中没有特别规定，只要提交的单据上内容与任何其他提交的所规定单据内容无矛盾，银行将接受这类单据。”

## 具体案例

I 银行开立了一张不可撤销信用证，经由通知行 A 通知给了受益人。该信用证对单据方面的要求如下：(1) 商业发票；(2) 装箱单；(3) 由 SSS 检验机构出具的检验证明书；(4) 海运提单表明货物从 PPP 港运至 DDD 港，提单做成开证行抬头。受益人在货物出运后将全套单据送至 A 行议付，A 行审单后指出下列不符点：(1) 检验证书的出单日期迟于货物装运日，并且未能指明具体货物的检验日期；(2) 装箱单上端未印有受益人公司、地址等文字，且装箱单未经受益人签署；(3) 提示了运输行收据而不是信用证上所要求的提单。A 行将上述不符点通知受益人，受益人要求其电传 I 行请其授权付款。I 行与申请人联系后，申请人不愿取消此不符点。I 行告诉 A 行其拒绝付款的决定，并保留单据听候指示。

## 案例分析

A 行提出的不符点中，除了装箱单存在不符点外，其他两项均无错误。

由于信用证根本未指明装箱单由哪方开立，只要装箱单上内容与其他单据不矛盾，理当接受。此外，除非信用证明确规定装箱单要签署，否则未经签署的装箱单也是可以接受的。

以 UCP600 第 34 条的标准来判断，似乎检验证书也符合规定。但商品检验应在货物装运前，就像保险应先于货物装运一样，所以检验证书的出单日应先于或等于货物装运日。

由运输行承运人签发的单据，如运输行收据（Forwarder's Certificate of Receipt，FCR）不是运输单据，因此它不属于 UCP600 所划定的运输单据的范畴。若信用证要求提供海运提单，运输行收据当然不会为银行所接受。

# 案例 14：出口商以不可抗力要求银行付款案

## 案例相关知识点：不可抗力

银行对由于天灾、暴动、骚乱、叛乱、战争、恐怖主义行为或任何罢工、停工或其无法控制的任何其他原因导致的营业中断的后果，概不负责。

### 具体案例

买卖双方签订了一份 CIF 术语的合同，合同规定用不可撤销的信用证支付。合同订立后买方通过银行向卖方开出了信用证，其内容与合同相符。信用证中的装运条件规定为：数量 7 000 箱，1—7 月等量装运。卖方按信用证规定在 1—5 月每月装运了 1 000 箱，银行已分批议付了货款。对于第六批货物，原订于 6 月 28 日装运出港。但由于台风影响，该批货物延至 7 月 2 日装运出港。卖方凭 7 月 2 日的装运提单向银行要求议付货款时被开证行拒付，卖方以不可抗力为由要求再次议付又遭到拒绝。试分析卖方能否援引不可抗力为由要求银行议付货款。

### 案例分析

根据 UCP600 的规定："信用证规定在指定时期内分期支款及/或装运，其中任何一期未按期支款及/或装运，除非信用证另有规定，则信用证对该期及以后各期均告失效。"如合同和信用证中明确规定了分批数量，例如"3—6 月分 4 批每月平均装运"，以及类似的限批、限时、限量的条件，则卖方应严格履行约定的分批装运条款，只要其中任何一批没有按时、按量装运，则本批及以后各批均告失效。受益人在因为未能按期装运被拒付后，又意图以不可抗力为由要求开证行议付。由于银行对不可抗力所产生的后果不承担责任或对其负责，在本案中，银行有拒绝付款的权利；卖方不能援引不可抗力为由要求银行议付货款。

## 案例 15：不符点银行未能一次提完纠纷案

### 案例相关知识点：被指定银行对不符单据的处理

受益人提交了不符合信用证要求的单据时，议付行或其他指定银行可以将所有单据退还给交单人更改，以便在信用证有效期内和最迟交单期内再次交单。当被指定银行拒绝议付或付款时，必须一次性提出所有不符点，第一次未提出即表示弃权，不允许第二次提出新增的不符点，不然，将遭到对方反驳。

### 具体案例

I 行开立了不可撤销的议付保兑信用证，通过 A 行（议付行）通知受益人。A 行把信用证通知给受益人时，按信用证授权对该证加具了保兑。信用证要求：(1) 全套清洁已装船远洋提单；(2) 保险单。受益人将货物装船后，将所需单据提交给 A 行，A 行审单后确定单据与信用证的条款不符，理由如下：保险单的日期迟于装船日期。受益人要求保险公司更改保险单以表明保险早于装运日生效，更正后的保险单据提交给 A 银行，同一天，受益人可凭单据支取信用证金额。

A 行确定由于 UCP 规定的交单日期以及信用证都在有效期内，它接受新的交单。A

行在它代为保管的单据中，替换了新的保险凭证。在重新审单时，A行确定提单还有一个上次交单时未注意到的不符点，提单未表明承运人的名称，且提单是由代理人签字，未注明该代理人所代表的承运人或船长。A行通知受益人由于发现新的不符点，它依然不能付款。这时，UCP600所允许的21天期限已过，在装船后21天之内，受益人不能更改这个新发现的不符点。

A行作为保兑行通知受益人它不能无追索权地议付，要求受益人指示对单据如何处理。试分析A行的拒付是否正确。

### 案例分析

A行第二次拒绝接受受益人的单据是不正确的。按照UCP600的规定，构成合格的拒付通知必须包括如下内容：(1) 要有明确的拒付意思表示；(2) 一次性列出全部不符点；(3) 表明单据已代为保管、听候处理，或已退给交单人。之所以要求银行一次性列出所有不符点也是为了更好地避免以后又出现通知新增不符点的可能性，加大银行的责任，保护受益人的利益。

本案例中，A行并没能按照该条款行事，它就不能宣称单据与信用证条款不符。银行不能对先前已经接受或未注意到的不符点提出新的异议。在本案例中，保兑行A行的行为已阻碍了受益人在第一次和第二次交单时更正单据，使其无法在信用证有效期内获得款项。

## 案例16：开证行对不符单据处理纠纷案

### 案例相关知识点：开证行对于不符单据的处理

当开证行审单发现单证不符时，它可以征求开证申请人的意见，如申请人同意接受不符点，则开证行可以凭此付款；如申请人不接受单据，开证行可拒绝单据，发出拒付通知。拒付通知必须在5个工作日内完成，并且一次性说明全部不符点。拒付通知中要明确说明对不符单据如何处置。UCP600第16条c款给出了相关银行必须在拒付通知中声明的四种对不符单据的处置方式，允许银行根据实际情况进行选择。

(1) 在拒付通知中申明“the bank holding the documents pending further instruction from the presenter”。如果使用本选择，在交单人没有明确指示的情况下，即使申请人表示接受单据，银行也不能放单给申请人。

(2) 在拒付通知中申明“the issuing bank is holding the documents until it receives a waiver from the applicant and agrees to accept it, or receives further instructions from the presenter prior to agreeing to accept a waiver”。本选择明确允许开证行在未接到交单人进一步指示前，当申请人表示接受不符单据时，可以自行决定放单给申请人，这是目前实务操作中的通常做法。

(3) 在拒付通知中申明“the bank is returning the documents”。表明拒付银行将会把

不符单据直接退还给交单人。

（4）在拒付通知中申明“the bank is acting in accordance with instructions previously received from the presenter”。这一选择明确允许了交单人向相关银行发出适当的对单据进行处置的指示。如果交单人在交单面函中已经对单据的处置作出了具体指示，相关银行应按照此指示行事。比如，交单银行在面函中指示保兑行，如发现单证不符径寄开证行，此时保兑行应按要求传递单据到开证行，同时在拒付通知中告知；又比如，交单行可在寄单面函中通知开证行，若在 10 个工作日内未收到申请人对不符单据的接受通知，则将全套单据退回等等。

## 具体案例

B 银行开立一张不可撤销保兑信用证，该证的保兑行与通知行均为 A 银行。受益人在接到 A 银行通知后，即刻备货装运，且将全套单据送 A 行议付。A 行审核单据后，发现有两处不符：其一是晚装船，其二是交单期已过。于是 A 行与受益人电话联系，征求受益人意见。受益人要求 A 行径寄开证行并授权议付。

收到议付行寄来的不符单据，B 行认为其不能接受此两项不符点，并且将此情况通知了开证申请人。开证申请人也认为单据严重不符，拒绝付款。于是 B 行电告 A 行：“由于货物迟装运以及单据晚提示的原因，金额为×××的第×号信用证项下的款项被拒付。我们代为保管单据听候你方处理。我们已与申请人联系，据告他们会直接与受益人协商，请指示。”

A 行收到 B 行电传即告受益人。受益人要求 A 行电告 B 行，单据交由 B 行掌握并等待受益人的进一步指示。遵受益人指示，A 行即电告 B 行上述内容。

收到 A 行要求单据交由其掌握，听候受益人进一步指示的电传后，B 行与申请人取得了联系。由于申请人迫切希望得到这批货物，他随即指示 B 行付款。于是 B 行电传 A 行：“你方要求单据交由我方掌握，进一步听候受益人指示的电传已收到，经进一步与申请人联系，他们已同意接受不符的单据，并且授权付款×××，请即对受益人付款，并借记我方开在你处的账户外加所有的银行费用。”

收到 B 银行电传指示，A 行打电话通知受益人。受益人认为他们不能接受。因为在得到申请人拒付的信息后，货物市价突然上涨，他们已将货物以更高的价格转卖给了另一买主。况且在对方发了拒付后，他们毫不延迟地作出决定：单据交由 A 行掌握，听候处理。得此信息后，A 银行给 B 银行一则电传：“由于你方拒绝接受我方的不符单据，在此情况下，受益人已将货物转卖给另一客商。因此他们不能接受你方在拒绝不符单据后再次接受该单据的做法。此外，据受益人称，申请人已掌握了代表货物所有权的正本提单。我们认为未经我方许可，你方擅自放单的做法严重违反 UCP600 的规定。”

B 银行电告 A 银行称申请人与其关系极好，该行的放单纯粹是为了有利于争端的解决。B 行认为由于受益人提供的单据与信用证严重不符，据其估计该笔业务只能以跟单托收的方法进行。既然申请人随后接受了单据并且支付了货款，B 行在此情况下将提单背书给买方，即将货物所有权转至买方，故 B 行也无须再将全套单据退 A 行掌握。

## 案例分析

此案中开证行 B 行的做法显然是严重违反了 UCP600 的规定。根据 UCP600 规定：(1) 如果开证行及/或保兑行（如已保兑）或代表它们的被指定银行决定拒收单据，则其必须在不迟于自收到单据之日起第 5 个银行营业日结束前，不延误地以电讯，如不可能则以其他快捷方式，发出通知。该通知应发至从其处收到单据的银行，如直接从受益人处收到单据，则将通知发至受益人。(2) 通知必须叙明拒收单据的所有不符点，并还必须说明银行是否留存单据听候处理，或已将单据退还交单人。开证行及/或保兑行（如已保兑）未能按本条规定办理，及/或未能留存单据等待处理或将单据退还交单人，开证行及/或保兑行（如已保兑）则无权宣称单据不符合信用证条款。

由于受益人提供的单据存有严重不符，在此情况下 B 银行拒绝付款本无可厚非，但错就错在各方尚未对此事达成协议前，B 行将此单据放给了申请人。这就严重违反了规定，它就无权宣称单据不符合信用证条款。A 行既未指示也未提示按托收办理，无论如何 B 行不能随意地将此业务改为托收，这样做会使其他当事人误以为该项业务已受 URC522 而非 UCP600 的约束，随之而来的是受益人的权利得不到 UCP 的保护。

很显然 B 行的正确做法是要么接受不符单据，若拒收则应保留单据听候处理。

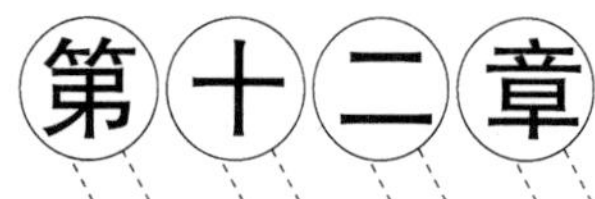

# 第十二章 国际贸易结算融资

## 案例1：议付行打包贷款被骗案

### 案例相关知识点：打包贷款

打包贷款（Packing Credit or Packing Loan）是出口地银行在出口商提供货运单据之前凭其提供的进口方银行开来的信用证正本作抵押向其发放贷款的融资行为。其期限一般为3个月，最长为6个月。出口商用融资款项购买、包装和出运信用证所规定的货物。这种放款因最初仅向受益人提供包装费用方面的融资而得名。

打包贷款业务具有如下特点：（1）“单前融资”。打包贷款为“单前融资”，其发放贷款的时间段为收到信用证之后，向出口地银行提交信用证规定的单据之前。（2）专款专用。打包贷款的资金只能用于所抵押信用证项下货物的生产或商品收购开支，要求专款专用，不能用于固定资产投资或其他用途。贷款金额一般为信用证金额的60%～80%。具体金额由打包贷款银行根据出口商的资信及开证银行的资信来确定。（3）期限确定。打包贷款的还款期限不超过信用证有效期后21天，一般为3个月，最长不超过半年。当出现信用证修改船期和效期，致使出口商不能按原计划行事，出口商应在打包贷款到期前申请贷款展期。（4）有追索权。在正常情况下，打包贷款的还款来源是信用证下的货款回收，如果因故不能从国外收回货款，贷款人必须用其他资金偿还打包贷款的本息。

在叙做打包贷款业务时，出口商及打包贷款发放银行要做到：（1）严格审证、审单。信用证是银行叙做打包贷款的重要依据，所以一定要严格审核信用证，防止假信用证诈骗行为。当收到出口商交来的单据时，同样要严格审核单据，确保单证相符，单单一致，避免无法收汇。如果打包贷款的货币为人民币，还应考虑汇率风险。一般打包贷款的币种以本币为主。（2）防范一证多贷问题。不诚信的出口商为了自身的利益与外商串通一气套取银行贷款，用信用证正本抵押在贷款行做打包贷款，又用副本到他行担保交单，逃避打包贷款行的资金监管，使贷款行得不到单据，无法向开证行寄单索汇，导致打包款回收受阻。这是贷款人的诚信问题，所以在贷款之前，一定要严格审查贷款人的资信，不能因为有信用证作抵押而降低对贷款人资信的要求。(3) 改办托收悬空贷款。这也是出口商的诚信问题。有些不良商人凭信用证的正本获得银行的打包贷款后，又持本批货物的单据到别的银行办理托收，悬空贷款行的债权。贷款行应做好贷前调查，确保贷款人资信可靠，一旦发现欺诈行为，可通过同业公会或相应机构，将贷款申请者列入黑名单，降低或停止其信用额度，如造成资金损失，还可通过法律诉讼途径维护债权。

## 具体案例

某年7月18日，N银行（议付行）收到澳门I银行开立的一份信用证。在审核信用证表面真实性无误后通知B公司，B公司随即向银行提出叙做打包贷款业务的申请。N银行审核信用证后，发现信用证有一项软条款，即在信用证规定提示的单据中，除正常的货运单据外，还要求一份由申请人出具的确认船名的证明。由于软条款的存在，议付行收款有风险，N银行未同意其打包贷款的申请。此后，澳门I银行修改信用证，将开证金额增加。7月25日，开证行又对信用证进行修改，将全套正本提单改为副本提单，正本提单由受益人直接寄给开证申请人，并增加受益人的寄单证明。7月30日，N银行按照受益人的要求答复开证行，拒绝接受修改。8月11日，受益人将申请人出具的确认船名证明及正本信用证提交N银行，再次申请信用证打包贷款。考虑到船名证明已拿到，软条款风险不复存在，N银行同意叙做打包贷款。8月19日，N银行收到开证行的第三次修改：(1) 将信用证的有效地点由议付行改为开证行；(2) 任何银行议付有效改为开证行议付有效；(3) 申请人出具的确认船名证明的签字必须与开证行的预留签字样本相符，开证行在收到单据后将核实确认申请人的签字。经与B公司接洽，N银行于8月27日答复开证行，受益人拒绝接受修改，并告知上述信用证项下的单据已于8月21日寄出。

9月1日，澳门开证行I银行来电提出如下不符点：(1) 信用证要求质量和数量证，而提交的是质量证和数量证；(2) 申请人确认船名证明未注明是正本；(3) 发票和装箱单上受益人的地址和信用证不符。N银行研究上述不符点后，于9月4日回电反驳，同日N银行收到开证行已强行退单的电文。9月15日，受益人向N银行提交了开证申请人澳门A公司致该公司的电文，电文称："今接船公司传真，告知信用证项下货物仍在码头，而开证行已于9月3日将上述货物的全套单据退回。为避免贵公司的进一步损失，请贵公司接洽船公司，提出对货物的处理意见。"

N银行进一步了解到，该笔货物是滞销产品，其内地采购价大大低于港商进口商的报价；与受益人签订合同的不是澳门A公司，而是一家港商，此前受益人曾向港商支付过高额佣金，在开证行提出不符点后，受益人就再也与该港商联系不上了。至此，受益人B公司和议付行N银行遭受重大风险。

## 案例分析

本案例议付行N银行应根据信用证和国际惯例，与开证行I银行据理力争，收回议付款，以此归还银行打包贷款。

从案例所陈述情况分析，信用证开证行I银行有重大欺诈嫌疑。这点从信用证的开立、修改和提示不符点中都有所体现。I银行开立的信用证有软条款，意图控制付款的主动权；I银行对信用证的修改增额，意图增加诈骗金额；规定全套正本提单直接寄送开证申请人，受益人凭副本提单议付，有悬空受益人货权的嫌疑；将信用证的有效地点由议付行改为开证行，使得受益人无法控制交单时间，因为受益人无法确定单据从议付行寄送到开证行的具体时间，增加了受益人单证相符的难度；将议付行限制在开证行，使得信用证由自由议付信用证变成限制议付信用证，信用证项下出口商能否收到款项由开证行唯一决定；要求申请人的签字必须与银行预留签字样本相符，这又是开证行列出的一个软条款。好在议付行及时发现了这些漏洞，拒绝了信用证的修改，在确认可以得到申请人出具的确认船名证明后才同意接受I银行开立的信用证叙做打包贷款。业务处理得当。

I银行所提不符点不成立。根据UCP600第14条的规定，除商业发票外，受益人所提交的其他单据只要不与信用证规定的描述相矛盾就可以接受。受益人提交的质量证和重量证不与要求其提交质量和重量证矛盾。UCP600第17条规定，除非单据本身表明其不是正本，银行将视任何单据表面有单据出具人正本签字的单据为正本单据，申请人确认船名证明未注明正本并不意味着该证明就不是正本。UCP600第14条j款规定，申请人和受益人地址不必与信用证或其他单据相同，电传、电话、邮箱等联系方式的不一致也将被不予置理，所以发票和装箱单受益人地址与信用证不符不能构成不符点。基于此点分析，N银行应反驳开证行I银行提出的不符点，追回议付款。

本案也给我们留下深刻启示和教训。内地厂商为了推销积压商品，有与国外不法商人合伙诈骗议付行打包贷款的道德风险。出口商支付了进口商高额佣金后，进口商协助出口商开立有软条款的信用证，信用证金额往往比货物价值高很多，当出口商打包贷款资金到手后，就不再与银行联系。银行即使控制了物权，但由于所交易商品是滞销商品，处理价值极低，与信用证金额严重不匹配，无法弥补叙做打包贷款的损失。

港澳地区有的不法商人手中有未使用完的授信额度，到银行开立信用证十分便利，因此会与内地客户串通，在收取内地出口商高额佣金和手续费后，利用其授信额度开立信用证，内地客户拿到信用证后找银行骗取打包贷款。由于开立的信用证往往订有软条款，开证行往往会利用软条款和其他所谓不符点千方百计拒付，等信用证拒付退单关卷后，客户本次信用证使用的授信额度自动恢复，没有任何损失。可谓是空手套白狼，赚取高额佣金和手续费。

银行办理打包贷款，信用证的有效执行是还款的重要保障。如果信用证的条件和要求客户无法满足，或者客户无法履行合同从而无法向银行提交单据，那么信用证此时就是一张废纸，银行办理打包贷款无异于信用贷款。在办理打包贷款业务时，银行应对信用证条款进行认真审核，凡是妨碍信用证执行的软条款应坚决拒绝接受，同时将正本信用证控制在打包贷款行手中，防止出口商将正本信用证和单据交付其他银行议付，打包贷款银行丧失还款来源；办理打包贷款业务之后，银行对于收到的信用证修改应完全掌握接受与否的主动权，不能任由受益人意见左右；本案中受益人提交的单据是否存在不符点是决定本案最终结果的关键，也是造成议付行被动局面的根本原因，议付行一定要据理力争，向开证行索汇，归还打包贷款资金。

# 案例2：出口押汇融通资金案

## 案例相关知识点：出口押汇

出口押汇（Outward Bill）又叫买单或买票，它是出口商将代表货权的提单及其他单据抵押给银行，从而得到银行扣除押汇利息及费用后的有追索权的垫款。出口地银行收下汇票和单据后，在汇票到期时提交给进口商，请其付款，进口商付款后，银行收回垫付资金，如果进口商拒绝支付垫款，则出口地银行有权要求出口商归还票款。出口押汇主要包括信用证出口押汇和托收出口押汇，两者区别在于前者押汇行的索汇对象为相对应信用证的开证行，只要开证行资信良好、单证相符，收汇安全性还是有一定保障的；而后者押汇行的索汇对象为进口商，是否收汇完全依赖于该进口商的资信程度，因此收汇风险相对较大。

出口信用证押汇（Negotiation under Documentary Credit）是指在出口信用证项下，受益人（卖方）以出口单据作抵押，要求出口地银行在收到国外支付的货款之前，向其融通资金的业务。银行受理出口信用证押汇的条件是：（1）出口商须是本行的基本客户，且与本行保持稳定的业务往来；（2）开证行、付款行或保兑行的所在地及货运目的地不是政局动荡、外汇管制甚严或对外付汇困难的国家和地区；（3）出口商须提交正本信用证（若该信用证有修改，须同时提交全部修改），且该信用证不属于限制他行议付信用证、附带软条款信用证、90天以上远期信用证，要求提交非所有权运输单据的信用证；（4）出口商提交的单据必须做到单据齐全，单证一致，单单一致；（5）出口商须提出相关信用证及单据项下的押汇申请并与押汇银行签订出口押汇合同。

## 具体案例一

某年5月14日，N银行（通知行、议付行）收到I银行开出的受益人为B公司（出口商）的一份信用证，并在审查信用证的表面真实性无误后通知了B公司。7月30日，N银行应B公司的申请，在审核其提交的单据无误后，为其承做了出口押汇业务。B公司在与N银行签订的押汇协议中规定：（1）全套货物单据及货权均转让给N银行，银行有权根据情况自行处理单据和货物，并可向B公司补收不足之差额。（2）如属N银行直接过失（单据中的不符未能审出者除外），造成对方拒付、迟付或扣付，应由N银行承担责任。7月31日，按照B公司的指示，N银行将押汇款扣除费用和利息后划入B公司账户，同时N银行向I银行寄单索汇。8月8日，开证行以单据存在不符点为由拒付，N银行就此通知了B公司。8月21日，开证行通知N银行，开证申请人不接受不符点。11月8日，开证行将全套单据退回N银行，N银行即通知B公司还款，但B公司未能返还押汇款。此时，B公司的出口货物因滞港多日而被国外港口强行拍卖处理完毕。

在此期间，N银行诉至法院，要求B公司返还押汇款及利息。B公司辩称，N银行未尽合理审单的义务，导致单证不符被拒付，依据出口押汇协议第二条以及国际惯例，这属于N银行的直接过失，应由其自行承担责任；此外，拒付发生后，N银行未能及时有效地处理货物，导致货物被强行拍卖，依照出口押汇协议第一条的规定，N银行亦承担处理不当的责任。试分析法院应如何判决。

## 案例分析

本案既存在信用证关系又存在出口押汇关系，两种法律关系既相互交叉，又相互独立。从信用证关系而言，N银行是信用证的议付行，议付是一种给付对价的行为，是议付行向受益人购买单据的行为，议付行的审单义务是针对开证行而非受益人而言的，如果开证行因为单证不符而拒付，其法律后果是已议付款项不能从开证行处得到偿付，但议付行对受益人是有追索权的，可以要求受益人返还已经议付的款项。从法律关系而言，受益人B公司将全套单据转让给N银行，实际上是对出口押汇融资的一种担保。押汇行N银行享有多种救济手段：既可以行使票据上的追索权（出票人是受益人，付款人是开证行，收款人是押汇银行，但付款人拒付时，出票人承担主债务责任，收款人有权从主债务人处索要款项），也可以根据押汇协议主张合同上的债权，还可以自行处置货物，行使对担保物的求偿权。N银行选择直接向B公司讨还押汇款（行使债权）并无不妥。根据以上分析，法院应判决B公司归还押汇款及利息。

在实务操作中，经常有人将“议付”和“押汇”这两个概念混淆。从表现形式上来看，都是受益人将代表物权的单据提交银行，由银行在收到开证行偿付款之前将资金付给受益人的现象。当开证行拒付时，银行都有权找受益人索要款项。但从法律性质上来分析的话，“议付”是一种票据购买行为，议付行给付对价（议付款项），从而成为单据和票据的善意持票人，议付行向受票人即开证行提示付款，但遭拒付后，可以找出票人或受益人追索。“押汇”是受益人以代表物权的单据做质押，从而获得议付行贷款的一种行为。押汇行并没有购买单据，而是以单据作为质押担保向受益人发放贷款。当贸易融资款无法从开证行收回时，押汇行既可以直接找受益人追讨款项，也可以通过处置质押担保物来清偿贷款。

## 具体案例二

内地某公司收到一张从香港东亚银行开来的装运后90天付款，金额为100万美元的信用证。该公司备货发运后，向往来银行交单。8天后，香港东亚银行发来承兑电文，承诺于2014年10月18日付款。由于该公司流动资金不足，急需收回这笔款项用于周转，鉴于开证行资信良好，往来银行又持有开证行的承兑电文，于是，该公司向往来银行咨询后，申请叙做出口押汇业务。该公司按要求提交了出口押汇申请书、出口合同等资料，押汇利率为3%，低于同期人民币流动资金贷款利率，议付费率为0.125%。试分析该公司通过出口押汇能够获得多少放款。

## 案例分析

该公司需支付的议付手续费为：

100万×0.125%=0.125(万美元)

押汇利息为：

100 万×3%×90/360＝0.75（万美元）

往来银行审核了相关资料后，扣除议付手续费 0.125 万美元及押汇利息 0.75 万美元后，将余额 99.125 万美元发放给了该公司。

该公司收到押汇款后，在往来银行结汇，用于购买国内的生产原料，用较低的财务成本加速了企业资金的流动，达到了远期信用证即期收汇的目的。对往来银行而言，由于有开证行的承兑电文，并对出口商保留追索权，出口押汇业务风险较小，收益可观。

## 案例 3：票据贴现提前回款案

### 案例相关知识点：票据贴现

票据贴现是指在远期汇票已获承兑而尚未到期前，由银行或专门的贴现公司按照贴现利率在扣除了自贴现之日起至汇票到期日这一天止的利息后，将汇票金额的余额提前支付给持票人并保留追索权的一种资金融通的票据行为。票据贴现有如下种类和做法：

（1）商业承兑汇票的贴现，即由出口商签发经进口商签名承兑的汇票。由于此类汇票由主债务人即进口商承兑，依靠的仅是商业信用，故银行一般不接受此类申请。

（2）银行承兑汇票的贴现。由于汇票上已经加具了承兑行的承兑签字，因此银行信用介入其中，对已承兑汇票的到期付款承担担保责任，因此贴现行一般予以叙做。

（3）承兑交单托收下以出口信用保险保单作为抵押的贴现。在出口托收承兑交单业务中，出口商向国家指定的保险机构投保出口信用保险后，将该保险机构出具的保单作抵押要求银行贴现时，银行要求出口商作出与出口托收押汇情况相同的履约担保，以免发生呆账、坏账时索赔落空。

贴现利息及贴现额的计算公式为：

贴息＝票面金额×贴现率日利率×天数

利率的换算：

日利率＝年利率÷360＝月利率÷30

贴现额＝票面金额－贴息

### 具体案例

出口商交来某银行已承兑 180 天到期、金额为 2 500 000 美元的远期汇票请求贴现（承兑日即为贴现申请日），贴现率 8%，出口商能得到的贴现款是多少？

### 案例分析

贴现银行应扣贴现息为 2 500 000×8%÷360×180＝100 000（美元）；客户得贴现款

为 2 500 000－100 000＝2 400 000（美元）。

如果承兑行与贴现行为同一银行，还需收取承兑费，通常承兑费为 1%，该费率计入贴现率形成综合利率一并扣收，此时：

承兑贴现息＝票面金额×综合利率（日利率）×天数

以上例为例：承兑贴现行应扣贴息为 2 500 000×9%÷360×180＝112 500（美元）。

客户的承兑贴现款为 2 500 000－112 500＝2 387 500（美元）。

## 案例 4：出口商业发票贴现双赢案

### 案例相关知识点：出口商业发票贴现

出口商业发票贴现是在货到付款（俗称“后 T/T”）或赊销结算方式下，出口地银行凭出口商的商业发票等单据对出口商进行融资的业务。它是我国在 21 世纪初新兴的一种出口贸易融资业务，其还款来源在正常情况下为“货到付款”或赊销项下的收汇款。在企业不能从国外正常收回货款的情况下，企业必须偿还银行贴现的本金和利息。实际上，出口商业发票贴现是从保理业务的融资功能中演变而来的。

出口商业发票贴现的主要作用是扩大了出口企业的融资渠道，出口企业不必凭国外开立的信用证或采取其他担保方式获得融资，可以在货到付款和赊销结算方式下，装运货物并向出口地银行提交相关单据后，从出口地银行获得短期融资，在国外货款到达前从银行得到垫款，方便了出口企业的资金周转，为出口企业的业务发展起到了积极的推动作用。

### 具体案例及分析

A 公司是 B 银行的优质客户，年出口额为 2 亿多美元。从 2008 年开始，A 公司与 B 银行建立了业务往来，主要是通过 B 银行进行 T/T 收汇，但未发生授信业务。B 银行给 A 公司授予了 1 000 万元人民币的流动资金贷款授信额度，但由于 A 公司不缺乏人民币资金，授信额度一直闲置。

2009 年 7 月，随着人民币升值，A 公司毛利率下降，收汇期限又在货到后 90 天以后，面临人民币升值幅度进一步加大的风险。B 银行了解到，A 公司的进口商 C 公司是一家世界 500 强企业，资信较好，A 公司与 C 公司已经有半年多的业务往来，从来未发生过商业纠纷；A 公司迫切希望规避人民币升值的风险。鉴于上述原因，B 银行立刻向 A 公司推荐了出口商业发票贴现业务，企业可以提早回笼货款结汇，从而有效规避人民币升值的风险。A 公司在听了 B 银行的业务推介后，立刻同意将 1 000 万元人民币的流动资金贷款额度换成出口商业发票贴现额度。目前已经成功叙做两笔，金额共约 25 万美元。A 公司表示今后会将该进口商的所有收汇放到 B 银行，一年可以为 B 银行增加 1 000 万美元的国际结算量，如果按照当前 5.5%的贴现利率计算，B 银行将产生利息收入近 120 万美元，实现了企业和银行的双赢。

# 案例5：授信开证促成商业交易案

## 案例相关知识点：开证授信

对外开立信用证是银行的主要国际结算业务，开证行承担对出口商第一性的付款责任。进口开证业务的关键风险点在于进口商资信以及银行是否掌握物权。银行可根据风险程度酌情收取保证金。银行与资信状况良好、有清偿能力、有经常性业务往来的企业对于信用证的开立可以签订授信协议，在授信额度内免除进口商部分甚至全部保证金为其开立进口信用证。进口商无须或少交保证金就能获得银行开立的信用证，这样一种对进口商的融资方式称为开证授信。

信用证的开证额度是银行给予客户核定的减免保证金开证的最高限额，只要客户开立的信用证金额不超过这个额度，银行可减免保证金，减轻进口商的资金压力。开证额度分为一次性额度和循环额度（总额度）。一次性额度是指银行与进口商就某一笔进口开证业务而签订的一次性额度协议，该笔进口业务结束后，此一次性额度随即失效。对于业务往来不久，资信情况只是一般了解，单笔业务成交金额巨大，循环授信额度不够使用的客户，可以考虑授予一次性额度。循环性额度又称总额度。银行与企业签订一个总的授信额度协议，由企业在此额度内循环使用。此额度会根据客户的资信状况及业务发展状况而做必要调整，一般会授予在银行开立账户，有长期业务往来的企业。对于保质期较短，容易腐烂的商品，银行会要求较高的保证金比例，部分金额允许客户使用开证额度；对加工贸易企业生产所需原材料的进口，银行往往会同意进口商全额使用开证额度，无须缴纳保证金。

## 具体案例

国内某贸易公司是一家中小企业，但其业务发展良好，进口渠道稳定，下游生产企业实力雄厚。该公司拟从美国某公司进口一批金额为600万美元的生产原料，计划缴纳100万美元的开证保证金，其余500万美元占用其授信额度，申请对外开立信用证，即申请500万美元减免保证金开证的综合授信额度。

银行于2月18日将信用证开至美国，3月25日价值600万美元的进口单据到达开证行。该企业接受单据，并将其余500万美元划入其在开证行的结算账户，银行于3月31日对外付汇。该企业综合授信额度重新恢复到500万美元。

## 案例分析

开证授信额度的正确使用，对于进口商来说可以减免保证金开证，延迟企业的资金占用，加快资金流转，提高企业的资金使用效率，是银行为企业提供的一种非常有效的进口融资便利。

开证授信额度的不当使用也会引发道德风险。港澳地区曾发生不良企业因为授信额度没有用完，参与了内地企业诈骗出口银行融资款项的案例。它们与内地不法企业勾结，协助内地企业销售滞销商品。进口商先利用其开证额度开立信用证，但信用证含有软条款。内地出口商收到信用证后，向出口地银行申请打包贷款或出口押汇。由于信用证有软条款，开证行拒付，出口地银行无法回款来抵补融资款项。开证行拒付退单后，出口地融资银行即使仍然控制货权，但该滞销商品由于销售不畅也无法回款。开证行在拒付信用证关卷后，进口商的开证授信额度又自动恢复。在这个过程中，不法进口商人利用开证授信额度获取了高额佣金和手续费。

# 案例6：假远期信用证融资案

## 案例相关知识点：假远期信用证的使用

越来越多的国内进口商基于各种原因开始充分利用假远期信用证。

（1）转口贸易的需要。国内企业在经营转口贸易的过程中，若国外出口商（最终供货商）要求开立即期信用证，获得即期付款，而国外进口商（最终购买商）要求开立远期信用证，延长付款时间，国内中间商可以通过开立假远期信用证满足三方的结算需求。

（2）充分利用其他企业的授信额度，增加代理进口量。在实务中，有很多企业自有资金不足，又没有足够的授信额度开立信用证，有的企业授信额度较高，无法充分利用，造成闲置浪费。这样，实际进口企业可以委托代理进口企业，占用其多余的授信额度开立信用证。代理进口企业应委托进口企业的要求，申请开立假远期信用证，进口到单后，开证行先行垫付款项，委托进口企业提货出售后，将货款及开证手续费、贴现费及进口代理费支付给进口代理企业，进口代理企业在汇票到期后将货款及相关费用划拨给开证行，履行付款责任。

（3）减少资金占用。充分利用银行的融资能力和信用证的结算杠杆，帮助企业盘活资金。在进口高峰期，进口企业通过开立假远期信用证，既适时抢占了商机，进口了大量货物，又满足了国外出口商的即期付款要求，科学地避免了付款高峰期。

## 具体案例

A进口企业拟从国外进口一批价值100万美元的货物，采用信用证结算方式。但其自有资金不足，无法缴纳100%的保证金开立即期信用证，在银行也没有足够的授信额度开立即期信用证。这时国内的B企业得知这一信息，主动与A企业联系，愿意利用它闲置的授信额度为A企业开立假远期信用证帮助其进口货物。试分析该业务应如何具体操作。

## 案例分析

本案例中B企业可以利用其闲置的授信额度，在不占用其一分钱资金的情况下，帮助A企业开立假远期信用证进口货物。通过这样的行为，B企业赚取了可观的进口代理费，

A 企业解决了资金缺口开出了信用证，实现了企业的双赢。

如果 B 企业开立的是即期信用证，就要替 A 企业垫付资金，这是 B 企业所不愿意的。B 企业可以作为开证申请人开立假远期信用证，信用证规定国外客商可以即期获得款项，进口商所在地的银行将贴现已经承兑的票据；贴现的利息和费用由进口商 B 企业来承担，进口商 B 企业在汇票到期时再履行付款责任。当进口到单后，开证行付款，将单据交 B 企业，B 企业作为代理进口商将单据交付真正提货的委托代理进口 A 企业，委托进口 A 企业提货后销售货物，将销售货物收入的相当一部分（包括进口到单货款，信用证开证手续费和票据贴现费用以及 B 企业的进口代理费）支付给 B 企业，在票据到期时，B 企业在扣收了其应得的代理进口费后，将应对外支付的款项及开证行的手续费和贴现费支付给开证行，本笔业务结束。

通过假远期信用证的使用，A 企业充分利用了 B 企业的授信额度，增加了代理进口量。B 企业利用其闲置的授信额度，在不动用其资金的情况下获得了可观的代理进口费收入；开证行赚取了开证手续费和贴现利息，实现了三方的共赢。

## 案例 7：信托收据案

### 案例相关知识点：信托收据

信托收据（Trust Receipt）是进口商在付款之前向代收行借取货运单据时开立的以代收行为委托人，以自己为受托人的一种书面信用担保文件，用来表示进口商愿意以代收行受托人的身份代为提货、报关、存仓、保险、出售上述货运单据下的货物，货物的所有权及所销售收益均归委托人——代收行所有。进口商出具信托收据的目的是在尚未付款的情况下，向代收行借出货运单据先行提货，这实质上是代收行对进口商的一种融资方式。

信托收据主要用于远期付款交单（D/P at...days after sight）的托收业务中，当货物、单据均已到达目的地，而付款期限未到，进口商无法凭单提货，所以用信托收据这种担保凭证向代收行借出单据，尽早提到货物，这样一方面减少了货物滞留码头的仓储费，同时也可早日处理货物，避免因市场变化或货物质量变化而遭受损失。信托收据的作用不仅在于为进口商提供融资便利，还为银行债权提供了一种保护机制。信托收据是进口商未付款而先借单提货，在这种情况下，借出单据的代收行承担了进口商提走了货而不按期付款的风险。银行为了保护其债权，限制了进口商对货物的处分权利，尤其强调处分货物的权益应优先偿还银行的款项。为了确保上述条款的实施，银行通常在信托收据中约定有关货物出售后，货款应付至银行指定的账户。

信托收据一般载有以下几方面的内容：（1）在进口商付清货款赎回信托收据之前，所借单据项下货物所有权属于借出单据的代收行。（2）进口商只能以货运单据上的货主（出口商或代收行）之名义提款，将货物存入仓库。如果出售货物，所得货款应存入代收行，以便到期支付货款。（3）如果代收行因借出单据而受到损失，进口商应负责赔偿。（4）如因借单人的原因，导致有关业务进展不正常，代收行可随时取消信托收据，收回单据及货物。信托收据具有借据和保证书的双重性质。

信托收据可以分为两种情形：

第一，出口商主动授权代收行可以凭进口商的信托收据放单。这是出口商对代收行的授权，是出口商对进口商的授信，一切风险和责任均由出口商承担，进口商能否如期付款，代收行不负任何责任。

第二，进口商在征得代收行同意的情况下，出具信托收据，甚至可提供抵押品或其他担保，向代收行借出全套单据，待汇票到期时由进口商向代收行付清货款再赎回信托收据。这是代收行凭借进口商的信用、抵押品或担保借出单据，是代收行对进口商的授信，无论进口商能否在汇票到期时付款，代收行都必须对出口商承担到期付款的责任和义务。

## 具体案例一

我某公司向日本某商以 D/P 见票即付方式推销某商品，对方答复：如我方接受 D/P 见票后 60 天付款，并通过它指定的银行代收则该笔业务可接受。试分析日方提出此项要求的出发点是什么。

## 案例分析

进口商日方这样可以在不占用自己资金的情况下提前收取货物，销售货物，实现销售收入，提高资金的使用效率。这是因为在 D/P 即期的方式下，进口商必须即期付款才能拿到单据提货。在 D/P 60 天方式下，理论上进口商要在 60 天后付款，然后才能拿到单据提货，但也存在一种可能，进口商与代收行业务往来频繁，信用状况良好，进口商采用信托收据（T/R）借单，在付款到期日之前就能拿到单据提货，而在到期日再付款，从而有利于本身的资金融通。

## 具体案例二

出口商 A 向进口商 B 请求采用 D/P 即期结算方式出口一批货物，但进口商 B 不同意，建议采用 D/P·T/R 方式结算，由于此时国际市场上这种商品处于供大于求的阶段，出口商 A 无奈只有答应进口商 B 的要求。待商品出口后进口商很快杳无音信。试分析在本案中出口商的损失应该由谁来承担。

## 案例分析

应该由出口商自己承担。如果出口商没有授权代收行通过 T/R 方式借出单据给进口商的话，代收行如擅自将单据借与进口商，则代收行要为其行为负责。但在本案中出口商采用了 D/P·T/R 方式结算，这意味着代收行可以通过 T/R 方式借单给进口商，这种借单行为是由出口商授权的，此时如果进口商不付款的话，出口商要承担由此所带来的所有风险和损失。

D/P·T/R 即“付款交单凭信托收据借单”。其具体做法是：由进口商承兑汇票后出具信托收据向代收行借取货运单据先行提货。若此做法为买卖双方事先约定的话，则在代收行借出货运单据后，发生汇票到期不能收回货款的风险与代收行无关，应由卖方自己承担。若此做法由代收行自行决定时，则代收行应承担汇票到期收不回货款的全部责任。D/P·T/R 这种做法对卖方极为不利，风险大，采用前务必慎重。

## 具体案例三

我国 A 公司向泰国 B 公司出口一批货物，付款方式为 D/P 90 天。货物出运后，汇票及货运单据通过出口地的托收银行寄抵国外代收行，B 公司进行了汇票承兑。货抵目的港后，由于用货心切，B 商于是出具了信托收据向本地代收行借得货运单据，先行提货转售。当汇票到期时，B 商因经营不善，失去偿付能力。代收行以汇票付款人拒付为由通知托收行，并建议由 A 公司直接向 B 商索取货款。此时距离汇票到期日还有 30 天。试分析代收行在此案中的责任。

## 案例分析

在远期付款交单的条件下，如果付款日期晚于到货日期，进口商为了抓住有利时机转售货物，可以采取两种做法：一是在付款到期日之前付款赎单，扣除提前付款日至原付款到期日之间的利息，作为进口商享受的一种提前付款的现金折扣。另一种做法是代收行对于资信较好的进口商，允许其凭信托收据借取货运单据，先行提货，于汇票到期时再付清货款，这是代收行自己向进口商提供的信用便利，而与出口商无关。因此，如代收行借出单据后，到期不能收回货款，则应由代收行负责。但如系出口商指示代收行借单，就是由出口商主动授权银行凭信托收据借单给进口商，即所谓远期付款交单凭信托收据借单方式（D/P·T/R 方式），也就是进口商承兑汇票后凭信托收据先行借单提货，日后如进口商到期拒付的风险，应由出口商自己承担。因此，使用远期付款交单凭信托收据借单方式时出口商必须特别慎重。本案中，代收行以汇票付款人拒付为由通知托收行，并建议由 A 公司直接向 B 商索取货款的处理意见值得商榷。如银行擅自放单，则由代收行承担责任；如出口商授权银行放单给进口商，则后果由其自己承担。

## 具体案例四

天津 M 出口公司出售一批货物给香港 G 商，价格条件为 CIF 香港，付款条件为 D/P 见票后 30 天付款，M 出口公司同意 G 商指定香港汇丰银行为代收行。M 出口公司在合同规定的装船期限内将货物装船，取得清洁提单，随即出具汇票，连同提单和商业发票等委托中国银行通过香港汇丰银行向 G 商收取货款。5 天后，所装货物安全运抵香港，因当时该商品的行市看好，G 商凭信托收据向汇丰银行借取提单，提取货物，并将部分货物出售。不料，因到货过于集中，货物价格迅即下跌，G 商以缺少保险单为由，在汇票到期时拒绝付款。试分析此时 M 公司应该如何处理。

## 案例分析

M 公司应通过中国银行要求香港汇丰银行付款。原因是：香港汇丰银行在未经委托人授权的情况下，自行允许 G 商凭信托收据借单先行提货，因此而不能收回货款的责任应该由代收行即香港汇丰银行承担。

信托收据是将货物抵押给银行的确认书，在约定的一段期限后，客户收回货款，归还银行垫款。作为代收行，要根据进口商的资信决定是否接受其提交的信托收据，根据URC522第四款的规定："a. 所有送往托收的单据必须附有一项托收指示，注明该项托收将遵循《托收统一规则》（URC522）并且列出完整和明确的指示。银行只准允根据该托收指示中的命令和本规则行事。b. 除非托收指示中另有授权，银行将不理会来自除了它所收到托收的有关人/银行以外的任何有关人/银行的任何指令。"根据这一规定，代收行在未征得托收申请人同意的情况下擅自借单，由此给托收申请人造成的损失应由代收行承担。

如果代收行同意叙做信托收据业务，在借出单据后，应加强对货物存仓、保险、出售、收款直到赎回信托收据的一系列环节的监控，绝不能放任自流，以免造成货款两空的后果。如果在未经出口商授权的情况下代收行自主借单，出口商可以以"擅自借单"为由，向进口国代收行进行追索。

## 案例8：进口押汇纠纷案

### 案例相关知识点：进口押汇

进口押汇是银行为帮助进口商解决短期资金周转问题而向其提供的一种资金融通。根据所使用结算工具的不同，可分为进口信用证押汇和进口托收押汇。进口信用证押汇是开证行对作为开证申请人的进口商所提供的一种资金融通，是对进口信用证项下跟单汇票所做的一种短期质押贷款。当开证行收到信用证项下全套单据，审单相符后，进口商应立即付款赎单。若开证行收到单据审单相符后先行付款，进口商凭信托收据取得单据提货并将货物销售后，再偿还银行先行垫付的进口货款本息，这就是进口信用证押汇。

银行受理进口押汇申请的条件是，银行在开立信用证时要收取保证金。然而对那些已获得开证授信额度的客户，不仅可以免交或减交保证金，而且银行会进一步给予通融。也就是在收到信用证项下单证时，银行先行为进口商垫付货款对外支付，待它提货销售后，以回收的资金归还银行贷款。这对银行而言不仅收取了开证手续费，而且赚取了放款利差；对进口商而言，则以银行信用和银行资金完成商品的进口贸易和国内销售。进口信用证押汇实质上是一种质押贷款，开证行以信托收据做质押品。这种贷款只有在银行对进口商充分信任时才能使用。

银行在做进口信用证押汇时尤其需要注意以下几个方面：（1）进口商的信誉风险。银行应进口商的要求，为其开出以出口商为受益人的信用证后，即承担了第一性的付款责任，只要出口商提交了单单相符、单证相符的合格单证，银行就必须按其约定即期付款或到期付款，而不论此时进口商因何故拒绝支付。因此，开证行在开证前必须充分评估进口商（开证申请人）的资信状况和贸易活动的真实性及盈利性，以降低自身承担的风险。（2）货物的性质及变现能力。若因货物质量原因、商品市场原因等进口商没有把货物销售出去，因而它未能实现预期的销售收入，这时银行贷款的按期偿还将受到威胁。（3）被迫垫款风险。进口商因自身财务状况变化或其他原因无力偿还贷款，开证行只能被迫垫款。在被迫垫款操作中银行必须对进出口商恶意串通以套取银行资金的诈骗行为给予高度重视和防范。

## 具体案例

某年4月7日，I银行（开证行）应A公司（进口商）的申请，开出金额为200万港币的不可撤销即期信用证。4月10日，N银行（议付行）向I银行寄单索偿。4月16日，I银行向A公司发出进口付汇通知。4月17日，A公司向I银行表示同意付款。4月18日，I银行支付了信用证项下的款项，同时将信用证项下的单据交A公司提货。4月30日，A公司向I银行申请对该笔信用证叙做180万港币、期限三个月的进口押汇。5月8日，G公司（担保人）向I银行出具进口押汇额度担保承诺书，承诺对I银行为A公司垫付的进口信用证项下押汇款承担连带担保责任。同日，I银行与A公司、G公司签订进口押汇协议书，约定I银行同意为A公司提供一年期限额度180万港元的进口押汇，G公司对A公司的还款承担连带保证责任，保证期限为押汇期限届满之日起两年。I银行对进口押汇信用证项下的货物享有质权，若A公司到期不能偿还I银行债务，I银行有权依法处分该批货物。合同签订前，I银行和A公司未告知G公司信用证项下进口货物的单据已交A公司提货之事。合同签订后，I银行于当天向A公司出具一份借款借据，借据载明借款人为A公司，金额为180万港元，借款用途为信用证押汇，到期日为次年8月8日。A公司在借据上盖章确认。此后，A公司将信用证项下的进口货物加工生产后出口销售。I银行在此过程中，未对A公司的货物实行有效监管。还款期限届满后，A公司未能偿还I银行借款。9月9日，I银行向A、G公司发出催收函，要求其尽快还款。9月12日，A公司向I银行偿还部分押汇款59万港币，至此，A公司再也无力归还I银行进口押汇的剩余欠款。I银行追讨欠款无果，向法院起诉A公司和G公司，要求归还进口押汇余款。法院判决A公司应偿还I银行121万港币，支付从4月19日（I银行支付信用证项下款项的次日）到应还款之日的利息及逾期利息；驳回I银行对G公司的诉讼请求，G公司不再承担担保责任。依据判决A公司虽然有还款义务，但已无还款能力，G公司的担保责任又已被解除，I银行最终遭受了巨大损失，不日将押汇欠款121万港币转入预期贷款项目等待核销。试分析I银行的业务处理有何不当之处。

## 案例分析

I银行业务处理最大的失误在于在支付信用证项下款项的同时，将信用证项下单据交A公司提货。在进口押汇业务项下，押汇银行不应向进口商放单，而应由进口商凭信托收据向押汇银行（即开证行）借单，从而将对进口货物的质权一直控制在押汇银行手中。I银行的直接放单行为意味着其放弃了物的担保，没有按照进口押汇协议的约定行使质权，这样做使得G公司的担保责任由于I银行的放弃质权而得以免除。进口押汇协议签订前，I银行和A公司未告知G公司I银行已将信用证项下进口货物的单据交A公司提货之事，I银行此不当处理同样使得G公司的信用担保责任被免除。

I银行在A公司将进口货物生产加工出口销售的过程中，未能对货物实行有效监管。

A 公司销售加工货物的回款本是归还进口押汇款的主要来源，但 I 银行由于未能及时监管，丧失了进口押汇还款的可能性。

## 案例 9：进口商骗取提货担保欺诈案

### 案例相关知识点：提货担保

提货担保（Delivery Goods against Bank's Guarantee）是指当进口货物早于货运单据抵达港口时，银行为进口商出具的、有银行加签的、用于进口商向船公司办理提货手续的书面担保。这种贸易融资特别适用于海运航程较短、货物早于单据到达的情况。提货担保一般会出现在进出口海运航程较近的近洋运输情况下。

提货担保的程序如图 12—1 所示。

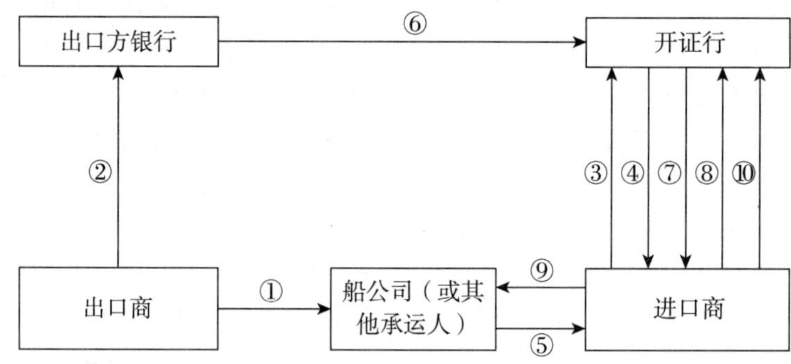


**图 12—1　提货担保流程图**

① 出口商将货物交船公司并取得货运单据；

② 出口商向出口方银行提交信用证规定的单据；

③ 因货物先于货运单据到达进口地，进口商向开证行提出担保提货的申请；

④ 开证行向进口商出具提货担保；

⑤ 进口商凭开证行的担保从船公司提货；

⑥ 开证行收到出口方银行寄来的单据；

⑦ 开证行向进口商提示单据；

⑧ 进口商向开证行付款赎单；

⑨ 进口商以正本提单向船公司换回开证行出具的提货担保；

⑩ 进口商将提货担保退还开证行。

银行办理提货担保的注意事项是：（1）办理提货担保的基本前提是：a. 以信用证为结算方式；b. 运输方式为海运；c. 信用证要求提交全套海运提单。（2）申请人应向开证行提交办理提货担保的申请书。（3）申请人需在出具提货担保的银行核定授信额度或单笔授信。（4）申请人申请办理提货担保时需要提交：a. 提货担保申请书；b. 副本发票；c. 副本提单。（5）正本提单到达后，申请人应及时用正本提单从船公司换回提货担保，并交还出具该提货担保的银行予以注销。

提货担保对于开证申请人来说是有风险的。进口商凭提货担保提取货物后，就丧失了拒付的权利。日后单据到达，即使单据有不符点，也无法拒付，因为正本提单必须要交一份给船公司，从而无法拒付退单。当货物到港后，进口商最好可以到码头查看货物情况，确有需要再到银行申请办理提货担保。

## 具体案例一

某年 5 月 2 日，甲船公司所属某货轮在香港承运一批货物。货物装船后，甲船公司签发正本提单一式三份。提单载明托运人名称、收货人凭指示、被通知人乙公司名称、装货港香港、目的港珠海港以及相关货物信息。5 月 3 日，货物抵达珠海港，甲船公司通知乙公司提货。乙公司无法提供正本提单，甲船公司拒绝交付货物。5 月 9 日，乙公司向甲船公司出具一份银行印制的提货担保书。提货担保书在提取货物栏记载了信用证号码、货物名称、货物价值、装运日期以及船名等信息。在保证单位栏记载："上述货物为敝公司进口货物。倘若因敝公司未凭正本提单先行提货导致贵公司遭受任何损失，敝公司负责赔偿。敝公司收到上述提单后将立即交还贵公司换回此担保书。"乙公司盖章并由负责人签字。在银行签署栏记载："兹证明上述承诺之履行"，落款为丙银行，盖丙银行国际业务专用章。甲船公司接受了该提货担保书，并凭该担保将货物释放给乙公司。但乙公司提货后没有将正本提单交还船公司，提单最后被退给托运人。

次年 4 月 6 日，托运人持正本提单在香港法院以错误交货为由，对船公司提起诉讼，要求赔偿货价损失、利息和其他费用。香港法院判令甲船公司向托运人支付赔偿金并承担托运人所发生的律师费用。

船公司随后提示相应索赔单据向丙银行提出索赔，认为保函申请人乙公司于 5 月 9 日凭提货担保书提货后至今未将该项货物的正本提单交还，要求丙银行赔偿货款损失、利息及其他相关费用。丙银行审核相应单据后向甲船公司赔付，并向乙公司提出索赔。

## 案例分析

本案例中如果乙公司无法赔偿，最终遭受损失的将是丙银行。丙银行在签发提货担保函时，一定要确保其能有效控制全套正本提单。这样万一乙公司在提货后不去丙银行付款赎单，全套正本提单也依然控制在丙银行手上，不会出现第三者凭借正本提单向船公司提货，而船公司又已经凭提货担保放货的尴尬境地。丙银行在签发提货担保函时，应充分了解乙公司的资信状况，可以要求乙公司在银行交存货物价值 100%的保证金来规避风险。万一乙公司凭提货担保提货后不来银行付款赎买提单，不将提单交还甲船公司换回提货担保，丙银行可以用 100%的货物价值保证金来赔偿船公司的损失。本案例中，乙公司有与托运人联合诈骗签发提货担保银行的嫌疑。其做法是，托运人发运货物后，不将提单交付给乙公司，乙公司随即与其业务往来银行联系，声称货已到港，提单未到，请求银行签发提货担保提货。乙公司凭提货担保提货后，托运人凭正本提单要求船公司赔偿货物损失，船公司被迫赔偿货价损失，凭提货担保要求银行赔偿，担保银行赔付后随即找乙公司赔偿，而乙公司早已逃之夭夭。

### 具体案例二：进出口商串通凭提货担保诈骗案

信用证规定提交单据包括全套正本提单，出口商提交单据单证不符，只有副本提单。出口地议付行向开证行电提不符点，请求授权议付。开证行征得开证申请人同意后，接受副本提单交单议付。开证申请人到开证行办理了付款赎单手续，开证行借记进口商账户，偿付了议付行。几天后，进口商找到开证行，声称船公司不接受副本提单，无法提货，请求开证行出具提货担保，开证行考虑到无正本提单确实无法提货，便签发了提货担保（注意，开证行此时业务办理有重大问题，因为其无法控制正本提单）。与此同时，出口商却把正本提单出售转让给第三方。第三方随即凭正本提单向船公司提货。船公司在收到该正本提单后，发现货物早已由进口商凭借开证行签发的提货担保取走，于是被迫赔付了该第三方货款。随后船公司转向开证行要求赔偿，开证行最后赔付货款，而此时进口商早已逃之夭夭。在进口商的配合下，出口商骗取了两笔货款，即信用证项下的议付款和出售正本提单的对价款。

### 案例分析

开证行在签发提货担保时，一定要确保全套正本提单通过银行系统传递。如果信用证条款规定出口商提交2/3套正本提单交单议付，开证行就不能再签发提货担保，避免进口商凭提货担保提货后，第三方凭流转于银行体系之外的正本提单向船公司再次要求提货所带来的损失。对于海运航程较远的远洋运输，如需三四十天的航运时间，单据总是先到开证行，货物后达目的港。在这种情况下，如果进口商到银行申请提货担保，就属于反常情况，需谨慎行事。

## 案例10：现货融资增加销售案

### 案例相关知识点：现货融资

针对许多企业一方面货物周转量大，行情走俏，急需资金支持，另一方面除货物以外的其他担保品有限，无法从银行获得足够的授信额度的情况，有些银行推出了以货物作质押的融资业务。包括进口开证、押汇、汇出汇款融资和国内综合保险融资等。对银行来说，办理这种融资业务是在不动产抵押和第三方担保等传统手段之外的又一货款保障，对企业来说，开辟了新的授信渠道，解决了中小企业融资难的问题，也帮助了大企业维护客户和提高供应链整体竞争力。银行对作为质押物的货物有一定要求，目前大部分银行只接受金属类、能源类、化工产品及粮油等大宗货物，而且要有物流中的仓储公司负责仓储监督。中国银行的“融货达”即为这种融资方式，既为客户开辟新的“融”资渠道，帮助企业盘活了“货”物，又减少对其他担保品的占用，促进企业发展，实现生意兴旺发“达”。

### 具体案例

浙江某民营企业A公司常年从国外进口一种合成树脂用于内销。该产品市场需求量较大，行情较好。A公司拥有稳定的购销渠道，货物的周转量较大，迫切希望得到融资支持以缓解资金周转压力，但由于企业自身固定资产有限，财务状况一般，因此银行按通常标准和渠道难以为其核定足够的授信额度。为满足其资金需求，中国银行与仓储监管企业C公司开展合作，为A公司提供现货融资的解决方案，具体操作流程如下：首先，A公司将进口货物质押给银行，银行委托C公司办理仓储监管，同时根据货物价值按照一定质押率给A公司办理进口押汇融资用于对外支付，对外支付资金缺口以A公司自有资金付款。然后，A公司分批向银行办理付款赎货用于国内销售，期间由C公司按照银行放货指示向A公司分批放货。最后，A公司向中国银行付清融资本金和利息，银行指示C公司释放剩余的质押货物，业务结束。

### 案例分析

在经济生活中，经常存在有对外进出口经营权的中小企业因为其经营规模和财务状况达不到银行的要求而无法从银行获得足够的授信额度来开展进出口贸易。现货融资为中小进出口企业提供了一条新的融资渠道。授信银行因为有进口货物做质押而降低了授信风险，一旦进口押汇款无法收回，银行可以通过变卖货物而获得补偿；企业可以盘活货物，减少抵质押品的占用，有助于企业提高其供应链体系的整体竞争力，同时突破了授信瓶颈，促进了业务发展，有效解决了中小企业融资难问题，企业获得了新的授信渠道满足其资金需求。

## 案例11：仓单融资授信开证案

### 案例相关知识点：仓单融资

仓单融资又称仓单质押融资，申请人将其完全拥有物权的货物存放在商业银行所指定的仓储公司，并以仓储公司所出具的仓单在银行进行质押担保，银行据此向申请人提供该仓单所归属货物的短期贸易融资。仓单融资一般适合于流通性较高的大宗货物，特别是具有一定国际市场规模的初级产品，如有色金属及原材料、黑色金属及原材料、煤炭、焦炭、橡胶、纸浆以及大豆、玉米等农产品。

仓单质押融资中，抵押货物的管理和控制十分重要，由于银行一般不具备对实物商品的专业管理能力，就需要选择有实力、信誉高的专业仓储公司进行合作。同时，银行要确认仓单是否是完全的物权凭证、银行在处理仓单时的合法地位及抵押物价值的评估问题。

### 具体案例

国内某汽车贸易公司要从国外某品牌汽车公司进口卡车，交易金额约为100万美元。

该汽车贸易公司在银行没有授信额度，没有可以抵押或质押的资产，没有资质好的企业为其担保，一时无法对外开证。双方经过协商，决定以仓单质押开证。该汽车贸易公司承诺将以所进口卡车的保管仓单作为质押，先缴存20%的保证金，请求银行为其开立见票后90天付款的进口信用证。进口单据到达开证行后，汽车贸易公司承诺接受单据，开证行对外承兑，卡车进口后保管在保税区物流公司的仓库中。

该汽车贸易公司在销售卡车时以现金方式结算。经销商先将货款支付给汽车贸易公司，汽车贸易公司将货款转入开证行的保证金账户中，然后开证行指示保税区物流公司允许汽车贸易公司提货，汽车贸易公司再将卡车发运给买方。汽车在两个月内全部售出，此时该汽车贸易公司已经在开证行存入了100%的保证金，金额达600多万元人民币，已足以用来支付100万美元的信用证款项。承兑到期后，开证行顺利对外付汇。

### 案例分析

当企业缺乏合适的固定资产做抵押，又难以找到合适的担保单位时，仓单融资可以缓解出口商流动资金短缺的问题。本案例中汽车贸易公司为了促成交易的达成，以将来可以拿到的仓单做质押，到银行申请开立信用证。开证行在落实了远期信用证项下货物控制措施的情况下，为客户开立信用证，属于可控制货权的授信开证，实现了汽车贸易公司和银行的双赢。

仓单融资授信开证业务的风险点在于进口货物能否在付款到期日前顺利售出。银行应加强对客户贸易情况的调查，选取流通性较高的货物叙做融资。同时本案例中客户缴存了20%的开证保证金，也在一定程度上降低了开证行到期足额对外付汇的压力。

## 案例12：运用出口信用保险促成商业交易案

### 案例相关知识点：出口信用保险

出口信用保险是承保出口商在经营出口业务的过程中因进口商的商业风险或进口国的政治风险而遭受的损失的一种信用保险，是信用机构对企业投保的出口货物、服务、技术和资本的应收账款提供的安全保障机制。出口信用保险以出口贸易的国外买方信用风险为保险标的，以出口企业的应收账款为承保对象，承保国内出口商在经营出口业务中因进口商方面的商业风险或进口国方面的政治风险而遭受的损失。商业信用风险主要包括买方因破产而无力支付债务、买方拖欠货款、买方因自身原因而拒绝收货及付款的风险；政治风险主要包括因买方所在国禁止或限制汇兑、实施进口管制、撤销进口许可证、发生战争或暴乱等卖方、买方均无法控制的情况，导致买方无法支付货款的风险。

出口信用保险是国家为了推动本国的出口贸易，保障出口企业的收汇安全而制定的一项由国家财政提供保险准备金的非营利性的政策性保险业务。出口信用保险承担的风险特别巨大，且难以使用统计方法测算损失概率，一般商业性保险公司不愿意经营这种保险，大多数是靠政府支持经营。

## 具体案例及分析

海尔集团在盘点了2001年全球的收成之后，给刚刚成立的中国出口信用保险公司写来了感谢信。海尔为什么要感谢中国出口信用保险公司呢？原来，海尔公司在对外出口初期，主要是采用信用证结算方式，随着市场的不断开发，这种结汇方式已不符合国际化的要求，严重制约了海尔对海外市场的拓展，特别是对欧盟市场。1999年以前海尔的出口创汇一直徘徊在1亿美元以下，自从1999年底与中国出口信用保险公司的前身——中保出口保险公司开始合作以来，在中保出口保险公司的支持下，对信用好的客户采用D/A或O/A的商业信用结算方式，极大地增加了出口额，出口创汇每年以100%的速度增长，2001年的出口创汇是1998年的6倍。通过办理出口信用保险，海尔巩固和发展了欧盟和北美市场的销售网络系统。现在海尔的产品出口到全球160个国家和地区，2002年，海尔集团预计出口额8亿美元。

出口信用保险是国家为了鼓励并推动本国的出口贸易，保障出口企业的收汇风险而采取的一项重要的经济措施。它可以使出口企业在国际贸易的激烈竞争中，合理运用商业信用手段，开拓国际市场，提高竞争力，扩大出口，在遭遇到保险责任范围内的损失时，可及时获得经济补偿，避免出口企业由于不能及时收汇而造成资金周转的困难，保证企业的正常经营和经济核算，并可支持出口企业获得银行贷款。据分析，中国企业出口目前普遍采用的是信用证结算方式，增加了买家和卖家的负担，对于买家来说，需要资金的提前投入，同时成本增加2%。如果采用短期非证出口信用保险，不仅降低了买家的成本，对于卖家来说，结算时由银行托收改为企业收汇，提高了资金的利用率，为企业开拓新市场、寻找新客户助了一臂之力。

中国出口信用保险公司不仅仅为企业扩大出口提供服务，同时也为中国企业走出去提供配套服务。国际市场上大型机电产品的竞争激烈，客户的需求日益多元化，甚至苛刻，由于我国公司在运作能力以及其他方面存在的现实差距，单靠外经贸公司要想打入长期被发达国家所占领的市场，难度是不言而喻的。这些难度，不仅体现在参与竞争所需的资金组织方面，还表现在项目国别以及转移技术和技术风险上，出口信用保险成为拓展业务急需的专业化服务手段之一。以上海金源国际贸易发展有限公司为例。该公司获知某个国家要采购铁路装备，总金额大约是5 000万美元。我国在此项目中不占有优势，而且业主也对该公司提出优惠贷款的要求。面对这一情况，该公司向原中保出口保险公司进行了汇报，在后者进行分析并作出支持的积极表态后，该公司立即组织有关的厂商，向业主递交了建议书，对业主的融资给予了积极的响应。可以想象，没有保险的快速支持，以及相应的融资安排承诺，让业主在这个项目上考虑采购中国的产品是很难实现的。正是因为出口信用保险事业的开展，才在国际市场上获得了一批一批的重大项目，这些项目的获取和实施，其作用已经远远超过了带来的经济效益，同时也对改善我国出口商品的构成，以及提高中国产品在市场上的知名度，并带动其他相关产品的出口做出了巨大贡献。

# 案例13：出口信用保险减少损失案

## 案例相关知识点：出口信用保险（同前）

## 具体案例

2011年12月，A公司代理当地某药业公司向印度某买家出口30桶共750公斤氧氟沙星药水，支付条件为L/C 90天。A公司投保短期出口信用保险，保险公司批复支付方式L/C 90天、4万美元的信用限额。货物于2011年12月初出运，买家应于2012年3月付款。但到该批药物运抵印度加尔各答港后直至2012年5月，信用证开证行仍以存在不符点为由拒付。在此期间，A公司为减少损失努力寻找新买家，以便尽快处理滞港货物。该批货物在加尔各答海关滞留近4个月后，新买家B公司同意以D/P即期方式接受货物，但条件是A公司自行将货物从海关提出。由于印度海关条例复杂、手续烦琐，A公司随即向中国出口信用保险公司求助，希望它协助其从海关提货。

在接到A公司书面委托后，为协助A公司尽快提货，减少其损失，中国出口信用保险公司立即委托海外律师介入，并很快与加尔各答海关取得联系。经调查，A公司自行通关提货遇到以下问题：

（1）在印度，药品进口只能由有相应外贸经营权的公司到海关提货，A公司不能自行提货；新买家B公司也是经营进出口业务的中间商，是否可以协助办理通关手续不得而知。

（2）本案货物为桶装医用药液，对仓储条件要求高，市场价格变动大；另外，由于货物滞留海关已久，亦随时有被没收拍卖的可能。

（3）提单等相关单据上收货人名称仍为原买家，凭此单据无法履行通关手续。即使新买家B公司持经过修改的提单通关，印度海关还要求其出具原买家“不反对转卖证明”（No Objection Certificate）；由于A公司早与原买家失去联系，此类证明无法开出。

本案处理关键是能否顺利将已存放在码头的货物迅速清关。为此，中国出口信用保险公司查阅了印度1962年的《海关法》，此法有如下规定：“自货物于印度港口卸载之日起30日内如仍无人办理清关手续，在海关下达批准令以及向进口人发出情况通知之后，有关看管人有权按照法定程序处置货物。”《海关法》同时还规定：“进口人是否履行清关手续并不影响其对进口货物的税负责任。相应地，进口人、货物所有人亦应承担随后发生的仓储运输处理费用。以上费用均可出自未清关/未申报货物的拍卖所得。”

针对上述问题，中国出口信用保险公司认真查阅资料，积极联系各种渠道寻求帮助，并针对A公司通关中遇到的上述问题，一一提出解决方案。

（1）本案由于A公司不熟悉印度海关法规，导致货物被视为未申报货物滞留港口。幸运的是，印度海关对药品及化学制品的海关拍卖程序规定得更加复杂，且需海关当局以及原进口人分别出具不反对转卖证明。这就为新买家B公司协同保险公司委托的海外律师顺利提货赢得了时间。此后，新买家与被委托的海外律师分别起草了情况说明以及必要的律师函，用以证明早先药品进口行为的合法性，并陈述了及时清关提货的必要性。

（2）经过海外律师的联系与交涉，新买家B公司同意派人赴海关协助提货，并为办理相关手续、单证提供便利。在药品价格、付款方式和费用分担等核心问题上，经斡旋，卖方与新买家达成共识，为顺利赴海关提货创造了条件。

（3）A公司通过船运公司修改了提单的收货人，并附说明及担保信函交加尔各答海关，随后授权委托的海外律师全权处理提货事项。

经多方共同努力，终于在11月底将货物提出并成功转卖。由于转卖及时，价格尚可，加之加尔各答海关仓储费用不高，不仅使A公司挽回了货值一半的经济损失，而且使保险公司也减少了赔款。

## 案例分析

本案例事实上为出口商提了个醒，就是出口商一旦面临进口商拒付的风险，是将出口信用保险公司扔到一边独自想办法，还是主动要求出口信用保险公司出面一同协商解决。后者可能更加可取。通过本案例我们获得如下启示：

一旦出口商的货物被拒收，出口商应主动与出口信用保险公司联系，协商解决并以出口商为主。

一般情况下，中国出口信用保险公司的主要职责是调查拒收原因，判断责任归属，从而为定损核赔提供依据，原则上不直接参与拒收货物处理。但当被保险人无法处理货物或转卖价格过低时，保险人会介入处理货物，但一般以出口商为主。这是因为作为国际货物买卖当事人，被保险人在海外转卖货物方面比保险人更具有优势，它们了解市场行情，熟悉客户群体，精通转卖技巧。本案就是典型例证。A公司在很短的时间内就在自己的固有客户群体里找到了新的买家，并达成转卖合同，从而为取得较好的追偿效果奠定了基础。

对于拒收货物案件，出口信用保险公司在必要时应为被保险人提供相应的信息咨询和法律援助，因为出口信用保险公司在信息资源和海外法律服务网络等方面的优势往往是被保险人无法比拟的。本案中，中国出口信用保险公司利用海外渠道优势，指示律师多次赴海关、买家等处调查联络，最终协助A公司成功处理货物。

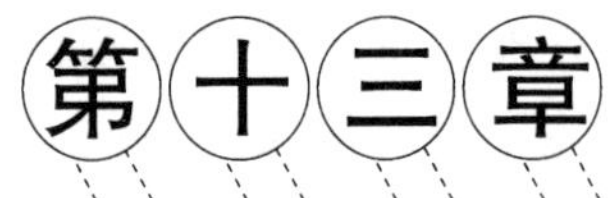

# 第十三章 国际结算风险

## 案例1：支票付款损失案

### 案例相关知识点：汇付风险

汇付方式是以银行为中间媒介来结算进出口双方的债权债务关系。汇付在国际贸易中的两种基本运用是预付货款和货到付款。随订单付现（cash with order，C. W. O）就是一种典型的预付货款方式，买方在发出订单时，或者在买卖双方签订合同后，就将部分或全部货款汇付给对方。预付货款对出口商是最有利的，它可以收款后再发货，从而掌握主动权，甚至可以收款后再购货，从而做一笔无本生意，而进口商则有钱货两空的风险，或资金长期被他人占用而损失利息。

汇付是建立在商业信用基础上的结算方式，双方的资金负担和风险承担是不平衡的。汇付作为一种商业信用，取决于交易一方对另一方的信用，或卖方信用，或买方信用，买卖双方必有一方要承担较大的风险，汇付业务的核心风险就是或是卖方、或是买方的信用风险。

### 具体案例

内地B企业与香港S公司签订了一笔贸易合同，贸易条件为FOB，金额为200多万港币，约定信用证付款。但S公司迟迟不开来信用证，在B企业的多次催促下，港商答应改为银行支票付款，在装运港一手交货，一手交支票。在出口商已经备妥装运货物，准备装船时，港商却提供了一份支票复印件。对此，出口商予以拒绝。同时，港商也对货物包装提出新的要求，并要求将海运改为空运，答应立即寄来支票原件。当出口商改换好包装并准备空运后，要求港商前来验货，但港商却以该笔货物的价格过高为由拒绝验货，导致出口商无法出货，产生巨大损失。

### 案例分析

汇付业务的核心风险是信用风险。本案例中进口商S公司在装船前拒不验货，不交付支票，导致出口商无法出货而产生损失。从贸易方的角度来看，如果进出口商缺乏足够的信任，对对方的资信状况不够了解，采用汇付方式的风险是很大的。B公司缺乏对进口商S公司资信状况的了解，不该答应将信用证付款改为支票付款。

进一步考量该案例，即使进口商在装运港交付给B企业的是真实支票，出口商仍然存在风险，因为该支票有是空头支票的可能。港商提出将运输方式由海运改为空运对出口商来说也是有风险的。在航空运输方式下，收货人凭承运人的到货通知和有关身份证明就可以提货，出口商无法控制物权。

## 案例2：出口商采用托收结算方式致损案

### 案例相关知识点：托收结算方式的风险

托收是以商业信用为基础的，没有银行信用的参与，因此对进出口商来说风险较大。从总体上来说，托收是对进口商更为有利的一种结算方式，出口商承担的风险比进口商更多更大。在买卖双方签订合同后，出口商备货、出运、制单到托收货款收回，期间利率、汇率、商品价格等因素的变化都有可能会给出口商带来利润的减少。当商品价格下降时，如果进口商资信状况不佳，进口商因无利可图或可能亏损，还会挑剔单据或借故拒付，迫使出口商降价，转嫁市场风险。资信状况不好的进口商面临财务状况恶化，若使用的是D/A的交单方式，进口商承兑汇票后提走货物，到期不履行付款义务，出口商就会遭遇钱货两空的风险。

### 具体案例一

某外贸公司与某美籍华人客商做了几笔顺利的小额交易，付款方式为预付。后来客人称销路已经打开，要求增加数量，可是由于货物数量太多，资金周转不开，最好将付款方式改为D/P at sight。当时我方考虑到D/P at sight方式下，如果对方不去付款赎单，就拿不到单据，货物的所有权仍归我方所有，于是在未对客户的资信进行全面调查的情况下，就以此种方式发出了一个40′货柜的货物，金额为3万美元。

后来，事情发展极为不顺利。货物到达目的港后，客户借口资金紧张，迟迟不去赎单。10天后，各种费用相继发生。考虑到这批货物的花色品种为客户特别指定，运回来也是库存，便被迫将交单条件改为D/A 30天。可是，客户将货提出之后，就再也没有音信。我方到涉外法律服务处一问才知道，到美国打官司费用极高，于是只好作罢。

### 案例分析

本案例中，进口商将支付方式由预付改为托收，是对进口商更为有利的支付方式，进口商之前的顺利付款使出口商放松了交易的警惕性。然而，在托收结算方式下，出口商承担了较大的风险。托收结算的基础依然是商业信用，本案例中由于进口商资信状况不佳，出口商最后还是遭遇了钱货两空的损失。在贸易结算实务中，有的进口商在开始几笔小额交易时往往付款及时，后来突然增加数量，要求出口方使用如 D/P、D/A 或 O/A（Open Account）等对进口商更为有利的付款条件，如果出口公司贸然答应客户条件，就为以后的纠纷埋下了隐患。在进出口商采用 D/P 结算方式时，客户没有付款赎单，进一步提出要求使用 D/A 30 天结算方式，出口商应充分考虑到 D/A 的风险和后果。

### 具体案例二

2012 年广西某外贸公司（卖方）与港商（陈某）在广交会上签订了出口 500 项工艺品合同，金额为 205 万港币，结算方式为信用证。但在交易会结束后的两个月，对方仍未开来信用证，而此时，我方已经向银行贷款安排了生产。卖方随即电询买方原因，对方在得知我方已经安排生产之后，一再解释目前资金短缺，生意难做，要求我方予以考虑，把结算方式由信用证改为 D/A 90 天付款。我方公司考虑到货已备好，一时难以找到其他销路，恐引起货物积压，故同意将结算方式改为 D/A 90 天付款。于是，我方将货物安排运往香港，并提交有关单据委托 C 银行通过香港 K 银行托收货款。货到香港后，陈某凭承兑汇票提取了货物，但 90 天期限已过，仍不付款。虽然我方银行多次去电催收，但对方总是借故推托，一会儿说商品销路不好，卖不出去，一会儿又说货物质量有问题，被客户退货，资金周转困难，无法还款。如此一拖再拖，一直毫无结果。我方公司不仅失去货物，而且货款追收无望，又要承担银行贷款利息损失，赔了夫人又折兵。

### 案例分析

本案例给我们留下的启示和教训是：要认真选择客户，掌握客户资信情况；合理控制交易额，在 D/A 项下要对国外客户核定信用额度，超过信用额度的业务坚决不做；同时对于 D/A 业务一定要慎重处理。

## 案例 3：出口商防范 D/P 结算方式风险案

### 案例相关知识点：托收结算方式的风险防范

托收结算方式下，进出口商和银行都会面临风险，但出口商所面对的风险最多，因此出口商的风险防范措施就显得更加重要。D/P at sight 与 L/C at sight 相比，缺少了银行信用的重要保证，银行虽参与其间，但只是提供服务，并无非收妥不可的保证，这对委托人而言，是致命的弱点，因此在 D/P at sight 结算方式中，付款人的信誉是最重要的。只有对付款人作充分调查，认可付款人的信誉，才能以 D/P at sight 结算。

### 具体案例

2012 年 5 月份 D 公司开始与一美国进口商开展贸易活动，并在 6 月份成交一笔生意；

美商进口一个20′柜的台面板，结算方式为L/C at sight；现在美商对该期货物质量反映良好，并发函预定另一20′柜货物，条件为D/P at sight，原因是做D/P比做L/C省钱。D公司因从来没做过D/P at sight，怕有风险，正在拟定风险防范方案。

### 案例分析

对出口商而言，做D/P的最大风险是进口商的信誉有问题。货物到达目的地后，买方不去银行赎单，乘机要求降价或因市场变化拒收货物。如果拒收货物，出口商就要在当地贱卖或将货物退运回来。在本案例中，出现拒收货物的可能性很小，因为台面板是通用产品，市场价格不会起伏很大，因此本案例的最大风险是进口商可能要求降价。如果要增加出口收汇保险系数的话，可以同其他支付方式相结合，要求进口商先T/T部分货款，余额作D/P。只要市场不出现剧烈变动，进口商一般是不会宁可损失预付款而不去银行赎单的。

D公司在叙做D/P at sight时，千万不要在市价走低时采用此结算方式。要选择有信誉的客户，在收款期间多与客户联系，了解市场情况，一旦市场走低，即采取果断措施制止出货。在出B/L时一定要出TO SHIPPER'S ORDER或者是TO THE ORDER OF ××××BANK为抬头（必须经代收银行同意）的B/L。如果使用CIF或CIP成交，要投保出口信用保险，增加风险防范手段。具体到使用D/P at sight结算过程中，委托人D公司还应注意以下几个问题：

（1）与买方签订合同时，对于结算方式、单据名称、详细分类及份数、托收费用由谁负责等条款必须清楚注明。

（2）在委托银行办理托收时，未经银行事先同意，货物不能直接发至银行，也不能作成以银行为收货人的记名提单。根据URC522的规定，倘若货物直接发至银行，或者作成以银行为收货人的记名提单，如果没有事先征得该银行的同意，则银行没有提货的义务，货物的风险和责任由发货人承担。

（3）委托人到银行办理托收时，要在托收申请书上清楚地表明付款人名称、地址，开户行名称、地址等信息要尽可能详细，避免出现代收行找不到付款人的现象。

（4）委托人可以在托收委托书上标明如遇拒付时应采取的必要措施，例如要求做成拒绝证书、货物抵港时要求代收行办理存仓保险等工作。

## 案例4：来自开证行的风险案

### 案例相关知识点：开证行风险

出口商提供相符单据后，能否从开证行处得到付款，要视开证行是否实力雄厚，经营稳健，具有良好的信用基础。开证行倒闭不是没有先例，国外实力雄厚、历史悠久的大银行也不例外。开证行的资信、经营作风的好坏也直接影响到出口商收汇。存在这样的开证行，因经营管理不善，亏损严重，便不顾信誉，逃废债务。有时开证行会顺从进口商的要求，无理拒付或强挑不符点，迫使出口商降价，或协同进口商要求法院冻结信用证项下货款的支付，带来风险。

## 具体案例

香港N银行于某年5月26日开来号码为LC00182信用证一份，向A公司购买1万吨的水泥熟料，金额为388 800美元，偿付方式为单到开证行付款。公司接证后，备货出运。在备货出运期间，香港中间商来电告知，最终收货方已经不准备再要这笔货物。A公司因为已经备好货物，因此拒绝撤销合同，准备严格按信用证条款制单索款。7月22日，A公司将全套单据送交银行议付，议付行严格审单后，认为单证相符，于次日寄单索汇。8月2日，N银行来电提出两个不符点：(1)发票、提单、装箱单、原产地证明书以及重检证、质检证上出现了“符合BSS12－1978”字样，该项并未在信用证中做要求；(2)(检验证明)重量和质量证明书与信用证要求的单据不符。议付行当即查看了审单记录，发现这两个问题在审单过程中都已经被发现，并都已经做了处理。因此，与A公司联系后回电N银行陈述如下理由：首先，BSS12－1978是水泥熟料的规格，在单据上显示“符合BSS12－1978”字样并没有与信用证所规定的单据描述发生任何矛盾，故应被接受。其次，开证行将“(检验证明)重量和质量证明书”作为单据名称看待。第一行“INSPECTION CERTIFICATE”是中国商检局证书的印就格式，由于它不符合信用证的要求，制单时已将其置于括号中，只有第二行“WEIGHT AND QUALITY CERTIFICATE”才是正式的单据名称。

电报发出后，N银行迟迟没有反应。经向A公司了解，开证行已派代理人与A公司磋商，N银行显然在拖延时间，故议付行在10日发出普通查询催收未果后，又于11日致电N银行进口部经理，陈述了事件经过，要求对方马上答复。

N银行当即回电，电文中既不对议付行所提的反驳理由做出回答，也不提付款的事，只说不符点仍未被客户接受，代为掌握单据。N银行立即以加急电的形式致电N银行总经理，告知不符点不成立，要求马上付款，如有异议，亦请回电。此后，又经两次去电催促，对方于8月17日来电称，收到申请人指示，要求以二分之一货款付讫为条件放单。经与客户联系得知，A公司并未与买方达成协议，而买方因为货物质量及销路问题无法与其达成一致，A公司要求根据信用证尽快索回全部货款。8月22日，议付行再致电对方总经理，指出N银行在此笔业务中，既不提合理理由，又不拒付货款，导致议付行蒙受利息损失1 849.72美元，要求赔偿，否则将寻求其他解决方式。同日，收到N银行来电，称已付款，次日收到报文，收妥货款，至此结案。

## 案例分析

本案例中，开证行N银行根据进口商的要求，无理拒付，寻找信用证项下单据并不存在的不符点，迫使出口商降价。开证行N银行资信和经营作风方面存在问题。由于事先考虑到对方可能会要求开证行强挑不符点，故在发生拒付后，议付行能马上进行反驳和交涉，对方所提出的不符点都是议付行已经考虑到的，所以能有力反驳这些强挑之不符点。

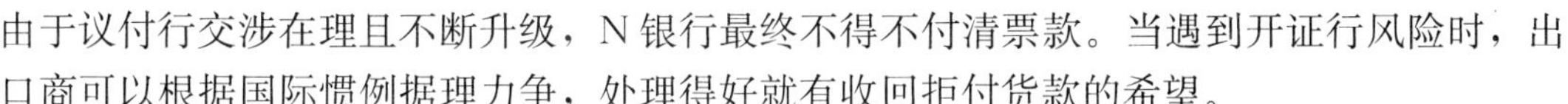

由于议付行交涉在理且不断升级，N 银行最终不得不付清票款。当遇到开证行风险时，出口商可以根据国际惯例据理力争，处理得好就有收回拒付货款的希望。

## 案例 5：信用证软条款风险案

### 案例相关知识点：软条款风险

含有软条款信用证的开证行可以随时单方面解除其保证付款责任。软条款或是条款苛刻，或是信用证附加生效条款。软条款的根本特点是赋予开证行或申请人单方面的主动权，使得信用证可随时因开证行或申请人单方面的行为而解除，成为一种可撤销的信用证。这种信用证虽然内容完备，但其隐蔽程度和欺骗性比伪造信用证更胜一筹，给出口商带来极大风险和损失。信用证软条款五花八门，常见的有：改变信用证性质的软条款，该信用证项下的所有单据都由开证行无偿放单给申请人，在开证申请人收到状态良好的货物后，出具书面授权书给开证行，开证行才能履行付款责任，将信用证的银行信用降为商业信用，不可撤销信用证改变为可撤销信用证；要求客户检验证书的软条款，即要求品质证书必须由开证申请人的代理出具，由于受益人无法掌握开证申请人及其代理的预留印鉴或签字，故其对提交单据是否符合信用证要求无法掌控；开证行签发通知后信用证才生效的软条款，即规定信用证暂不生效，待进口许可证签发后或开证申请人确认后再通知生效；最常见的是在信用证的装运和结汇时间上做文章，致使卖方无法完成装运或交单，使信用证到期作废，迫使卖方降价抛货，买方借此获得非正常价格货物，赚取高额利润。

### 具体案例

某年某市外贸公司 A 与一香港商人 B 签订了出口 1 000 万条编织袋合同，总金额为 220 万美元。合同中规定出口商必须先付履约保证金，申请人才开证。申请人先开出合同金额 10%即 22 万美元的信用证。A 公司在成本低、利润大的诱惑下，按对方指定的账户汇付了履约保证金。B 即通过香港某银行开出信用证，其中含有如下软条款：

"Inspection certificate issued by China Commodities Inspection Bureau counter signed by endorsed by applicant whose authority and signature must be in conformity with the record held in issuing bank."（中国商品检验局签发的并由申请人会签的检验证，申请人的签字必须与开证行档案的记录相符。）此条款我方未引起重视。随后，我方将货物备妥运抵口岸，经检验后装船出运。

同时，某银行（议付行）在没有确定检验证上开证申请人的签字是否与开证行签字样本上留存的签字一致的情况下叙做了押汇。然而，单据到香港后，开证行以检验证上签字与签字样本不符为由拒付并退单。

至此，这笔软条款信用证给受益人和议付行都带来严重损失。议付行 22 万美元押汇款大部分难以追回；受益人支付的履约保证金被申请人骗去，货物到达香港后无人提取，产生大量仓储费。

### 案例分析

软条款案例一般有如下特点：(1) 开证行开立带有软条款的付款信用证，但不把签字样本寄给通知行转交受益人，即使申请人在检验证上签字，其签字与其在开证行留存的签字样本也不会一致。(2) 货物价格高出市场价格，引诱卖方上当。此案中编织袋每条 0.22 美元，而国际市场价格只有 0.08 美元。(3) 合同金额较大。此案中合同金额是 220 万美元，此证金额只是合同金额的十分之一，诱使卖方希望通过该笔信用证业务的达成能叙做剩余的合同金额业务。(4) 货物通常是较容易生产的产品，如编织袋、纸质或木制包装箱、砌石、马路下水道盖板、河卵石等。

软条款信用证的根本特点是它赋予开证行或申请人主动权，使得信用证可随时因为开证行或申请人单方面的行为而解除，成为一种可撤销信用证。这种信用证虽然内容完备，但从其隐蔽程度和欺骗性而言，比伪造信用证要更胜一筹。

## 案例 6：信用证“止付令”案

### 案例相关知识点：法院止付令和信用证欺诈例外原则

如果开证行在实际付款之前，受益人向开证行提交的单据虽然表面记载与信用证要求相符，但单据本身的内容存在欺诈，则可以利用“欺诈例外原则”，免除开证行在信用证项下的付款义务。申请人如果发现确实存在欺诈，在一定条件下可以向法院申请止付令，让银行停止对外支付。止付令作为一种风险的补救措施可使用，但需慎用。法院若过于频繁地使用止付令，会使银行声誉受到影响。在议付信用证项下，议付行凭合格的单据议付后，开证行收到法院的止付令，如确属欺诈，受益人可能已逃之夭夭，而开证行因止付令不能付款，开证行的信誉将受到影响。在承兑信用证项下，开证行在承兑汇票后凭法院的止付令拒付，其声誉也会受到不利影响。

法院在出具止付令时，要遵循如下原则：(1) 如果受益人在提交单据及装运方面有欺诈行为，开证行在付款之前得知该情况，则有权拒付；(2) 受益人的欺诈必须经开证行和开证申请人确认成立，而不仅仅是声称欺诈；(3) 只有在交易中出现欺诈，但并未危害第三者利益的前提下法院才可发出止付令。

法院发布止付令时，必须是针对重大的贸易欺诈行为，而不是针对一般性的贸易纠纷；欺诈必须是现实存在的、实质性的，而不是虚构的或可能要发生的。受益人的欺诈应具备主观的欺诈心理和客观的欺诈行为。法院一般都会极其谨慎地发布止付令，尽量让信用证的“独立抽象性原则”能有效执行。

### 具体案例一

中国某出口商 W 公司于 2007 年 2 月与国外 K 公司签订一笔出口货物合同，K 公司在合同生效后向银行申请开立了远期信用证。信用证中约定货物装运前应由 K 公司进行检验，受益人在交单时需提交K公司有权签字人签名的商检证书。W公司在货物生产完毕后便通知K公司前来验货。但K公司以种种理由为借口，迟迟不来验货。在W公司的多次催促下，K公司通知W公司直接将货物运发目的港。

货物到港后，K公司并未遵守事先约定，凭出口商直接寄交给其的一份正本提单到船公司提取了货物。此后不久，K公司致电W公司，声称货物质量存在严重问题，K公司遭受了巨大损失，但并未指出具体质量问题。信用证到期后，开证行以K公司已经申请止付令为由，拒绝付款。不久，W公司收到来自国外法院的传票，通知其作为被告出席该案的审理。至此，W公司货款两空，沦为被告。试分析W公司应如何应对。

## 案例分析

本案例中W公司处于不利地位。K公司申请开立的是典型的软条款信用证。信用证中规定，货物装运前应由K公司进行检验，受益人在交单时需提交K公司有权签字人签名的商检证书。由于K公司没有前来验货，受益人提交银行的议付单据不可能包含K公司签发的商检证书，开证行凭这一个“单证不符”就完全可以对受益人W公司拒付货款。

W公司的第二个失误是让K公司在未付款的情况下提取了货物。原则上K公司没有在信用证项下付款时无法取得货运单据提货。如果单证不符，开证行将暂时保管单据，听候受益人的处理意见，不会放单给申请人。那么就存在一种可能，1/3正本提单已经通过非银行系统寄交给了开证申请人K公司，信用证项下要求受益人提交的是2/3套正本提单。

至此，受益人因为接连的失误操作，已经钱货两空。对于K公司所申请的止付令，W公司应积极应诉和抗辩。在本案中，货物交付后，K公司仅仅提出货物质量有问题，但未提出任何证据和具体损失。因此可以排除“实质性的重大贸易欺诈”的可行性，且W公司也不存在欺诈的主观意图。面对K公司申请的止付令和国外法院的传票，W公司应沉着应对，积极应诉，积极委托专业机构参加庭审。

本案留给我们深刻的启示和教训。W公司即使胜诉又如何呢？因为受软条款信用证的约束，即使国外法院撤回了止付令，受益人W公司因提交的单据单证不符还是无法得到开证行的付款；因为其错误地已将一份正本提单寄送给K公司，导致了现在无法控制物权。如果W公司胜诉，它应要求法院撤销K公司的止付令，根据销售合同向法院起诉，要求K公司支付货款。

## 具体案例二

2005年8月，中国S公司（出口商）与西欧Y公司（进口商）签订一笔合同，使用远期信用证付款。S公司在收到与出口合同相符的信用证后，便组织生产、装运、报关出口，并向中国N银行提交单据。该银行将信用证项下单据寄往国外开证行。不久，N银行接到开证行的承兑通知。

后来，因市场形势发生变化，Y公司多次来函来电要求S公司降价，但S公司拒绝了对方要求。不久后，Y公司以产品质量不符，S公司存在欺诈为由，宣称将申请法院止付令，止付开证行已经承兑的汇票。同时，中国N银行也收到了国外银行来电，称因为法院已经签发止付令，开证行无法对N银行付款。试分析S公司和N银行应如何应对。

### 案例分析

本案例中Y公司有赖付货款的嫌疑。在市场行情发生变化的情况下，Y公司来电来函要求S公司降价。但由于S公司提交了信用证项下的单据，获得了开证行的承兑通知，其货款的收回是有开证行到期付款的银行信用做保障的，因此S公司拒绝了Y公司的降价要求。Y公司在协商无望的情况下，又心生一计，意图使用法院止付令来胁迫出口商降价。

依照国际惯例，信用证的开证行一旦承兑或确认付款后，必须履行到期付款的义务，信用证欺诈例外止付令的申请不能损害善意第三方的合法利益，对于已经承兑的信用证或已通知到期付款的信用证，若议付行已经据此议付，出于对善意第三方的保护，通常不再允许申请止付令。

更重要的是，Y公司提出的质量问题并非欺诈行为，是不符合开立止付令的条件的。S公司应据理力争，收集证据，举证说明质量欺诈不成立。

本案最终因为Y公司拿不出S公司货物构成质量诈骗的证据，法院判决为质量纠纷，不构成欺诈。此后不久，开证行将全额款项和迟付利息支付给了S公司。

## 案例7：苛刻保函条款担保行赔付案

### 案例相关知识点：保函业务的风险

保函项下的风险归纳起来主要有如下方面：

1. 来自受益人的风险

当担保行开出见索即付的独立性保函时，可能遭受来自受益人的不合理索赔的风险。只要索赔文件或单据表面合格，担保行就必须承担支付责任，不管独立于保函合同的基础商业交易履约情况如何。

2. 来自申请人的风险

在信用类保函中，如果申请人没有履行某一合约项下的义务，则担保行就要向受益人承担赔偿责任；在付款类保函中，只要受益人按合同规定履行了一定的义务，担保行也要支付。担保行付款后，申请人破产或无力或不愿支付，则担保行就会因得不到补偿而遭受损失。

3. 来自反担保人的风险

担保行在出具保函前，有时候会要求申请人提供一份由第三方出具的对受益人的反担保。反担保人的责任就是保证担保行对外支付后，特别是在申请人无力偿还的条件下，补偿担保行因履行担保责任而做出的任何赔付。当反担保是由不具备资格的非经济实体（例如政府部门）出具时，反担保将不具备法律效力。即使是经济实体出具的反担保，也可能出现反担保人不愿履约或无法履约的情况，使反担保书成为一纸空文。找好反担保人十分

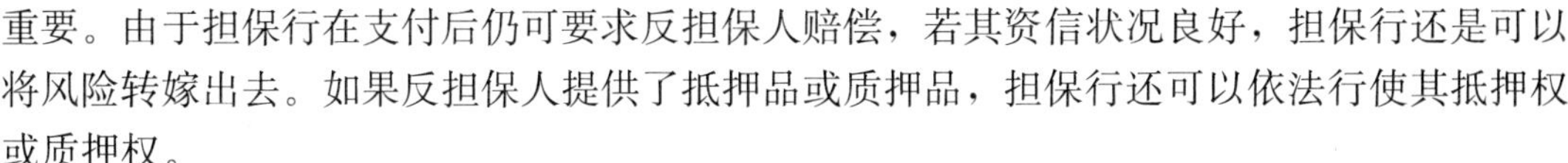

重要。由于担保行在支付后仍可要求反担保人赔偿，若其资信状况良好，担保行还是可以将风险转嫁出去。如果反担保人提供了抵押品或质押品，担保行还可以依法行使其抵押权或质押权。

4. 来自保函条款本身的风险

保函和其所依据的基础合同是各自独立的法律文件（指目前大多数使用的见索即付保函，从属性保函除外）。保函虽然依据合同开立，但又独立于合同，受益人的付款要求能否成立，关键是其索赔是否满足了保函条款的规定，保函条款是否严谨直接关系到保函项下的风险。

## 具体案例

某年 3 月 15 日，A 公司持中标通知书到 B 银行申请开立履约保函，受益人为 W 国 C 公司（招标方）。担保行在审核申请人提交的资料后发现如下问题：原标书与合同均为西班牙文，而不是国际通用的英文，容易出现解释、理解方面的偏差；原标书规定中标方接到中标通知书后就出具银行保函，然后与招标方签署合同，招标方根据合同开立延期付款信用证，使中标方处于不利地位；原标书规定保函金额为合同金额的 20%，比例太高；原标书只接受其当地银行的保函，故要求担保行委托当地银行转开保函，而风险却由保函申请人承担。鉴于此，担保行建议保函申请人与受益人联系做如下修改：提供原标书与合同的英文版本；中标后先签订合同，招标方开立信用证后投标方再开立保函；将保函的金额调低至合同金额的 10%以下；加列担保金额递减条款；招标方开立的信用证限制在担保行通知和议付（中标方所在的银行承担了三个角色，既是国外来证的通知行和议付行，也是开立履约保函的担保行）；将延期付款信用证改为承兑信用证。

然而，买卖双方虽经多次磋商，仍未达到理想效果。稍后，招标方通过当地 D 银行开来两份信用证，来证规定，货物必须在 3 个月内按间隔相等的时间分三批运达港口，最迟装船期是 9 月 25 日。在保函申请人一再要求且已经落实反担保的情况下，我方担保行于 6 月 22 日指示 D 银行转开金额为 21 万美元的履约保函，保证受益人在保函申请人未能按时交货或短装的情况下凭书面索赔得到偿付，保函有效期至全部货物运抵目的港后 60 天内有效或至 11 月 30 日，以早者为准。11 月 10 日，担保行获悉最后一批货已于 9 月 25 日到达目的港，便致电 D 银行，要求确认保函失效并解除担保行责任。但直到 11 月 24 日，对方才复电称：保函受益人未退还正本保函，并提示保函有效期到 12 月 30 日。随后，担保行在 12 月 14 日收到 D 银行电告：保函受益人已经在 12 月 12 日通过公证机构提交正式函件，声言保函申请人违约，要求担保行赔付全部保函金额，起息日为 12 月 13 日。经了解，保函申请人发送的第三批货物晚到目的港两天，根据保函规定，受益人提出索赔的最长期限是全部到货后 60 天，而 W 国法律另赋 15 天的宽限期，所以最迟索赔日应为 12 月 10 日。保函受益人在 12 月 8 日向当地公证机构提交了索赔函，12 月 10 日和 12 月 11 日两天是当地假日，故 D 银行在 12 月 12 日受理了受益人索赔，并执行了保函。在担保行与保函申请人多次努力未能劝阻对方撤回索赔的情况下，为了维护声誉，担保行不得不于 12 月 31 日对外赔付，并承担了有关费用和利息。次年 1 月 16 日，此案以担保行收到对方撤函通知，银行做出全额赔付的重大代价而告终。

## 案例分析

此案的保函申请人因第三批货物晚到港，违反了保函担保条款的规定，致使保函受益人据此要求担保行进行全额赔付。

但通观该保函案例，招标方的诸多行为令中标方、保函的申请人处于不利地位。保函受益人因为货物晚到港两天而索赔，货物的到港时间是保函申请人较难控制的，通常都是要求保函申请人在规定的时间将货物在装运港装船，而不是规定具体的货物到港时间；招标方要求先开立保函，再签订合同，随之再开立信用证，而一般的程序是签订合同后开出信用证，再申请开立保函；履约保函金额为合同金额的 20%，一般该比例为 10%；招标方提供的保函格式中未加列担保金额递减条款等等。由于在投标方式下，出口商无法参与技术文件、履约保函等的制订过程，对于一些不利甚至非常苛刻的条款只能被动接受，若进口方订立了严格的合同条款，出口商从一开始就要注意其有可能利用保函欺诈索赔。

国际上有诈骗分子打着国际招标的招牌，到处招标，向投标方发出中标通知书，但订立非常苛刻的保函条款，诱使国内企业通过银行开立履约保函后，想方设法让保函申请人无法执行保函条款，从而诈骗我方赔款。这类诈骗通常有以下特点：诈骗分子以国际招标的中标为诱饵，诱使中标方向银行申请开立履约保函；保函所依据的标书与合同的文字、内容、法律规定都偏护于招标方，不利于中标方；保函条款苛刻，申请人稍有不慎就会中招；保函金额相对合同金额比例过高；保函需委托招标方当地银行转开，进一步增大了保函申请人的赔付风险。

# 后　记

《国际结算案例与分析》的书稿在今年 2 月已完成初稿，初稿写作期间，正值寒假，再加之有春节长假，时间是有比较充裕保证的，所以能沉下心来静静地写，有一些有感而发、出自内心的见解和观点。期间在家创作烦闷时，又来到广东韶关调研，在我的业界好友、韶关农业银行机构业务部沈晓瑛副总经理的安排和协调下，进行了一些小型座谈，获得了一些一手资料，充实和完善了本书稿的写作。我要向沈总致以诚挚的谢意，我在韶关期间给予我诸多关照，提供了非常舒适的写作环境，这份情谊，又怎是一个“谢”字了得呢?

我一直真心认为高校教师是个不错的职业，能潜下心来做一些自己喜欢的事情，时间自由，身心放松，如果不太为名利所累的话。“世界这么大，我想出去看看”，“来一场说走就走的旅行”，这些都伴随着我的书稿创作和整理而顺理成章地实现了。我是路痴一枚，在市区开车都需要导航，所以每每到一个新的地方写稿，都会挑一个好些的住处，在附近转悠，随机跟个团，在城市溜达。今年 7 月，又在国家发改委顺义培训中心参加了对外经贸大学沈素萍教授、北京语言大学徐进前教授领衔的一个专项工作任务，繁忙工作之余，又把书稿通读和校对了一部分。我至今记得培训中心内的四合院美景、在市区难得一见的蓝天白云以及中心基地提供的大虾和肥而不腻的红烧肉，那份惬意，又怎是一个“爽”字了得呢?

我之所以记录下这些文字，是因为我真切地以为，如果从事文字加工和创作的话，一定要保证愉悦的心态，这样写出来和整理出来的东西才优美，才带有情感。对于高校年轻教师的生存和工作状态，有人用“工蚁”来形容，或许这是事实，但这绝对不好。我并非矫情，其实祖国、高校给了我们大学教师，尤其是青年教师比较好的工作条件和工作待遇。当我们将心态调整到不那么非 A 即 B 时，我们可以沉下心来，做一点自己感兴趣的教研与科研。当今一些 985 高校给了年轻教师一些诸如“非升即走”、“非 SCI 即让位”的工作压力，如果真是这样，走了又何如呢? 谁说人生不允许有起有落? 谁说博士不允许失败? 当我们有好的心态，就有光明的未来。

今年 8 月，受国家留学基金资助，我来到了澳大利亚昆士兰科技大学（QUT）专修高等教育教学法。国家留学基金委给我们青年学者提供了很好的提升平台。2007 年我第一次获得国家留学基金资助，前往德国高校进行了一年的访问学者研究，积累了国外全英文授课的经验，2010 年国际结算课程有幸忝列国家双语教学示范课程。2014 年极度意外得知该课程又获国家“精品视频公开课”称号。不久我又获得了这次出国学习提高的机会。国家对出国留学的资助力度更大了，开始从国家层面考虑如何加强本科教学了。在 QUT 期间，我发现这里有很多大学教授将本科教学放在极其重要的位置。我开始修正自己和其他同行对一些教学管理的偏见，例如我开始知道教学反思（Teaching Reflection）是多么重要和多么能够提升教学水平的重要举措。而在此之前，一些教师曾对教务处安排的“教学反思”撰写嗤之以鼻，认为教务处的官员无事生非，折腾一线教师。其实是我们自己的无知，忽略了这种教学活动的重要性；前几年全国上下对教育部组织的本科教学评估一片讨伐，批判大学教师参与作假，高校疲于应对，在巨大的压力下，本科教学评估承载了很多负面评价。而在澳大利亚，大学有严格统一的教学课程安排和教学大纲，同一门课程的老师会在一起进行教学研讨，统一授课内容，这样整齐化一、严格一致的工作，正是本科教学评估的初衷之一。我开始反思，如果我们也有澳大利亚大学人那般求真务实、诚实守信的道德品质，本科教学评估或许能达到更好的效果。

在 QUT，我将原来已经用于课堂教学，但并未进行总结的一些教学方法进行了再总结和再回顾，熟悉并熟练使用了头脑风暴、小组讨论、拼图、合作完成等新型方法，熟悉和知晓了建构主义教学理论、布鲁利分层教学理论等，同时还学习和知晓了如何掌控大型课堂教学的相关技巧。原来在国内只听说过的微格教学（Micro teaching），这次在 QUT 进行了实操训练。记得我们师大在至善楼有若干微格教室，每次路过时，我都以为是一个一个格子的语音教室，现在想起来自己是多么的无知。在 QUT 期间，我得到了一种鼓舞，获得了一种认同，规范和精彩的教学活动是受到认可和尊重的。目前在国内，相当一部分老师课堂教学疲于应付，将教学看成是“公家田”，科研工作精耕细作，将科研当做是“自留地”，这形成了一定的对比和反差。每每和学术大牛或学术新贵在一起交流讨论时，我常会气短语虚，经此之后，我对未来在加大科研投入的同时继续潜心教学多了一份坚定。

《国际结算案例与分析》一书是对国际结算课程教学内容的有利佐证和建构，通过案例的审读和分析，读者可以加深对国际结算理论知识和繁杂操作程序的理解，进一步掌握国际结算的知识和操作流程。本书是国际结算英文教材和中文教材的教辅用书。我的硕士研究生，目前已在佛山农商银行工作的彭楚帆同学对该书的成稿做了大量资料收集和文字录入工作；我的 MBA 研究生，目前在湖南省农业发展银行国际业务部工作的邓陆平同学，协助完成了本书二稿后的校对。我的本科生，目前已保送湖南大学经贸学院研究生的张珂和刘慧琳同学，对案例的探讨、研磨亦有所贡献。我特别要感谢我的硕士研究生廖志强同学，他品学兼优，热心团队事务，做事不计报酬，对团队多有贡献，无论是课内课外，无论是与之相关不相关，在书稿的成型和我在国外期间，他代为处理了诸多事务，使我能沉下心来写一点东西，贡献给我所热爱的国际结算课程教学工作。

一年一度的职称评审又要开评了，结果会是怎样？今年已经是第三次申报了，期间还歇了两年没报。黄金般的五年又过去了，想起都泪奔。其他同仁都很优秀，指标又那么少，那就看淡些吧，得之我幸，不得我命。但无论如何，这本新书的出版将在我通往更高平台的路上奠定坚实的一步。我是个慵懒的人，评上教授或许就懈怠了，什么也不想干了，那就让我在副教授的位置上再多呆一段时间，再多做些学问吧！

恰如之前已经如是做过的，在国际结算的第三本书出版之际，仅以此书献给我的心灵寄托——许宸源。

许南

2015年9月于QUT KEVIN GROVE

**图书在版编目（CIP）数据**

国际结算案例与分析/许南编著．—北京：中国人民大学出版社，2015.11
经济管理类课程教材·国际贸易系列
ISBN 978-7-300-22024-6

Ⅰ.①国…　Ⅱ.①许…　Ⅲ.①国际结算-高等学校-教材　Ⅳ.①F830.73

中国版本图书馆 CIP 数据核字（2015）第 244300 号

经济管理类课程教材·国际贸易系列
2010 年度国家双语教学示范课程案例用书
2014 年度国家精品视频公开课案例用书
**国际结算案例与分析**
许　南　编著
Guoji Jiesuan Anli yu Fenxi

| | | | |
|---|---|---|---|
| **出版发行** | 中国人民大学出版社 | | |
| **社　　址** | 北京中关村大街 31 号 | **邮政编码** | 100080 |
| **电　　话** | 010－62511242（总编室） | | 010－62511770（质管部） |
| | 010－82501766（邮购部） | | 010－62514148（门市部） |
| | 010－62515195（发行公司） | | 010－62515275（盗版举报） |
| **网　　址** | http：//www. crup. com. cn | | |
| | http：//www. ttrnet. com（人大教研网） | | |
| **经　　销** | 新华书店 | | |
| **印　　刷** | 三河市汇鑫印务有限公司 | | |
| **规　　格** | 185 mm×260 mm　16 开本 | **版　　次** | 2015 年 11 月第 1 版 |
| **印　　张** | 12.25 | **印　　次** | 2015 年 11 月第 1 次印刷 |
| **字　　数** | 271 000 | **定　　价** | 28.00 元 |